21世纪全国高职高专物流管理系列实用规划教材

物流成本管理

主　编　傅莉萍　罗春华
副主编　廖　瑜　廖　敏
参　编　刘伯超

北京大学出版社
PEKING UNIVERSITY PRESS

内容简介

本书立足于高职高专学生的特点及未来从业的实际需要，依据教育部高职高专物流管理专业新教学大纲，并密切结合我国物流企业在物流成本管理过程中的实际情况编写而成，对物流成本的基本理论，物流成本的构成、分类，物流成本的核算归集和计算方法各个环节等进行了系统的阐述。本书以物流作业各环节发生的成本为主线安排内容，内容全面，结构严谨，同时兼顾理论的完整性，注重理论与实践的紧密结合。

本书可作为高职高专物流管理专业的教材，也可供企业物流管理人员自学或参考。

图书在版编目(CIP)数据

物流成本管理/傅莉萍，罗春华主编. —北京：北京大学出版社，2012.7

(21世纪全国高职高专物流管理系列实用规划教材)

ISBN 978-7-301-20880-9

Ⅰ.①物… Ⅱ.①傅… ②罗… Ⅲ.①物流—成本管理—高等职业教育—教材 Ⅳ.①F253.7

中国版本图书馆CIP数据核字（2012）第139705号

书　　名：物流成本管理
著作责任者：傅莉萍　罗春华　主编
策 划 编 辑：蔡华兵　卢　东
责 任 编 辑：蔡华兵
标 准 书 号：ISBN 978-7-301-20880-9/F·3236
出　版　者：北京大学出版社
地　　址：北京市海淀区成府路205号　100871
网　　址：http://www.pup.cn　http://www.pup6.cn
电　　话：邮购部62752015　发行部62750672　编辑部62750667　出版部62754962
电 子 邮 箱：pup_6@163.com
印　刷　者：北京富生印刷厂
发　行　者：北京大学出版社
经　销　者：新华书店
787毫米×1092毫米　16开本　14印张　320千字
2012年7月第1版　2012年7月第1次印刷
定　　价：28.00元

前　　言

本书根据教育部高职高专物流管理专业教育教学改革的要求，由一线教师和企业专家进行校企合作课程研究开发编写而成。编者通过多次课程的实践和反复的研讨，以基于物流成本管理的实际工作过程，从物流活动涉及的主要功能出发，从采购成本、仓储成本、运输成本、库存成本、装卸搬运成本、配送成本和流通加工成本的角度，设计物流成本管理实务相关内容的框架结构，使得整本书无论从物流管理的角度还是从成本管理的角度本来看，都有较为完整的内容及体系。

本书共分10个项目，建议学时为60学时。考虑到物流成本管理以往是分散在不同的物流管理活动中进行的，鲜有专门讲述物流成本管理的专门资料，因此，本书中将编者近年来收集的有关成本管理的相关资料、案例附在每个项目的首尾，以提高内容的实践性和可读性。由于物流成本管理的理论、方法与实践在不断地发展，所以编者以此次出版作为契机，希望在物流成本管理的理论和方法不断完善的同时，能够不断充实本书的内容。

本书由傅莉萍、罗春华担任主编，由廖瑜、廖敏担任副主编，刘伯超参编。其中，项目1、5、8、10由傅莉萍编写，项目4、6、7、9由罗春华编写，项目2由廖瑜编写、项目3由廖敏编写，刘伯超参与项目1和项目4的编写。全书由傅莉萍统稿。

在本书的编写过程中，编者走访了多家企业，做了大量的资料收集及文字整理工作，在此向相关企业表示感谢；另外，本书在编写过程中参考并引用了一些资料，在此谨向有关作者致以衷心的感谢！

本书在编写过程中力图反映企业物流成本管理的最新知识，但限于教材的结构和篇幅，再加上编者学识水平和经验有限，书中不足之处在所难免，恳请业内专家学者、广大读者批评指正，以便再版时改正。欢迎与我们联系交流：hzne999888@163.com。

编　者

2012年3月

目　　录

项目1　物流成本管理基础 …… 1

任务 1　认知物流成本 …… 2

1.1.1　物流成本概念及构成 …… 3

1.1.2　物流成本的特征 …… 3

1.1.3　物流成本的分类 …… 5

1.1.4　影响物流成本的因素 …… 7

任务 2　认知物流成本管理 …… 8

1.2.1　物流成本管理概述 …… 8

1.2.2　物流成本管理系统 …… 9

1.2.3　物流成本管理的基本方法 …… 11

1.2.4　物流成本管理新模式 …… 12

1.2.5　物流成本控制 …… 13

1.2.6　广义成本控制与核算模式 …… 16

任务 3　了解物流成本理论 …… 17

1.3.1　“黑大陆”学说 …… 17

1.3.2　冰山学说 …… 17

1.3.3　效益背反理论 …… 18

1.3.4　第三利润学说 …… 20

1.3.5　其他学说 …… 21

项目小结 …… 22

复习思考题 …… 23

项目实训 …… 23

项目2　物流成本核算 …… 25

任务 1　认知物流成本核算 …… 26

2.1.1　物流成本核算的意义 …… 26

2.1.2　物流成本核算存在的问题 …… 27

2.1.3　物流成本核算的目的 …… 27

2.1.4　物流成本核算的程序 …… 28

2.1.5　企业物流成本核算的前提条件 …… 29

任务 2　物流成本核算要求和对象确定 …… 29

2.2.1　物流成本核算的要求 …… 29

2.2.2　物流成本核算的对象 …… 31

任务 3　物流成本核算方法 …… 33

2.3.1　物流成本核算思路 …… 33

2.3.2　显性物流成本核算 …… 33

2.3.3　隐性物流成本核算 …… 35

2.3.4　按支付形态核算物流成本 …… 38

项目小结 …… 39

复习思考题 …… 39
项目实训 …… 39
项目3 采购成本管理 …… 42
任务1 认知采购成本 …… 43
3.1.1 采购成本概述 …… 43
3.1.2 采购成本的原则 …… 44
3.1.3 采购成本分析 …… 44
任务2 采购成本管理的基本程序 …… 45
3.2.1 确定采购计划 …… 45
3.2.2 收集供货商信息 …… 45
3.2.3 确定供应商 …… 46
3.2.4 确定采购价格 …… 47
3.2.5 确定采购方式，签订供货合同，实施采购行动 …… 47
3.2.6 评价采购工作 …… 48
任务3 采购成本控制的方法 …… 48
3.3.1 分析采购要素降低采购成本 …… 48
3.3.2 分析供应商成本降低采购成本 …… 48
3.3.3 利用标准化降低采购成本 …… 50
3.3.4 利用管理会计方法降低采购成本 …… 50
3.3.5 利用作业成本法降低采购成本 …… 51
3.3.6 利用供应链管理法降低采购成本 …… 53
3.3.7 运用采购谈判技巧和战术降低采购成本 …… 53
3.3.8 利用库存控制降低采购成本 …… 53
任务4 采购成本支付形态管理 …… 54
3.4.1 采购成本支付形态管理概述 …… 54
3.4.2 采购成本分配计算 …… 55
项目小结 …… 57
复习思考题 …… 57
项目实训 …… 58
项目4 仓储成本管理 …… 60
任务1 认知仓储成本 …… 61
4.1.1 物流仓储概述 …… 62
4.1.2 仓储成本的概念及特点 …… 63
4.1.3 仓储成本的构成 …… 64
任务2 仓储成本核算 …… 65
4.2.1 仓储成本核算的范围 …… 66
4.2.2 仓储成本核算的方法 …… 66
任务3 仓储成本控制 …… 70
4.3.1 影响仓储成本的因素 …… 70
4.3.2 仓储成本分析 …… 70
4.3.3 经济批量模型 …… 71
4.3.4 仓储成本控制的重要性原则 …… 73
4.3.5 仓储成本控制的方法 …… 74

4.3.6 降低仓储成本的有效途径 …… 76
项目小结 …… 77
复习思考题 …… 78
项目实训 …… 78

项目5 运输成本管理 …… 80
任务1 认知运输成本 …… 81
5.1.1 运输成本概述 …… 81
5.1.2 运输成本的构成 …… 82
5.1.3 影响运输成本的因素 …… 83
任务2 运输成本核算 …… 84
5.2.1 车队运输成本的核算 …… 84
5.2.2 运输完全成本核算的程序 …… 86
5.2.3 运输成本核算的内容 …… 86
5.2.4 运输成本核算案例 …… 87
5.2.5 核算运输成本要注意的问题 …… 90
任务3 降低运输成本的方法和措施 …… 92
5.3.1 降低运输成本的方法 …… 92
5.3.2 降低运输成本的措施 …… 94
5.3.3 实施合理化运输 …… 98
5.3.4 网络优化法 …… 101
5.3.5 运输定价与运价结构 …… 104
5.3.6 海运运价 …… 107
项目小结 …… 109
复习思考题 …… 109
项目实训 …… 110

项目6 库存成本管理 …… 112
任务1 认知库存成本 …… 114
6.1.1 库存成本概述 …… 114
6.1.2 库存持有成本 …… 114
6.1.3 订货成本、生产准备成本、缺货成本和在途库存持有成本 …… 116
任务2 库存成本管理策略 …… 119
6.2.1 库存成本管理策略的目标 …… 119
6.2.2 库存合理化 …… 120
6.2.3 影响库存管理方法选择的因素 …… 121
6.2.4 库存控制系统 …… 122
任务3 降低库存成本的方法 …… 123
6.3.1 定量订货与定期订货方法 …… 123
6.3.2 库存管理分类方法——ABC 分类管理 …… 124
6.3.3 JIT 库存控制法 …… 125
项目小结 …… 127
复习思考题 …… 127
项目实训 …… 128

项目7 装卸搬运成本管理 …… 130
任务1 认知装卸搬运成本 …… 131

7.1.1 装卸搬运概述 …… 131
7.1.2 装卸搬运作业形式 …… 131
7.1.3 装卸搬运成本项目及其内容 …… 132
任务 2 装卸搬运成本核算 …… 133
7.2.1 装卸搬运成本项核算概述 …… 133
7.2.2 装卸搬运成本核算项目 …… 134
任务 3 装卸搬运成本分析 …… 137
7.3.1 装卸搬运成本分析方法 …… 137
7.3.2 标准成本差异分析 …… 138
7.3.3 支付形态分析 …… 139
项目小结 …… 142
复习思考题 …… 142
项目实训 …… 142
项目8 配送成本管理 …… 146
任务 1 认知配送成本 …… 147
8.1.1 配送成本概述 …… 147
8.1.2 配送成本核算 …… 148
任务 2 配送运输成本的构成与核算 …… 148
8.2.1 配送运输成本的构成 …… 148
8.2.2 配送分拣成本 …… 151
8.2.3 配送流通加工成本 …… 153
8.2.4 配送配装成本 …… 154
任务 3 配送成本分析 …… 155
8.3.1 配送成本差异分析 …… 155
8.3.2 配送服务与成本之间的二律背反 …… 156
任务 4 配送成本控制 …… 158
8.4.1 配送成本控制概述 …… 158
8.4.2 配送成本控制方法 …… 158
8.4.3 配送成本控制策略 …… 159
8.4.4 配送成本标准制定 …… 160
8.4.5 配送成本优化方法 …… 161
8.4.6 配送需求计划 …… 169
项目小结 …… 170
复习思考题 …… 170
项目实训 …… 171
项目9 流通加工成本管理 …… 172
任务 1 认知流通加工成本 …… 173
9.1.1 流通加工概述 …… 173
9.1.2 流通加工成本的构成 …… 174
任务 2 流通加工成本核算 …… 174
9.2.1 流通加工直接材料费用核算 …… 174
9.2.2 流通加工直接人工费用核算 …… 175
9.2.3 流通加工制造费用核算 …… 176

9.2.4　流通加工成本核算应用举例 …… 179
9.2.5　流通加工成本分析方法 …… 180
任务3　流通加工成本管理案例 …… 180
9.3.1　E公司流通加工管理案例 …… 180
9.3.2　E公司物流成本支付形态分析 …… 187
9.3.3　E公司物流成本比率分析 …… 189
项目小结 …… 190
复习思考题 …… 190
项目实训 …… 191
项目10　物流成本预测与决策 …… 193
任务1　物流成本预测 …… 194
10.1.1　物流成本预测概述 …… 194
10.1.2　物流成本预测的内容 …… 194
10.1.3　物流成本预测的步骤 …… 195
10.1.4　物流成本预测的基本方法 …… 196
任务2　物流成本决策 …… 201
10.2.1　物流成本决策概述 …… 201
10.2.2　物流决策成本 …… 202
10.2.3　物流成本决策的基本程序 …… 203
任务3　物流成本控制的方法 …… 204
10.3.1　物流成本控制的概述 …… 204
10.3.2　物流成本控制的程序 …… 204
10.3.3　常见的物流成本控制方法 …… 204
项目小结 …… 209
复习思考题 …… 209
项目实训 …… 210
参考文献 …… 212

项目 1 物流成本管理基础

学习目标

掌握物流成本的概念、分类、构成和特征；掌握物流成本管理的概念、物流成本管理系统的构成；了解物流黑大陆学说、冰山学说、效益背反理论、第三利润学说和其他学说。

能力目标

(1) 掌握物流成本管理的内容。

(2) 应用物流成本管理知识解决物流成本管理中的问题。

(3) 对物流成本进行有效管理。

引导案例

1. 案例介绍

规模和效益有时候并不同步，尤其是与规模相伴而行的固定资产投资往往成为很多企业难以摆脱的“达摩克利斯之剑”，一旦销售出现问题，这柄利剑就毫不迟疑地向企业砍去。广东格兰仕充分结合中国人力、土地廉价优势，采取给别人代工 OEM 的方式换取生产线，然后采取内部挖潜，压榨生产线的剩余生产能力为自己生产产品。这种使用权的虚拟扩张方式迅速构造了竞争力的成本动因，创造了微波炉制造、光波炉制造第一的世界奇迹。

降价成长的优美曲线

“价格战”是企业竞争中最残酷也是最有效的手段，没有什么方式比价格战更能摧残企业资源了，但是格兰仕却将这个手段发挥到了极致。

当梁庆德将企业改名为“格兰仕”的时候，他就已经立志要创出一个闪耀全球的品牌。1993 年格兰仕第一批 1 万台微波炉正式下线，虽然销售步履艰难，但是梁庆德的目光已经聚焦在 100 万台的数量级。到了 1996 年，格兰仕微波炉产量增至 60 万台，随即在全国掀起了大规模的降价风暴，当年降价 40%。降价的结果是格兰仕产量增至近 200 万台，市场占有率已经达到 47.1%。此后，格兰仕高举降价大旗，前后已经进行了 9 次大规模降价，每次降价，最低降幅为 25%，一般都在 30%～40%，被业界誉为“价格杀手”。

规模扩大带动的是成本下降，微波炉降价又直接扩大了市场容量，企业资金回流也相应增加，企业规模再次扩大，成本再次下降……这个简单的循环引起了中国微波炉一波又一波的价格战。至今，格兰仕微波炉的年销售量已达到 1 500 万台，国内市场占有率高达 70%，国际市场占有率高达 35%，演绎了一条优美的成长曲线。

价格屠夫的真正底牌

格兰仕能够打“价格战”的基础就是从大规模中获取规模效益，但是从另一方面来看，与规模扩大相伴而生的就是固定投资的增大。一个企业最大的投资是设备投资，制造企业的设备投资更是庞大。这不仅会影响企业现金回流，而且固定资产的折旧也会导致价格竞争力的下滑。

与收购国外企业或者生产线相反，格兰仕走了一条虚拟联合规模扩张的路子，不仅没有动用自有资金投资固定资产，而是将别人的生产线一个个地搬到了内地，而且建这些厂用的还是别人的钱。规模的扩大不仅仅没有让格兰仕背上沉重的成本包袱，反而成为克敌制胜的不二法宝，格兰仕通过固定资产的虚拟式扩张完美地为价格战做了一个经典注解。

本来格兰仕没有微波炉的变压器生产线，但格兰仕有质优价廉的生产能力。在认清了自己的优势以及对方的目标后，梁庆德运用成本优势的支点，“虚拟”出了自己的生产线。以微波炉的变压器为例，格兰仕开始时分别向日本和欧洲进口，从日本的进口价为 23 美元，从欧洲的进口价为 30 美元。梁庆德对欧洲的企业说：“你把生产线搬过来，我们帮你干，然后 8 美元给你供货。”日本的企业在成本的挤压下倍感煎熬，这时，梁庆德对日本企业说：“你把生产线搬过来，我们帮你干，干完后 5 美元给你供货。”于是，一条条先进的生产线都逐渐搬过来了，规模大了，专业化、集约化程度高了，成本也大幅度降下来，格兰仕现在生产变压器的实际成本只要 4 美元。与此同时，格兰仕每天实行三班倒、24 小时工作，使得格兰仕的一条生产线创造出相当于欧美企业的 6～7 条生产线的产量。“我们拼进去的是工与费，换回来的是一周六天的生产效益”，不分昼夜的格兰仕将对手远远抛在后面。扣除为别人代工生产的时间，格兰仕还可以保证满足自己的产量要求。加之双方的工资水平、土地使用成本、水电费、劳动生产率等相差较大，并且大大节约了固定资产投资，格兰仕获得了其他企业无可比拟的总成本优势。

紧接着，格兰仕趁热打铁，进一步整合国际资源，从元配件再到整机，又开始直接为跨国公司做 OEM。目前格兰仕已经同 200 多家跨国公司建立了合作关系，许多跨国公司将附加值微薄的微波炉等产业战略转移到格兰仕，通过优势互补实现了生产力水平的进一步提升。目前，格兰仕制造的变压器等配套元器件一年的产量已突破 2 000 万个，其中一半左右的产量要返销到发达国家，在磁控管、定时器、微动开关、集成电路和微型电机等元器件、零部件的生产制造方面同样达到了国际一流水准。

虚拟扩张的整合思维

格兰仕这种虚拟扩张的要诀在于其特殊的资源嫁接方式，一方面利用了中国的劳动力优势和庞大的市场规模，另一方面将国外的生产线拿过来又无形中得到了国外现成的市场，这又为规模的扩张提供了市场支持。现在，在格兰仕的生产车间堆满了花花绿绿的盒子，贴着 GE、晶石、翡利和哈利士等，各色标志的微波炉从这里运往世界各地。

通过这种合理整合全球家电产品生产力的方式，不仅大大降低了成本，而且成功地甩掉了市场风险、固定资产投资风险等“三大风险”，平衡地并购了全球多家家电企业，顺利地实现了资本、市场的同步扩张，从而使自己能够在一轮轮价格战中始终立于不败之地。

（资料来源：戴军，吴玉贤．物流管理基础，天津：南开大学出版社，2010 年）

2. 案例分析

这个案例告诉我们，企业在进行成本控制管理时，要合理整合企业的生产方式，以达到降低成本、减少市场风险的效果。

3. 思考·讨论·训练

(1) 本案例中，格兰仕在物流成本控制方面，通过哪些手段与方法取得成功?

(2) 运用你所学的知识，联系实际列举一些有关物流成本控制的案例。

任务 1　认知物流成本

一般认为物流成本管理不仅仅是管理物流成本，而是通过成本去管理物流，可以说是以成本为手段的物流管理方法。它通过对物流活动的管理，从而在既定的服务水平下达到降低物流成本的目的。

1.1.1 物流成本概念及构成

1. 物流成本的概念

(1) 物流(Logistics)。现代物流泛指原材料、产成品从起点直至终点及相关有效的全过程。它将运输、仓储、装卸、加工、配送、信息等方面有机结合，形成完整的供应链管理。

(2) 成本(Cost)。企业为了生产商品或提供劳务等所耗费的物化劳动、活劳动中必要劳动价值的货币表现。

(3) 物流成本(Logistics Costs)。在物流过程中，为了提供有关服务，要占用和耗费一定的活劳动和物化劳动，这些活劳动和物化劳动的货币表现即为物流成本，也称物流费用。它包括物流各项活动的成本，是特殊的成本体系。

2. 物流成本的构成

本书在探讨企业物流成本构成内容时，抽象企业类型的差异，以国家标准《企业物流成本构成与计算》(GB/T 20523—2006)中物流成本项目构成为主线展开，兼顾物流范围和物流成本支付形态的内容。从这个角度而言，物流成本涵盖了生产、流通、消费全过程的物品实体与价值变化而发生全部费用。其包括物品从生产源点的采购开始到最终顾客手中的仓储、搬运、装卸、包装、运输以及在消费领域发生的验收、分类、保管、配送、废品回收等过程发生的所有成本。它具体由以下几部分构成：

(1) 物流活动中的人力成本，包括职工工资、奖金、津贴及福利等。

(2) 运输成本，包括人工费用、运营费用、其他费用。

(3) 流通加工成本，包括设备费用、加工材料费用、流通加工劳务费用、其他费用。

(4) 配送成本，配送中心进行分拨、配货、送货过程中所发生的各项费用。

(5) 包装成本，包括包装材料费用、包装机械费用、包装技术费用、包装辅助费用、包装人工费用。

(6) 装卸与搬运成本，包括人工费用、运营费用、装卸搬运合理损耗费用、其他费用。

(7) 仓储成本，包括仓储持有成本、订货或生产准备成本、缺货成本、在途库存持有成本。

(8) 用于保证物流系统运作的资金成本。

(9) 研究设计、重组与优化物流过程的费用。

(10) 其他费用。

在企业的各类财务表中，所表现出来的物流费用主要是流通费用。一般管理费用中的保管费、运输费等“对外支付的物流费”并没有涵盖物流成本的全部费用。一般情况下，大多数企业发生的全部物流费用往往是表现出来的两倍或更多，而这些隐藏的部分被称为“第三利润源”或“物流冰山沉在水面以下的部分”。

1.1.2 物流成本的特征

物流成本是以物流活动全体为对象，是企业唯一的、基本的、共同的管理数据。物流成本在企业销售成本中占了很大的比例，因而加强对物流活动管理的关键是控制和降低企业各种物流费用。但是，要加强物流成本管理，应先明确企业活动中物流成本的特征与影响因素。物流成本具有系统性、分散性、战略性、独特性和乘数效应等特征。

1. 系统性

物流成本产生于企业从事物流业务所耗费的资源，企业的物流活动贯穿企业的整个核心制造业务的始终，随之发生的物流成本分布于企业的各个职能部门。企业的物流成本系统实际是由采购、生产、销售等环节的物流成本共同构成，各类物流成本之间存在着此消彼长的背反关系，一类物流成本的下降往往以其他物流成本的上升为代价。例如，为降低运输包装环节的成本而选用次等包装物对产品进行运输包装，往往会在运输过程中出现较高的产品损毁率，从而导致运输环节成本的增加。因此，对物流成本的管理必须站在整体的角度，通过对系统运行的协调和配合，才能达到物流成本管理的目的。

2. 分散性

物流成本涉及企业的全部物流活动的范畴，包括企业的采购、生产、销售及其他的相关部门。一方面，由于物流成本的产生与企业物流密切相关，而物流的范围是跨越了企业的众多职能部门，所以使得物流成本的形态呈现出比较分散的态势；另一方面，在传统的财务会计处理中，往往将涉及物流活动所发生的支出作为企业的期间费用进行处理，掩盖了企业物流活动所发生的成本之间的相互关系及其实质，也造成了人们对物流成本的认识存在偏差，对物流成本的确认产生了散乱的感觉。

3. 战略性

物流成本的大小往往与企业所实施的竞争战略有关。例如，销售环节所发生的物流成本规模往往与企业为客户提供物流服务水平密切相关。为客户提供物流服务的水平是由企业实施的营销战略所决定的，物流成本管理的目的不是单纯地强调物流成本绝对值的降低，而是要通过寻求物流服务与成本间的最佳平衡点，使物流活动达到相对的合理化。

4. 独特性

(1) 物流在企业财务会计制度中没有单独的项目。一般所有成本都列在费用一栏中，较难对企业发生的各项物流成本作出明确、全面的计算与分析。通常的企业财务决算表中，物流成本核算的是企业对外部运输业者所支付的运输费用或向仓库支付的商品保管费等物流成本，对于企业内与物流中心相关的人员费、设备折旧费、固定资产税等各种费用则与企业其他经营费用统一计算。因此，企业物流部门难以正确把握实际的企业物流成本。例如，保管费中由于过量进货、过量生产、销售残次品的在库维持以及紧急输送等产生的费用，从而增加了物流成本管理的难度。实践经验表明，实际发生的物流成本往往要超过外部支付额的5倍以上。

(2) 物流成本的计算不全面。对物流成本的计算与控制，各企业根据自己不同的理解和认识来把握物流成本，这样就带来了一个管理上的问题，即企业间无法就物流成本进行比较分析，也无法得出产业平均物流成本值。例如，不同的企业外部委托物流的程度是不一致的，有很多企业将销售促进费用都算在物流成本中，由于缺乏相互比较的基础，所以无法真正衡量各企业相对的物流绩效。

(3) 物流成本统计存在差异性。由于每个企业在经营理念、资源结构、业务发展方向等方面都存在一定的差异，所以往往各个企业所具备的竞争能力是不一致的。具体到企业的物流服务能力方面，由于企业在地理位置、业务流程构造、人员能力、资产结构等方面存在差异性，所以决定了企业的物流能力不具备模仿性，而物流能力的高低决定物流成本的构成，即便是两个企业的物流成本总额相等，其总成本的具体构成也必然存在着差异性。因此，在对企业的物流成本进行管理的过程中，应该针对不同企业总成本构成的差异性特点，采取不同的成本管理策略和方法。

5. 乘数效应

乘数效应是指在经济活动中，某一变量的增减所引起的经济总量变化的连锁反应程度。例如，销售额为100万元，物流成本为10万元，那么物流成本削减1万元，不仅直接产生了1万元的利益，而且因为物流成本占销售额的10%，所以间接增加了10万元的利益，这就是物流成本削减的乘数效应。

1.1.3 物流成本的分类

1. 狭义的物流成本分类

(1) 生产性流通成本。又称追加成本，是生产性成本在流通领域的继续，是为了使物品最终完成生产过程，便于消费而发生的成本。生产性流通成本要追加到产品的价值中去，是必要劳动的追加成本。

(2) 纯粹性流通成本。又称销售成本，是流通企业在经营管理过程中，因组织产品交换而发生的成本。纯粹性流通成本同商品的交换行为有关，虽然不创造新的价值，但也是一种必要劳动，是物品价值实现过程所必不可少的。

(3) 可变成本。又称直接成本，是指物流成本中随商品流转额变动而变动的那一部分成本。这种成本开支的多少与商品流转额变化直接相关，即流转额增加，成本支出也随之增加，反之则减少，如搬运费、仓储管理费等。

(4) 相对不变成本。又称间接成本，是指物流成本中不随商品流转额的变动而变动的那一部分成本。这种成本开支的多少与商品的流转额没有直接关系，在一般情况下，商品流转额变动，它不一定发生变动，即使发生变动，也不与商品的流转额成比例变动。它受商品流转额增减变动的影响较小，开支的绝对金额是相对固定的，如员工工资、福利费、折旧费等。

(5) 进货成本。是指商品由供货单位到流通企业仓库所发生的运输费、装卸费、损耗费、包装费、入库验收费和中转单位收取的费用。

(6) 商品储存成本。是指物流企业在商品保管过程中所支付的转库搬运、检验、挑选、整理、维护、保养、管理和包装等方面的成本及商品的损耗费。

(7) 销售成本：是指流通企业从商品出库到销售过程中所发生的包装费、手续费、管理费等。

(8) 本企业支付的物流成本。是指企业在供应、销售、退货等阶段，因运输、包装、搬运、整理等发生的由企业自己支付的物流成本。它又可进一步分为自己支付和委托支付两种物流成本。自己支付的物流成本包括材料费、人工费、燃料动力费、管理费、折旧费、利息支出和维护保养费等；委托支付的物流成本包括运输费、手续费、保管费和包装费等。

(9) 其他企业支付的物流成本。是指由于企业采购材料、销售产品等业务发生的由有关供应者和购买者支付的各种包装、发运、运输、验收等物流成本。

(10) 物流环节费。是指产品实体在空间位置转移所流经环节中发生的成本，包括包装费、运输费、保管费、装卸费及流通加工费等。

(11) 信息流通费。是指为实现产品价值变换，处理各种物流信息而发生的成本，包括与库存管理、订货处理、为客户服务等有关的成本。

(12) 物流管理费。是指为了组织、计划、控制、调配物资活动而发生的各种管理费，包括现场物流管理费和机构物流管理费。

(13) 供应物流费。是指企业为生产产品而购买各种原材料、燃料、外购件等所发生的运输、装卸、搬运等方面的成本。

(14) 生产物流费。是指企业在生产产品时，由于材料、半成品、成品的位置转移而发生的搬运、配送、发料、收料等方面的成本。

(15) 销售物流费。是指企业为实现商品价值，在产品销售过程中所发生的储存、运输、包装及服务方面的成本。

(16) 退货物流费。是指产品销售后因退货、换货所引起的物流成本。

(17) 废品物流费。是指因废品、不合格产品的物流所形成的物流成本。

2. 广义的物流成本分类

以上的狭义物流成本分类方法，在一定程度上满足了企业统计计算物流成本的需要。但是值得注意的是：客户服务成本是企业在进行物流成本管理时必须要考虑的成本要素；各类物流成本之间具有此消彼长的关系，试图减少单个活动的成本也许会导致总成本增加，管理层必须考虑所有物流成本的总和，才能实现有效的管理和真正的成本节约。由于现有的物流成本分类方法不但忽略了客户服务成本，而且不能清楚地反映各类物流成本之间的悖反关系，所以为了提升企业物流成本的管理效率，必须将物流成本管理的视角扩展到广义物流成本的范畴。广义分类的物流成本分类如下所述。

(1) 客户服务水平。与不同客户服务水平相关的关键的成本权衡因素，是丧失销售的成本。丧失销售的成本不仅包括失去的现有销售所带来的贡献，而且包括失去的未来的潜在销售所带来有贡献。企业可能由于以前顾客的反面的口头宣传而丧失未来的销售机会。某一项评估表明，每个不满意的顾客会将他或她对于产品或服务的不满向平均其他 9 个人诉说。毫无疑问，要衡量客户服务的真实成本是非常困难的。因此，最好的办法是根据客户需要决定希望达到的客户服务水平，并考虑哪些需求将会如何受营销组合其他方面的开支的影响。正如前面所说的，其思想是在给定客户服务目标的前提下，使总成本最小化。因为其他 5 个主要的物流成本因素共同作用来支持客户服务，所以物流经理需要得到有关每个成本类别的开支的正确数据。

(2) 运输成本。根据分析个体的不同，可以用多种不同的方法来考察支持运输的成本。运输成本可以按客户、生产线、渠道类型、运输商和方向(进货对发货)等分类。根据发运量、运输的重量、距离以及出发地和目的地不同，成本相应的变化很大，同时成本和服务还会随着所选择的运输方式的不同而发生大幅度的变动。

(3) 仓储成本。仓储成本由仓储和储存活动以及工厂和仓库的选址过程所造成，包括由于仓库数量和位置的变化而引起的所有成本。

(4) 订单处理/信息系统成本。订单处理和信息系统的成本与诸如处理客户订单、配送信息和需求预测等活动相关。

(5) 批量成本。主要的物流批量成本是由生产和采购活动所引起的。批量成本是和生产或采购相关的成本，随着生产批量、订单的大小或频率的变化而变化。

(6) 库存持有成本。可能影响库存持有成本的物流活动包括库存控制、包装以及废品回收和废物处理。库存持有成本由许多因素组成，除销售的丧失成本之外，库存持有成本是最难确定的。

(7) 包装成本。包装成本是指企业为完成货物包装业务而发生的全部费用，包括运输包装费、集装和分装包装费、包装业务人员的工资福利、包装设施年折旧费、包装材料消耗费、设施设备维修保养费和业务费。

以上广义物流的成本分类，将物流看成是一个完整的系统，并以给定企业的客户服务目标为前提。这种分类方法从各种物流活动和成本的关系出发，分析成本产生的原因，将总成本最小化，实现有效的物流管理和真正的成本节约。

1.1.4 影响物流成本的因素

1. 竞争性因素

企业所处的市场环境充满了竞争，企业之间的竞争除了产品的价格、性能、质量外，优质的客户服务是决定竞争成败的关键，而高效的物流系统是提高客户服务的重要途径。如果企业能够及时可靠地提供产品和服务，则可以有效地提高客户服务水平，这都依赖于物流系统的合理化。而客户的服务水平又直接决定物流成本的高低，因此，物流成本在很大程度上是由于日趋激烈的竞争而不断发生变化的，企业必须对竞争做出反应。

影响客户服务水平主要有以下因素：

(1) 订货周期。企业物流系统的高效必然可以缩短企业的订货周期，降低客户的库存户的库存成本，提高企业的客户服务水平，提高企业的竞争力。

(2) 库存水平。存货成本的提高，可以减少缺货成本，即缺货成本与存货成本成反比。库存水平过低，会导致缺货成本增加；库存水平过高，虽然会降低缺货成本，但是存货成本会显著增加。因此，合理的库存应保持在使总成本最小的水平上。

(3) 运输。企业采用更快捷的运输方式，虽然会增加运输成本，但可以缩短运输时间成本，提高企业的快速反应能力。

2. 货品因素

(1) 货品价值。货品价值的高低会直接影响物流成本的大小。随着货品价值的增加，每一项物流活动的成本都会增加，运费在一定程度上反映货物移动的风险。一般来讲，货品价值越大，对其所需使用的运输工具要求越高，仓储和库存成本也随着货品价值的增加而增加。高价值意味着存货中的高成本以及包装成本的增加。

(2) 货品密度。货品密度越大，相同运输单位所装的货物越多，运输成本就越低。同理，仓库中一定空间领域存放的货物越多，库存成本就越低。

(3) 货品废品率。影响物流成本的一个重要方面还在于货品的质量，即货品废品率的高低。高质量的货品可以杜绝因次品、废品等的回收或退货而发生的各种物流成本。

任务 2 认知物流成本管理

1.2.1 物流成本管理概述

1. 物流成本管理的概念

物流成本管理是指以物流成本信息的产生和利用为基础，按照物流成本最优化的要求有组织地进行预测、决策、计划、控制、分析和考核等一系列的科学管理的活动。

资料

在纺织批发商聚集的东京日本桥批发街地区，商品入货、出货的货车错综来往，交通堵塞非常严重。运输业者的货车等待时间要比装卸时间长，4 吨的货车装货要花两个半小时，物流业务的非效率性和运费上升越来越严重。东京日本桥的 37 家纺织批发商以建设共同物流中心为目的，结成了“联合团体—东京湾市场”。该团体很快就在东京湾建立了一个服装大市场，大大降低了成本。

2. 物流成本管理的意义

成本管理是企业管理的重要内容，是企业适应现代化社会竞争的法则和求得生存发展的基本手段。越来越多企业家意识到，物流管理对于降低资源消耗、提高生产效率以增进企业经营效果、降低总体费用的重要性。由于在很多企业中，物流成本占很大比重，所以物流成本的高低直接关系到企业利润水平的高低和竞争力的强弱。所有的物流企业经营者都清楚，要扩大利润空间必须压缩成本，终身信奉一条生存法则“利润＝收入－成本”，这个简单的公式隐藏着物流企业的生存和创造财富的秘密。

难点例解

根据前面所说的企业生存法则，现在我们来做一道小数学题，假设物流公司配送一种商品定价为 100 元。其中采购成本是 90 元，利润是每件 10 元。现经过优化将成本降低 10%，问：利润增加多少元？增加多少百分比？

解析：答案你可能会很轻松地算出来，但请思考一下，成本降低 10%，也就是 9 元钱，利润虽然也是增加了 9 元钱，但却是增长了近 100%。从表 1－1 中更能清楚地看到这一巨大改变。

表 1－1 成本变化比较

比较项目	配送产品	降低成本后	变化
定价	100 元	100 元	不变
成本	90 元	81 元	降低 10%
利润	10 元	19 元	增加至近 2 倍
利润率	10%	近 20%	增长率近 100%

利润率增长率近100%是什么概念？这在市场竞争环境下，同一种产品或服务定价不变，单靠增加销售(或采购)而达到这个增长率，简直就是一个令人惊羡的奇迹。你想象一下，你有多少因为资金短缺而令你有心无力做的事，都将迎刃而解。

世界上最优秀的公司是用利润指标来衡量的，最赚钱的人也是用利润来衡量的。一个年产值上百亿的企业赚1亿，人们不会很在意，因为它的资产规模很大，只赚1亿元反倒是很危险的事；而一个资产只有10亿元的企业赚1亿元，那所有的人都将对其敬佩有加。

可以想象，如果利润率不变，你要增加成倍的利润，你就要扩大一倍以上的规模，但在市场竞争极为激烈的情况下，扩大100%销售谈何容易？你要增加多少业务员、多少设备、多少贷款、多少广告投入、多少管理费用。如果你认真做好成本管理，在企业内部合理规划节约成本——例如，现在的利润是5%，只要降低5%的成本，利润就将增加一倍；即使利润是10%，降5%的成本，仍将增加了50%利润额。

1.2.2　物流成本管理系统

1. 物流成本管理的内容

物流成本管理需要一个能协调计划、监控和管理各种各样物流成本发生的全面集成化系统，从而协助物流企业的各项活动都面向市场来进行运转。

1）物流成本预测

物流成本预测是在对本年度物流成本进行分析，根据有关物流成本数据和企业的具体的发展情况，运用一定的技术方法，对未来的物流成本水平及其变动趋势作出科学的估计。物流成本预测可以提高物流成本管理的科学性和预见性。

2）物流成本决策

物流成本决策模块包括物流成本预测、物流成本决策和物流成本计划的制订。物流成本决策模块主要是指企业根据自身的发展情况和利用已有的成本信息，对未来的物流成本作出预测；然后，从若干个方案中选择一个满意的方案，作出决策；在此基础，上根据决策制订物流成本计划。

3）物流成本计划

物流成本计划是根据物流成本决策所确定的方案、计划期的生产任务、降低成本的要求以及有关资料，通过一定的程序，运用一定的方法，以货币形式规定计划期物流各环节耗费水平和成本水平，并提出保证物流成本计划顺利实现所采取的措施。通过物流成本计划管理，可以在降低物流各环节成本方面给企业提出明确的目标，推动企业加强物流成本管理责任制，增强企业的成本意识，控制物流环节费用，挖掘降低成本的潜力，保证企业降低物流成本目标的实现。

物流成本计划有月度计划、季度计划、年度计划和短期计划(半年或一年)、中期计划(三年)和长期计划(五年或十年)等计划体系。

4）物流成本控制

物流成本控制是根据计划目标，对物流成本发生和形成过程以及影响物流成本的各种因素和条件施加主动的影响，以保证实现物流成本计划的一种行为。

物流成本控制有以下几个方面基本内容：

(1) 运输费用控制。如加强运输的经济核算、防止运输过程小的差错事故、做到安全运输等。

(2) 储存费用的控制。如合理库存、ABC 分类库存等。

(3) 装卸搬运费用的控制。如合理规划装卸方式和装卸作业过程、减少装卸次数、缩短操作距离、提高被装卸物资纯度等。

(4) 包装费用控制。如选择包装材料时要进行经济分析；运用成本核算降低包装费用；包装的回收和旧包装的再利用；实现包装尺寸的标准化、包装作业的机械化；有条件时组织散装物流等。

(5) 流通加工费用的控制。如合理确定流通加工的方式；合理确定加工能力；加强流通加工的生产管理；制定反映流通加工特征的经济指标等。

通过物流成本控制，可以及时发现存在的问题，采取纠正措施，保证成本目标的实现。

5) 物流成本核算

物流成本核算是指计划执行后，根据企业确定的成本核算对象，对产生的生产耗费进行归纳，采用相适应的成本核算方法，按规定的成本项目，通过一系列的物流费用汇集与分配，核算出各物流活动成本核算对象的实际总成本和单位成本。通过物流成本核算，可以如实地反映生产经营过程中的实际耗费，同时，也反映出各种活动费用实际支出与计划支出的差异。物流成本核算是对物流成本计划执行情况的检验。

6) 物流成本分析

物流成本分析是在物流成本核算及其他有关资料的基础上，运用一定的方法，揭示物流成本水平的变动，进一步查明影响物流成本变动的各种因素。通过物流成本分析，检查和考核物流成本计划的完成情况，总结经验，找出实际与计划差异的原因，及时发现问题，查明原因，揭露物流环节中的主要矛盾。物流成本分析的方法是多种多样的，常用的方法主要有指标对比分析法和因素分析法等。具体采用哪种方法，要根据其目的、物流特点和所掌握资料的性质与内容而确定。同时，物流成本分析过程也是对前一阶段物流成本管理业绩的评估过程。

7) 考核

年度业绩评价，制定激励机制。

2. 物流成本管理的步骤

(1) 事前计划。在成本发生前，预先通过对历史资料的分析研究和依据技术方法测算，制定出未来某个时期内各种生产条件处于正常状态下的标准成本，作为员工努力的目标以及衡量实际成本节约或超支的尺度，从而起着成本的事前控制作用。

(2) 事中控制。在生产过程中将成本的实际消耗与标准消耗进行对比，及时地揭示和分析实际成本脱离成本标准的差异，并迅速采取措施加以改进，以加强成本的事中控制。

(3) 事后分析。在每月或季度结束后，计算出实际成本与标准成本之间的差异，分析差异的原因，查明责任归属，评估业绩，从而制定有效措施，以避免不合理的支出和损失的再次发生，为未来的成本管理工作和降低成本的途径指出努力方向，实现成本的事后控制。

3. 物流成本管理系统概述

所谓系统，是一组相关而有共同目标的要素的集合，也可以说是达到共同目标的要素群。物流成本管理系统是物流成本各功能要素的集合，它包括物流成本预算、物流成本性态分析、物流责任成本管理和物流成本效益分析。物流成本管理系统如图1.1所示。

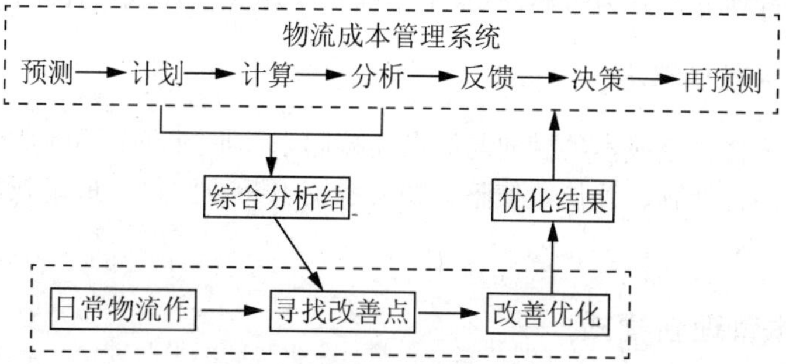

图1.1 物流成本管理系统

1.2.3 物流成本管理的基本方法

1. 纵向法

物流过程是一个创造时间性和空间性价值的经济活动过程。为使其能提供最佳的价值效能，就必须保证物流各个环节的合理化和物流过程的迅速、通畅。物流系统是一个庞大而复杂的系统，要对它进行优化，需要借助于先进的管理方法和管理手段，从而最终达到对物流过程的优化管理。

(1) 制订最优运输计划，实现物品运输优化。物流过程中遇到最多的是运输问题，例如，某产品现由某几个企业生产，又需供应某几个客户，怎样才能使企业生产的产品运到客户所在地时总运费最小？假定这种产品在企业中的生产成本为已知，从某企业到消费地的单位运费和运输距离以及各企业的生产能力和消费量都已确定，则可用线性规划来解决；如企业的生产数量发生变化，生产费用函数是非线性的，就应使用非线性规划来解决。对于属于线性规划类型的运输问题，常用的方法有单纯型法和表上作业法。

(2) 选择货物最佳的配比和配送线路，实现货物配送优化。配送线路是指各送货车辆向各个客户送货时所要经过的路线，它的合理与否，对配送速度、车辆的利用效率和配送费用都有直接影响。目前较成熟的优化配送线路的方法是节约法，也称节约里程法。

(3) 运用存储论确定经济合理的库存量，实现物资存储优化。存储是物流系统的中心环节。物资从生产到客户之间需要经过几个阶段，几乎在每一个阶段都需要存储。究竟在每个阶段库存量保持多少为合理？为了保证供给，需隔多长时间补充库存？一次进货多少才能达到费用最省的目的？这些都是确定库存量的问题，也都可以在存储论中找到解决的方法。其中应用较广泛的方法是经济订购批量模型，即EOQ模型。

(4) 运用模拟技术实现物流系统的最优化。例如，克莱顿希尔模型，它是一种采用逐次逼近法的模拟模型。这个方法提出了物流系统的3项目标：最高的服务水平、最小的物流费用、最快的信息反馈。在模拟过程中采用逐次逼近的方法来求解下列决策变量：流通中心的数目、对客户的服务水平、流通中心收发货时间的长短、库存分布和系统整体的优化。

2. 横向法

物流成本横向管理即对物流成本进行预测和编制计划。物流成本预测是在编制物流计划之前进行的。它是在对本年度物流成本进行分析并充分挖掘降低物流成本的潜力的基础上，寻求降低物流成本的有关技术经济措施，以保证物流成本计划的先进性和可靠性。物流成本计划按时间标准进行划分，分为短期计划(半年或一年)、中期计划和长期计划。

3. 计算机管理系统管理法

计算机管理系统将物流成本的横向与纵向连接起来，形成一个不断优化的物流系统的循环。通过一次次循环、计算、评价，使整个物流系统不断地优化，最终找出其总成本最低的最佳方案。

1.2.4 物流成本管理新模式

1. 成本意识模式

成本意识是指节约成本与控制成本的观念，其含义如下：

(1) 把降低成本的工作从物流管理部门扩展到供应、生产和设计等各个部门，形成全员式的降低成本格局，形成贯穿企业各部门的“组织化成本意识”。

(2) 将降低物流的成本从战略布局的高度加以定位，即从选择开发项目的种类、规模起就开始考虑物流成本，具有长期发展观的“战略性成本”意识。

2. 成本效益模式

成本效益模式是通过比较项目的全部成本和效益来评估项目价值的一种方法，其含义如下：

(1) 为了省钱而花钱，即为了长期地、大量地削减开支而应该支出某些短期看来似乎是高昂的费用。

(2) 运用“人无我独有”的差别化战略，为未来“增效”。分析物流市场中顾客的种种需求特性，选出一种或几种具有代表性的物流需求，为满足需求而开发同业所没有的新型物流服务产品并投入市场，而作为物流服务产品具有特殊功能的回报，物流企业能以高出同业并足以补偿特殊功用成本的售价去占据市场，并击退部分同业者。

3. 成本节省模式

成本节省模式基本思想是力求在工作现场不消耗无谓的成本且节约将发生的成本支出，并改进工作方式。成本节省一般表现为“成本维持”和“成本改善”两种执行形式。

(1) 成本维持形式体现为节约能耗，防止事故，以招标方式采购原材料或设备等。现代准时化系统则将成本维持提到了新的高度，它以“零库存”的形式节约了几乎全额的库存成本。

(2) 成本改善形式体现为以扩大企业生产规模和提高劳动生产率来降低单位产品成本。现代的作业成本管理及其相配合的业绩计量与评价方式，则是一种更为精密、更为深入的成本改善技术，其成效在欧美物流企业中已是有目共睹的。

4. 成本避免模式

成本避免模式的基本思想是立足于预防，即在早期避免成本的发生。如从物流据点的选址、物流功能的规划等来避免一些成本的发生。

从管理的源流来控制成本，就形成了成本避免模式(或称成本免除模式)，这可视为成本降低的高级模式。

资料

美国国防部首创的“成本设计”是在军工企业激烈的国际竞争及美国相对有限的国防经费条件下产生的，它是对开发设计阶段、产品制造阶段和使用阶段发生的成本设定目标价值以进行先期控制，或者说是在限定的成本条件下进行设计，在军用产品的图纸上注入成本思考，以解决国防经费不足的问题。

日本的“成本企划”是将成本管理的视野全面转换到了产品开发设计阶段，针对目标成本，将价值工程分析方法与成本估算方法结合为一体运用，以达到先导式的、更具实效的避免成本的目的。

1.2.5 物流成本控制

1. 物流成本控制的概念

所谓物流成本控制，是企业根据一定时期预先建立的成本管理目标，由成本控制主体在其职权范围内，在生产耗费发生以前和成本控制过程中，对各种影响成本的因素和条件采取的一系列预防和调节措施，以保证成本管理目标实现的管理行为。

2. 物流成本控制需要注意的问题

(1) 物流成本控制的过程是运用系统工程的原理对企业在生产经营过程中发生的各种耗费进行计算、调节和监督的过程，同时也是一个发现薄弱环节，挖掘内部潜力，寻找一切可能降低成本途径的过程。科学地组织实施物流成本控制，可以促进企业改善经营管理，转变经营机制，全面提高企业素质，使企业在市场竞争的环境下得以生存、发展和壮大。

(2) 物流成本控制就是指以成本作为控制的手段，通过制定成本总水平指标值、可比产品成本降低率以及成本中心控制成本的责任等，达到对经济活动实施有效控制的目的的一系列管理活动与过程。

(3) 物流成本控制是指降低成本支出的绝对额，故又称为绝对成本控制。成本降低还包括统筹安排成本、数量和收入的相互关系，以求收入的增长超过成本的增长，实现成本的相对节约，所以又称为相对成本控制。

(4) 物流成本控制是物流成本管理的一部分，物流成本控制的对象是物流成本发生的过程，包括设计过程、采购过程、生产和服务提供过程、销售过程、物流过程、售后服务过程、管理过程和后勤保障过程等。物流成本控制的结果应能使被控制的物流成本达到规定的要求。为使物流成本控制达到规定的、预期的成本要求，就必须采取适宜的和有效的措施，包括作业、成本工程和成本管理技术和方法。

(5) 开展物流成本控制活动的目的就是防止资源的浪费，使成本降到尽可能低的水平，并保持已降低的成本水平。

(6) 物流成本控制反对“秋后算账”和“死后验尸”的做法，提倡预先控制和过程控制。因此，物流成本控制必须遵循预先控制和过程控制的原则，并在成本发生之前或在发生的过程中去考虑和研究为什么要发生这项成本，应不应该发生，应该发生多少，应该由谁来发生，应该在什么地方发生，是否必要……决定后应对过程活动进行监视、测量、分析和改进。

(7) 物流成本控制应是全面控制的概念，包括全员参与和全过程控制。

(8) 物流成本控制和成本保证的某些活动是相互关联的。

3. 物流成本控制的步骤

(1) 了解所服务对象的需求。如何能以较高的服务水平达到客户的满意？这个问题很重要，很多时候企业往往会因为降低成本而降低对客户的服务水平，结果成本是下来了，企业的销售额也下来了，反而导致企业整体成本上升，以致竞争力的消失。因此，企业务必首先明确客户服务要求，而这些要求和标准是不允许有所降低的。

(2) 了解物流成本的组成。企业的物流成本一般包括仓储成本、运输成本、信息成本和管理成本等，各项成本一定要细化。

(3) 了解业务的分布区域以及当前的服务、成本等。要了解客户源在哪里，他们的需求有哪些，量有多少；要对不同运输方式的成本进行比较与分析；对不同承运商服务、成本进行比较与分析等。

(4) 考虑按照现在的客户布局，安排最佳的货物流向，分析不同组合的成本与服务情况，以确定仓库布局、仓库的服务客户、商品的流向、经济库存分布、最佳的运输方式和最佳承运商。

(5) 将第(4)步细化成企业的业务流程与操作规范，同时制定各类监控、分析报表。不断分析客户的需求，安排最佳的库存分布；不断分析成本的变化；不断考核各类承运商的服务水平、成本，做好各类费用的审核。

物流成本的降低是一个不断持续的过程，首先明确要做什么，然后知道会产生哪些费用，之后了解现状，再设计最佳的实现模式，最后加强监控，不断地完善优化。

4. 物流成本控制的方法

(1) 绝对成本控制法。绝对成本控制法是把成本支出控制在一个绝对金额以内的成本控制方法。绝对成本控制从节约各种费用支出且杜绝浪费的途径进行物流成本控制，要求把营运生产过程发生的一切费用支出都列入成本控制范围。标准成本和预算控制是绝对成本控制的主要方法。

(2) 相对成本控制法。相对成本控制法是通过成本与产值、利润、质量和功能等因素的对比分析，寻求在一定制约因素下取得最佳经济效益的一种控制方法。

相对成本控制扩大了物流成本控制领域，要求人们在努力降低物流成本的同时，充分注意与成本关系密切的因素，诸如产品结构、项目结构、服务质量水平和质量管理等方面的工作，目的在于提高控制成本支出的效益，既减少单位产品成本投入，又提高整体经济效益。两种物流成本控制的方法比较见表1-2。

表 1-2 成本控制比较

比较项目	绝对成本控制	相对成本控制
控制对象	成本支出	成本与其他因素的关系
控制目的	降低成本	提高经济效益
控制方法	成本与成本指标之间的比较	成本与非成本指标之间的比较
控制时间	主要在成本发生时或发生后	主要在成本发生前
控制性质	属实施性成本控制	属决策性成本控制

5. 物流成本控制的原则

(1) 真实性原则。要求企业在物流成本核算中，资料来源完整可靠，各项数据准确真实，分配方法合理科学，核算符合规范，保证物流成本数据能真实反映企业在生产经营过程中物流作业的耗费水平。

(2) 可比性原则。要求企业物流成本的内容和范围明确、固定，计算口径一致，以保证企业物流成本核算内容的可比性，便于企业物流成本在不同时期的对比分析。

(3) 及时性原则。要求企业物流成本核算按惯例要求和有关规定，按成本报告期、物流成本耗费时间，及时准确地核算出企业当期物流实际成本。

(4) 反馈性原则。要求企业物流成本核算，要便于划分物流责任中心，分解物流成本责任，做到各物流作业者既能明确自己所承担的责任，又能对自己所负责任履行情况及时得到信息反馈，以便随时检查并及时采取措施，调整他们的经营活动。

核算物流成本时，还要坚持从实际出发、逐步完善的原则，即企业的物流成本必须结合企业的具体情况，如企业的性质、规模、生产经营、管理人员业务素质、物流重点及水平等，确定自己不同的核算制度，做到有步骤、分阶段进行。

6. 物流成本控制的途径

(1) 加强库存管理，合理控制存货。企业存货成本包括持有成本、订货或生产准备成本以及缺货成本。存货量过多，虽然能满足客户的需求以及减少缺货成本和订货成本，但是增加了企业的存货持有成本；存货量不足，虽然能减少存货持有成本，但是又将不能正常满足客户的需求而增大缺货成本和订货成本。如何确定既不损害客户服务水平，也不使企业因为持有过多的存货而增加成本的合理存货储量，这就需要加强库存控制，企业可以采取经济订货批量法、MRP 库存控制法、JIT 库存控制法等。

(2) 实行全过程供应链管理，提高物流服务水平。控制物流成本不仅仅是企业追求物流的效率化，更主要应该考虑从产品生产到最终客户整个供应链的物流成本效率化。在当今激烈的企业竞争环境下，客户除了对价格提出较高的要求外，更要求企业能有效地缩短商品周转的时期，真正做到迅速、准确、高效地进行商品管理。要实现这一目标，需要企业协调与其他企业以及客户、运输业者之间的关系，实现整个供应链活动的效率化。

(3) 通过合理的配送来降低物流成本。配送是物流服务的一个重要的环节，通过实现效率化的配送、提高装载率和合理安排配车计划、选择合理的运输线路，可以降低配送成本和运输成本。

(4) 利用物流外包来降低物流成本。物流业务外包是控制物流成本的重要手段。企业将物流外包给专业化的第三方物流公司，通过资源的整合、利用，不仅可以降低企业的投资成本和物流成本，而且可以充分利用这些专业人员与技术的优势，提高物流服务水平。

(5) 利用现代化的信息管理系统控制和降低物流成本。现代物流技术发展十分迅速，物流系统软件日趋完善。借助物流信息系统，一方面使各种物流作业或业务处理能准确、迅速地进行；另一方面物流信息平台的建立，各种信息通过网络进行传输，使生产、流通全过程的企业或部门分享由此带来的收益，充分应对可能发生的需求，进而调整不同企业的经营行为和计划，从而有效地控制无效物流成本的发生，从根本上实现物流成本的降低，充分体现出物流的"第三利润源"。

综上所述，物流成本控制是一个全面、系统的工程，要建立全新的控制思想，只有从全局着眼，才能获得较好的经济效益，物流"第三利润源"作用才能真正发挥。

1.2.6 广义成本控制与核算模式

1. 广义成本控制模式

1) 广义成本控制的概念

广义成本控制是指针对服务产品全生命周期业务过程，以成本节省和成本避免这两种基本思想，综合工程方法、组织措施和会计计量的多样化手段实施成本控制。也可以从更为具体的基础控制形态来说明广义成本控制构造，即由业务对象过程与控制视野两种要素交汇而成的多样化的传统或新型的成本控制手段。它们所汇集成的控制构造可依其不同层次的效果目标分别展开为维持控制、改善控制和革新控制这 3 种方式，这是广义成本控制构造更为具体的形态展现。

2) 成本核算模式

传统的物流成本核算包括以汇总、分配、再汇总的形式核算物流成本，也包括以标准成本为核心手段进行成本预算。然而，在作业成本管理(ABM)法和作业成本企划模式确立以后，物流成本核算从形式到内容都有了飞速的发展。

作为 ABM 基础的作业成本(ABC)在欧美企业已得到广泛应用。ABC 法在提供更为精密的、真实的成本信息方面作用显著。

3) 目标成本核算

目标成本核算也已崛起为成本核算的生力军。所谓"目标成本核算"，并不仅仅局限于为产品设定成本目标。从其利用目的来看，它在开发准备、确定设计制造方针、投产准备、物流和定价等领域均可实施；其核算对象已从产品或部件这类实物对象扩展到了抽象的功能对象；其核算基础则从财务会计基础转向管理会计基础；其核算内容也并非是全部成本或平均成本，也可采用部分成本或增量成本；在核算方式上，既可以采用各成本要素逐项加计形式，又可以将成本要素加以划分后，逐个以物理特性为基础进行理论的或统计学的分析核算，同时根据需要，既可以概算又可以估算。

ABC 法和目标成本核算这类成本核算方法贯穿了从开发源流到销售服务的各个阶段，是现代成本管理不可或缺的要素，这也是必须重新认识成本核算范畴的理由。

2. 成本元模式

1）成本元的概念

成本元也称成本动因，其源自于ABC法范畴，但又不专属于ABC模式。建立成本元理念，旨在从现代成本管理内在的深层构造上解决管理的着力点问题。

成本元最为基础的构造是直接围绕着作业概念展开的，是微观执行层次上的理念，可归结为“经营战略意义上的成本元”，具体可展开为“结构性成本动因”和“执行性成本动因”。

2）结构性成本动因

结构性成本动因分析应基于工业组织的视点来确定成本定位，其属性是企业在其基础经济结构层面的战略性选择。

3）执行性成本动因

执行性成本动因分析的属性应定位为“针对业绩目标”的、对成本定位的战略性强化。结构性动因分析解决配置的优化问题是基础，而执行性动因分析解决绩效提高问题是其持续，两者互相连贯、互相配合。

任务3　了解物流成本理论

1.3.1　“黑大陆”学说

在财务会计中，一般把营运生产费用大致划分为生产成本、管理费用、营业费用、财务费用和营业外费用，然后再把营业费用按各种支付形态进行分类。这样，在损益表中所能看到的物流成本在整个销售额中只占极少的比重。因此，物流的重要性当然不会被认识到，这就是物流被称为“黑大陆”的一个原因。

由于物流成本管理存在的问题及有效物流管理对企业盈利和发展的重要作用，1962年著名的管理学家彼得·德鲁克在《财富》杂志上发表了题为《经济的黑色大陆》一文，他将物流比做“一块未开垦的处女地”，强调应高度重视流通及流通过程中的物流管理。彼得·德鲁克曾经讲过“流通是经济领域的黑暗大陆”。德鲁克泛指的是流通，但由于流通领域中物流活动的模糊性特别突出，它是流通领域中人们认识不清的领域，所以“黑大陆”学说主要针对物流而言。“黑大陆”学说主要是指尚未认识、尚未了解的领域。在“黑大陆”中，如果理论研究和实践探索照亮了这块“黑大陆”，那么摆在人们面前的可能是一片不毛之地，也可能是一片宝藏之地。“黑大陆”学说是对20世纪中经济学界存在的愚昧认识的一种批驳和反对，指出在市场经济繁荣和发达的情况下，无论是科学技术还是经济发展，都没有止境。“黑大陆”学说也是对物流本身的正确评价，即这个领域未知的东西还很多，理论与实践皆不成熟。

从某种意义上看，“黑大陆”学说是一种未来学的研究结论，是战略分析的结论，带有较强的哲学抽象性，这一学说对于研究这一领域起到了启迪和动员作用。

1.3.2　冰山学说

1. 基本理论

物流冰山说是日本早稻田大学西泽修教授提出来的，他潜心研究物流成本时发现，现行的财务会计制度和会计核算方法都不可能掌握物流费用的实际情况，因而人们对物流费用的了解一片空白，甚至有很大的虚假性，他把这种情况比做“物流冰山”。西泽修指出盈亏计算书中的“销售费和一般管理费”，栏中记载的“外付运费”和“外付保管费”的现金金额，不过是冰山的一角。冰山的大部分沉在水面以下，是看不到的黑色区域，而看到的不过是它的一部分。物流便是一座冰山，其中沉在水面以下的是看不到的黑色区域，而看到的不过是物流成本的一部分，人们过去之所以轻视物流，正是因为只看见了冰山的一角，而没有看见冰山全貌的缘故。物流成本隐含性被形象地描述为“物流冰山”，其含义为：大家看到的物流成本只是露出海面上面的冰山的一角，实际上潜藏在海水里的部分才是物流成本的主体部分，如图 1.2 所示。

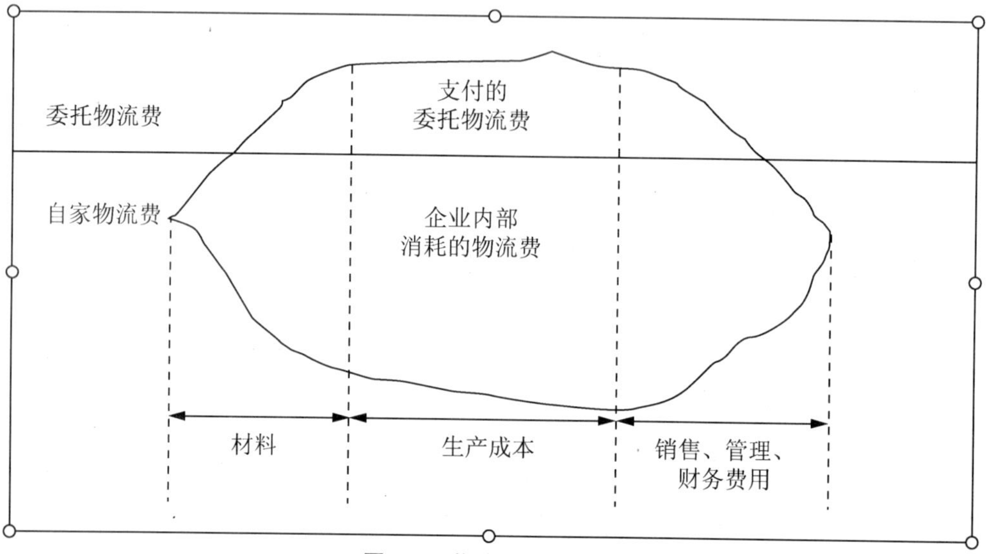

图 1.2　物流冰山示意图

2. 物流成本冰山成因

(1) 会计核算制度中没有考虑物流成本。
(2) 物流成本的核算范围太大。
(3) 物流成本的核算对象选择。
(4) 选择哪些费用列入物流成本。

实际上，物流成本中有不少是承担物流的部门所无法控制的。例如，物流成本中往往包含促销费用。根据物流冰山说，要把隐藏在水面下的物流成本全部核算出来是不可能的。传统的会计体系不仅不能提供足够的物流成本分摊数据，而且也认为没有这个必要。

理论研究与实际管理毕竟是有所区别的。在企业物流管理中，不可能为了建立物流独立核算体系而破坏其他若干成熟的财务会计核算体系，实际上真正需要纳入管理的是有影响的数据。

1.3.3　效益背反理论

1. 基本理论

效益背反又称为二律背反，这一术语表明着两个相互排斥而又被认为是同样正确的命题之间的矛盾。效益背反是物流领域中很经常、很普遍的现象，是物流领域中内部矛盾的反映和表现。效益背反指的是物流的若干功能要素之间存在着损益的矛盾，即某一功能要素的优化和利益发生的同时，必然会存在另一个或几个功能要素的利益损失，反之也如此。物流系统的效益背反包括物流成本与服务水平的效益背反、物流活动的效益背反。

2. 物流成本与服务水平的效益背反

高水平的物流服务是由高水平的物流成本作保证的。在没有较大的技术进步情况下，物流企业很难做到既提高了物流服务水平，同时也降低了物流成本。一般来讲，提高物流服务，物流成本即上升，两者之间存在着效益背反的规律。而且，物流服务水平与物流成本之间并非呈现线性关系，而是如图 1.3 所示的关系。

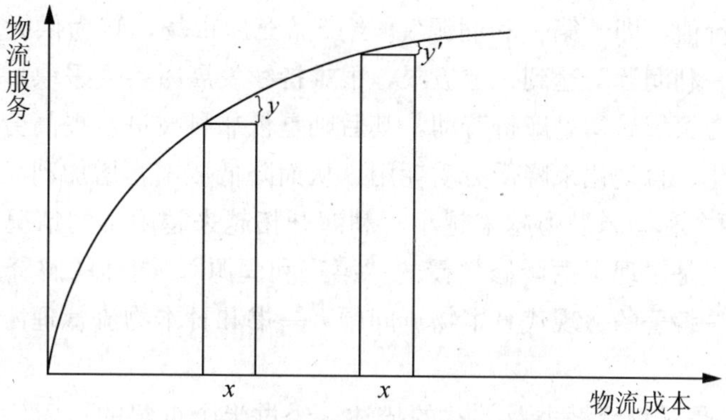

图 1.3　物流成本与服务水平的效益背反

由图 1.3 可知，物流服务如处于低水平阶段，追加成本 x，物流服务即可上升到 y；如果处于高水平阶段，同样追加 x，则服务水平就上升到了 y'，但 $y'<y$。

3. 物流活动的效益背反

现代物流是由运输、包装、仓储、装卸及配送等物流活动组成的集合。在构成物流系统的各个环节(即活动)之间存在着“效益背反”状态，要想较多地达到某个方面的目的，必然会使另一方面的目的受到一定的损失，也就是一方成本降低而另一方成本增大，这便是物流活动的效益背反。

物流系统是以成本为核心，按最低成本的要求，使整个物流系统化。它强调的是调整各要素之间的矛盾，强调要素之间有机地结合起来。这要求必须从总成本的角度出发，以系统的角度看问题，追求整个物流系统总成本的最低。企业物流管理肩负着“降低企业物流成本”和“提高服务水平”两大任务，这是一对相互矛盾的对立关系。整个物流合理化，需要用总成本评价，这反映出企业物流成本管理的效益背反特征及企业物流对整体概念的重要性。美国学者用“物流森林”的结构概念来表述物流的整体观念，指出物流是一种结构，对物流不能只见功能要素而不见结构，即不能“只见树木不见森林”，物流的总体效果是森林的效果。这可以归纳成一句话：“物流是一片森林而非一棵棵树木。”对这种总体观念的描述还有许多的提法，诸如物流系统观念、多维结构观念、物流一体化观念、综合物流观念、后勤学和物流的供应链管理等，都是这种思想的另一种提法或同一思想的延伸和发展。

1.3.4 第三利润学说

1. 基本理论

物流可以为企业提供大量直接和间接的利润，而对国民经济来说，物流也是国民经济中创利的主要活动。物流的这一作用，被表述为“第三利润源”。“第三利润源”的说法是日本物流成本学说的权威学者西泽修在1970年提出的。

从历史发展来看，人类历史上曾经有过两个大量提供利润的领域。在生产力相对落后、社会产品处于供不应求的历史阶段，由于市场商品匮乏，制造企业无论生产多少产品都能销售出去，所以就大力进行设备更新改造、扩大生产能力、增加产品数量、降低生产成本，以此来创造企业剩余价值，即“第一利润源”。当产品充斥市场，转为供大于求，销售产生困难时，也就是“第一利润源”达到一定极限，很难持续发展时，便采取扩大销售的办法寻求新的利润源泉。人力领域最初是廉价劳动，其后则是依靠科技进步提高劳动生产率，降低人力消耗或采用机械化、自动化来降低劳动耗用，从而降低成本，增加利润，称为“第二利润源”。然而，在这两个利润源潜力越来越小，利润开拓越来越困难的情况下，物流领域的潜力被人们所重视，于是出现了西泽修教授的“第三利润源”。同样的解释还反映在日本另一位物流学者谷本谷一编著的《现代日本物流问题》一书和日本物流管理协议会编著的《物流管理手册》中。

“第三利润源”是对物流潜力及效益的描述。经过半个世纪的探索，人们已肯定“黑大陆”，虽然对它还不清楚，但绝不是不毛之地，而是一片富饶之源。尤其是经受了1973年石油危机考验后，物流已牢牢树立了自己的发展地位。

这3个利润源着重开发生产力的3个不同要素：第一个利润源挖掘对象是生产力中的劳动对象；第二个利润源挖掘对象是生产力中的劳动者；第三利润源主要挖掘对象则是生产力中劳动工具的潜力，同时注重劳动对象与劳动者的潜力，因而更具全面性。

2. 基本观点

对“第三利润源”的理论最初认识是基于以下几个方面：

(1) 物流是可以完全从流通中分化出来，自成体系，有目标且可以进行管理，因而能进行独立的总体判断。

(2) 物流和其他独立的经济活动一样，它不是总体的成本构成因素，而是单独盈利因素，物流可以成为“利润中心”。

(3) 从物流服务角度来说，通过有效的物流服务，可以给接受物流服务的生产企业创造更好的盈利机会，成为生产企业的“第三利润源”。

(4) 通过有效的物流活动，可以优化社会经济系统和整个国民经济的运行，降低整个社会的运行成本，提高国民经济的总效益。

经济界的一般理解，是从物流可以创造微观经济效益来看待的。

1.3.5　其他学说

1. 利润中心说

利润中心说的含义是：物流可以为企业提供大量直接或间接的利润，是形成企业经营利润的主要活动。不但如此，对国民经济而言，物流也是国民经济中创利的主要活动、物流的这一作用，被表述为“第三利润源”。从经济发展历程来看，能够大量提供利润的领域主要有两个，第一个是资源领域，第二个是人力领域。在这两个利润源潜力越来越小、利润开拓越来越困难的情况下，物流领域的潜力被人们所重视，按时间序列排为“第三利润源”。

2. 系统说

过去一说物流是“第三利润源”，就有些企业经营者急于求成，动辄向物流要效益。这是对“物流利润源泉”的误解。物流产生利润实际上是物流成本、物流利润的一种重新划分，它至少包括以下几个部分：

(1) 物流时间的节省，物料、半产品、产成品在物流各环节停留时间的减少意味着物资和资金流转速度的加快。

(2) 物流费用的降低。

(3) 客户满意度的增加。

物流费用的降低当然可以直接体现出物流利润的增加，但物流速度的加快所产生的效益主要表现为生产周期的缩短，企业物资及资金流转速度的加快；客户满意度的提高有利于产品形象和企业形象的优化。这就是说，物流利润的大部分会间接地转移到企业整体效益的提高上，而不能仅从物流费用的节省来简单地衡量物流利润。

3. 服务中心说

服务中心说反映美国和欧洲一些现代学者对物流的认识。他们认为，物流活动的最大作用不在于为企业节约了消耗，降低了成本或增加了利润，而在于提高企业对客户的服务水平，进而提高企业的竞争能力。因此，他们在描述物流时往往使用“后勤”一词，特别强调其服务保障职能，通过物流的服务保障，企业以其整体运作能力的提高来压缩成本，增加利润。在电子商务时代，这种通过完善物流服务来提高企业竞争力的观念是非常重要的，也是值得推荐的。

4. 战略说

战略说是当前非常盛行的说法。实际上学术界和产业越来越多的人士已逐渐认识到，物流更具有战略性，是企业发展的战略而不是一项具体操作性任务。应该说，这种看法把物流放在了很高的位置，企业战略是什么呢？——是生存和发展。物流会影响企业总体的生存和发展，而不是在哪个环节搞得合理一些，节省了多少钱。

随着现代物流的不断发展，物流学说也是百花齐放、百家争鸣，归纳起来大致可以分成3个层次(或3个阶段)：

(1) 物流探索初期的流通领域学说。其中包括第二次世界大战期间美军所建立的“运筹学”和“后勤”理论，特别是“黑大陆”学说，这些学说针对流通中物流活动的模糊性提出“流通是经济领域里的黑暗大陆”。

(2) 物流发展中期的费用—成本学说。其中包括日本早稻田大学西泽修教授的“物流冰山说”、“第三利润源”、“成本中心说”、“利润中心说”及“效益背反说”等，这些学说针对物流对费用的节省、成本的降低、利润的增加及效益背反影响进行研究，其根本内容还停留在费用—成本水平的研究层面上。

(3) 物流发展较高层次的服务—战略学说。其中包括美欧的“服务中心说”和“战略说”，这些学说已超越了企业节约消耗、降低成本或增加利润的较低层面，而是从提高企业对客户的服务水平，进而提高企业的竞争能力，以达到“双赢”互利目标等方面进行分析，特别针对跨国企业提出要具有纵览全局的跨行业、跨组织、跨地区的超级高科技服务水平。这就将现代物流的理论推向了战略性高度。

5. 成本中心说

成本中心说的含义是：物流在整个企业战略中，只对企业营销活动的成本发生影响。物流是企业成本重要的产生点，因而解决物流的问题，并不仅仅要搞合理化、现代化，为了支持保障其他活动，更主要的是通过物流管理和物流的一系列活动降低成本。因此，成本中心既是指主要成本的产生点，又是指降低成本的关注点，物流是“降低成本的宝库”等说法正是对这种认识的形象表述。

资料

与发达国家物流业比较，中国物流成本要高得多。有关资料显示，美国物流业成本仅占整个运营成本的9%左右，而中国物流业成本则占20%。从库存情况来看，中国企业产品的周转周期为35～45天，而国外一些企业的产品库存时间不超过10天。另外，中国企业更愿用自己的车队，但货物空载率达37%以上，同时因包装问题而造成的货物损失每年达150亿元，货物运输每年损失500亿元人民币。导致这些问题的根源在于企业规模小、管理分散、员工素质低。据了解，这样的公司全国已注册的有1 500家左右，没有形成网络，缺乏竞争力，企业之间也缺乏了解和相互沟通，不利于物流企业的发展。

简单地说，现代物流就是要最省时最有效地将货物从一个地方运送到另一个地方。中国物流业要取得成功，必须运用现代物流管理，有效地把物流成本降下来。

项目小结

本项目介绍了物流成本的概念、构成和特点及物流成本管理系统。在物流过程中，为了提供有关服务，要占用和耗费一定的活劳动和物化劳动，这些活劳动和物化劳动的货币表现，即为物流成本，也称物流费用。

物流成本管理是指以物流成本信息的产生和利用为基础，按照物流成本最优化的要求有组织地进行预测、决策、计划、控制、分析和考核等一系列的科学管理的活动。

物流成本管理系统是物流成本各功能要素的集合，它包括物流成本预算、物流成本性态分析、物流责任成本管理、物流成本效益分析和信息管理。要实现物流成本的削减，就要从物流系统的角度来考虑，掌握好物流成本各项目之间的关系，按总成本最低的要求，使整个物流成本管理系统化，强调各要素之间的矛盾统一，把它们有机结合起来，使物流总成本最小。

物流成本管理新模式有成本意识模式、成本效益模式、成本节省模式、成本避免模式、广义成本控制模式和成本核算模式和成本元模式。

复习思考题

一、简答题

1. 什么是物流成本？
2. 物流成本的构成内容有哪些？物流成本如何分类？
3. 什么是物流成本管理？
4. 物流成本管理的意义和作用是什么？
5. 简述“物流冰山说”。
6. 从社会角度来看，物流成本包括哪些？

二、单选题

1. 物流成本涵盖了生产、(　　)、消费全过程的物品实体与价值变化而发生全部费用。
A. 流通　　B. 作业　　C. 车间　　D. 码头
2. 物流成本具有系统性、分散性、战略性、独特性、乘数效应和(　　)等特征。
A. 单个性　　B. 独特性　　C. 多重性　　D. 联合性
3. 影响客户服务水平的主要方面有(　　)、库存水平和运输这些因素。
A. 货场　　B. 车间　　C. 订货周期　　D. 码头
4. 物流成本管理步骤依次为：事前计划、事中控制和(　　)。
A. 库存水平　　B. 车间管理　　C. 订货周期　　D. 事后分析
5. 物流成本管理的基本方法有纵向法、(　　)和计算机管理系统管理法。
A. 横向法　　B. 综合法　　C. 交叉法　　D. 平行法

项目实训

1. 案例分析

同样面临物流资讯奇缺、物流基础设施落后、第三方物流公司资质参差不齐的实际情况，国内同行物流成本居高不下，而安利(中国)的储运成本仅占全部经营成本的4.6%。2003年1月21日，在安利的新物流中心正式启用之日，安利(中国)大中华区储运/店营运总监透露了安利降低物流成本的秘诀：全方位物流战略的成功运用。

非核心环节通过外包完成

据介绍，安利的“店铺+推销员”的销售方式，对物流系统有非常高的要求。安利的物流系统，其主要功能是将安利工厂生产的产品及向其他供应商采购的印刷品、辅销产品等先转运到位于广州的储运中心，然后通过不同的运输方式运抵各地的区域仓库(主要包括沈阳、北京及上海外仓)暂时储存，再根据需求转运至设在各省市的店铺，并通过家居送货或店铺等销售渠道推向市场。与其他公司所不同的是，安利储运部同时还兼管着全国近百家店铺的营运、家居送货及电话订货等服务。因此，物流系统的完善与效率，在很大程度上影响着整个市场的有效运作。

但是，由于目前国内的物流信息极为短缺，他们很难获得物流企业的详细信息，如从业公司的数量、资质和信用等，而国内的第三方物流供应商在专业化方面也有所欠缺，很难达到企业的要求。在这样的状况下，安利采用了适应中国国情的“安利团队＋第三方物流供应商”的全方位运作模式。核心业务如库存控制等由安利统筹管理，实施信息资源最大范围的共享，使企业价值链发挥最大的效益。而非核心环节，则通过外包形式完成。如以广州为中心的珠三角地区主要由安利的车队运输，其他绝大部分货物运输都是由第三方物流公司来承担。另外，全国几乎所有的仓库均为外租第三方物流公司的仓库，而核心业务，如库存设计、调配指令及储运中心的主体设施与运作则主要由安利本身的团队统筹管理。目前已有多家大型第三方物流公司承担安利公司大部分的配送业务。公司会派员定期监督和进行市场调查，以评估服务供货商是否提供具竞争力的价格，并符合公司要求的服务标准。这样，既能整合第三方物流的资源优势，与其建立坚固的合作伙伴关系，同时又通过对企业供应链的核心环节——管理系统、设施和团队的掌控，保持安利的自身优势。

仓库半租半建

从安利的物流运作模式来看至少有两个方面是值得国内企业借鉴的。

(1) 是投资决策的实用主义。在美国，安利仓库的自动化程度相当高，而在中国，很多现代化的物流设备并没有被采用，因为美国的土地和人工成本非常高，而中国这方面的成本比较低。两相权衡，安利弃高就低。刚刚启用的安利新的物流中心也很好地反映出安利的“实用”哲学。新物流中心占地面积达 40 000 平方米，是原来仓库的 4 倍，而建筑面积达 16 000 平方米。这样大的物流中心如果全部自建的话，仅土地和库房等基础设施方面的投资就需要数千万元。安利采取和另一物业发展商合作的模式，合作方提供土地和库房，安利租用仓库并负责内部的设施投入。只用了 1 年时间，投入 1 500 万元，安利就拥有了一个面积充足、设备先进的新物流中心。而国内不少企业，在建自己的物流中心时将主要精力都放在了基建上，不仅占用了企业大量的周转资金，而且费时费力，效果并不见得很好。

(2) 是在核心环节的大手笔投入。安利单在信息管理系统上就投资了很多钱，其中主要的部分之一，就是用于物流、库存管理的 AS400 系统。它使公司的物流配送运作效率得到了很大的提升，同时大大地降低了各种成本。安利先进的计算机系统将全球各个分公司的存货数据联系在一起，各分公司与美国总部直接联机，详细储存每项产品的生产日期、销售数量、库存状态、有效日期、存放位置、销售价值和成本等数据。有关数据通过数据专线与各批发中心直接联机，使总部及仓库能及时了解各地区、各地店铺的销售和存货状况，并按各店铺的实际情况及时安排补货。在仓库库存不足时，公司的库存及生产系统也会实时安排生产，并预定补给计划，以避免个别产品出现断货情况。

（资料来源：周以贵．安利：如何降低物流成本？市场周刊．新物流：2003 年第五期）

问题：

(1) 安利公司用什么方法降低物流成本？

(2) 通过案例你得到什么启发？

2. 技能训练

全球知名的水暖设备制造企业，生产水管、接头、水罐、密封圈、调节器和过滤器。公司的生产在美国、欧洲和亚洲进行，而销售面向几乎所有国家。其国际销售主要以以下 3 种方式完成：

(1) 运输可能利用代理来完成。产品用卡车运到仓库，在那里小批量被合并为大批量。海运或空运的货运代理人将货物运往目的地。

(2) 直接利用航空或海运承运人将大批量货物运往某指定地区。

(3) 使用快递公司如联邦快或 UPS 的服务。

公司经常会收到紧急订单，在这种情况下，请你从运输效率、成本角度、客户服务等因素，综合考虑选择哪种服务方式？

项目 2　物流成本核算

学习目标

了解物流成本核算意义及常见问题、物流成本核算内容和前提条件；掌握物流成本核算要求和对象确定、物流成本核算方法。

能力目标

(1) 能够处理物流成本核算中的问题。

(2) 能够根据成本核算要求进行对象确定和账户设置。

(3) 能够独立进行物流成本账户设置。

引导案例

1. 案例介绍

沃尔玛公司在物流运营过程中，尽可能地降低成本是其经营的哲学。沃尔玛有时采用空运，有时采用船运，还有一些货物采用卡车公路运输。

在中国，沃尔玛百分之百地采用公路运输，所以如何降低卡车运输成本是沃尔玛物流管理面临的一个重要问题，为此他们主要采取了以下措施：

(1) 沃尔玛使用一种尽可能大的卡车，大约有 16 米加长的货柜，比集装箱运输卡车更长或更高。沃尔玛把卡车装得非常满，产品从车厢的底部一直装到最高，这样非常有助于节约成本。

(2) 沃尔玛的车辆都是自有的，司机也是他们的员工。沃尔玛的车队大约有 5 000 名非司机员工，还有 3 700 多名司机，车队每周每一次运输可以达 7 000～8 000 千米。沃尔玛知道，卡车运输是比较危险的，有可能会出交通事故。因此，对于运输车队来说，保证安全是节约成本最重要的环节。沃尔玛的口号是“安全第一，礼貌第一”，而不是“速度第一”。在运输过程中，卡车司机们都非常遵守交通规则。沃尔玛定期在公路上对运输车队进行调查，卡车上面都带有公司的号码，如果看到司机违章驾驶，调查人员就可以根据车上的号码报告，以便于进行惩处。沃尔玛认为，卡车不出事故，就是节省公司的费用，就是最大程度地降低物流成本，由于狠抓了安全驾驶，运输车队已经创造了 300 万千米无事故的纪录。

(3) 沃尔玛采用全球定位系统对车辆进行定位，所以在任何时候，调度中心都可以知道这些车辆在什么地方，离商店有多远，还需要多长时间才能运到商店，这种估算可以精确到小时。沃尔玛知道卡车在哪里，产品在哪里，就可以提高整个物流系统的效率，有助于降低成本。

(4) 沃尔玛连锁商场的物流部门，24 小时进行工作，无论白天或晚上，都能为卡车及时卸货。另外，沃尔玛的运输车队利用夜间从出发地到目的地的运输，从而做到了当日下午进行集货，夜间进行异地运输，翌日上午即可送货上门，保证在15～18个小时内完成整个运输过程，这是沃尔玛在速度上取得优势的重要措施。

(5) 沃尔玛的卡车把产品运到商场后，商场可以把它整个地卸下来，而不用对每个产品逐个检查，这样就可以节省很多时间和精力，加快了沃尔玛物流的循环过程，从而降低了成本。这里有一个非常重要的先决条件，就是沃尔玛的物流系统能够确保商场所得到的产品是与发货单完全一致的产品。

(6) 沃尔玛的运输成本比供货厂商自己运输产品的运输成本要低，所以厂商也使用沃尔玛的卡车来运输货物，从而做到了把产品从工厂直接运送到商场，大大节省了产品流通过程中的仓储成本和转运成本。

沃尔玛的集中配送中心把上述措施有机地组合在一起，做出了一个最经济合理的安排，从而使沃尔玛的运输车队能以最低的成本高效率地运行。

2. 案例分析

这个案例告诉人们，在物流量大、运输批次多的情况下，采用自营运输会有效地降低运输成本。

3. 思考·讨论·训练

(1) 上述案例中，沃尔玛采取了什么措施来降低成本?

(2) 你认为降低成本的措施还有哪些?

任务1　认知物流成本核算

物流成本核算是物流成本管理中的基础内容，通过加强对各项物流活动的成本核算，可以提高成本信息的准确性，加强企业的经营管理水平，提升企业竞争能力。为了确保企业物流成本核算的合理性、科学性，在明确物流成本核算对象的基础上，必须建立一套完善的核算体系，按照一定的方法和程序进行核算。

2.1.1　物流成本核算的意义

物流成本核算制度是企业按物流管理目标对物流耗费进行确认、计量和报告的制度。建立企业物流核算制度，计算企业的物流成本，在企业物流管理中具有十分重要的意义。

(1) 降低成本、增加利润的需要。在按照国家现行会计制度规定进行成本核算时，物流成本被分散在许多成本费用项目之中。在流通企业中，物流成本是和商品的销售费用合计核算的，人们无法确切区分物流的成本和商流的成本。在制造业企业中，采购原材料的异地运杂费是计算在“原材料”成本之中，而同城运杂费则列入“管理费用”中，销售过程的物流费用列入“销售费用”中。此外，与物流有关的利息、税金、租金等其他耗费，被分散列于许多成本费用项目中。因此，从现行的账户记录和会计报表中，很难辨别物流耗费的实际情况，不能真实分辨和核算物流成本，也就不可能达到降低物流成本，增加利润的目的。

(2) 物流管理决策的需要。在企业物流管理决策中，物流成本起着重要的作用。但由于企业的物流成本没有被纳入单独核算范围，所以使物流管理决策受到一定的局限。尤其在各种长短期决策中，由于信息不准确，所以可能带来决策上的失误。要使物流管理决策建立在切实科学的基础上，首先要掌握准确的各类物流成本信息，开展物流成本效益的专门核算。

(3) 物流服务定价的需要。成本是制定价格的主要依据。物流成本则是物流部门和企业制定物流服务价格的主要依据。为了考核企业物流工作业绩，企业物流部门对外对内提供各种物流服务时，要求按一定的价格进行结算，这使物流成本成为企业制定物流服务价格的重要依据。只有建立了物流成本核算制度，才能为发挥价格的杠杆作用提供准确的数据。

（4）提升物流管理水平的需要。物流成本的高低是企业物流工作实际状况好坏的综合反映。通过企业物流成本核算，可以揭示出其业务流程的全貌，并为编制物流成本预算、制定标准物流成本提供资料。将实际物流成本与标准物流成本以及物流成本预算进行比较，找出差异，并对差异产生的原因进行深入的分析，可以发现造成物流成本超支或节约的各项技术、组织与管理方面的原因，明确责任，进行各方面的工作协调，从而达到改善物流管理、降低成本、提高效益的目的。

2.1.2 物流成本核算存在的问题

加强物流成本管理，有效地进行物流成本核算，必须正确确定物流成本的内容，划分物流成本核算的范围，建立统一的物流成本核算标准，将物流成本核算与企业现有会计制度相结合，确定核算物流成本应该遵循的基本原则，确定统一的物流成本核算口径与方法。

在我国推行物流成本的核算与应用中还存在着一些问题，这也阻碍了物流管理水平的提高。在对物流成本的核算中主要存在以下几方面的问题：

（1）物流成本的核算范围不确定。物流应包括原材料的物流、工厂内部的物流、从工厂到仓库和配送中心的物流、从配送中心到商店的物流等，涉及单位很多，涉及范围很广，所以在核算物流成本时工作量大且烦琐、易错，如何确定核算的范围，没有一个统一的规范。

（2）物流成本的核算对象不确定。物流涉及的过程多，在以物流的过程为对象核算物流成本时，哪些过程应该作为成本的核算对象，哪些过程不应该作为成本的核算对象，难以确定。如果只将运输和保管费用计入物流成本进行核算，与将运输、保管、装卸、信息等各个物流过程以及各物流过程间的协调费用全部计入物流成本进行核算相比，两者的核算结果相差极大。

（3）物流成本的会计核算内容不明确。物流在企业财务会计制度中没有单独科目，物流成本不实行单独核算，无法直接得到物流成本数据，各种物流成本数据混杂在生产成本、销售费用以及管理费用等内容中。如原材料购入时发生的运输成本计入原材料成本；产成品销售时运输成本计入产品销售成本中；厂内运输成本计入产品生产成本中。由于各种物流成本费用混杂在其他费用账户中，所以很难加以区分。

（4）物流成本费用的分辨方法不统一。大多数企业将向外部支付的运输费、保管费、装卸费等费用计入物流成本，企业内部发生的物流费用，如与物流有关的人工费、设施建设费、设备购置费及折旧费、维修费等则混于企业所发生的其他人工费、设施建设费、设备购置费以及折旧费、维修费中，这部分费用是否也计入物流成本，怎样取舍，企业在实际操作核算时，无统一规范，难以实现。

（5）物流成本核算的标准不统一。企业不同，物流成本的核算标准也不同。也就是说，各企业根据自己不同的理解和认识来把握物流成本，这就带来了一个管理上的问题，即企业间无法就物流成本进行横向比较分析，也无法得出产业平均物流成本数值。

2.1.3 物流成本核算的目的

物流成本核算的基本目的，是促进企业加强物流管理，提高管理水平，创新物流技术，提高物流效益。具体来说，物流成本核算的目的可以体现在以下几个方面：

（1）通过对企业物流成本的全面核算，提高企业对物流成本重要性的认识。现行会计制度将物流成本的各个构成部分分散在众多的成本费用科目中，因此从当前的账户和会计报表中，人们根本无法看清物流耗费的实际状况。但是，流成本已成为制造业的产品成本中仅次于原材料成本的第二大成本。精确核算物流成本，是降低企业成本、提高利润的途径。因此，加强物流成本全面细致的核算，描绘企业物流成本的全貌，就成为物流成本管理的重要工作。

(2) 通过物流成本的核算信息，对物流活动进行科学决策。决策的重点在于充分、真实、完整的信息。只有充分翔实的物流成本核算信息，才能根据实际情况对企业的物流管理现状和存在问题进行分析并提出优选方案，有利于企业良性发展。

(3) 通过对各责任中心物流责任成本的核算，评价各物流部门的业绩。企业进行内部责任成本核算，一方面是为了制定产品或服务合理的内部转移价格，另一方面有利于进行绩效考核，提高各部门的成本意识和服务意识。因此，对物流相关部门来说，只有合理核算物流成本，才能进行正确的考核。

(4) 通过对物流成本项目的差异分析，查明管理中存在的问题。企业物流成本是全面反映企业物流活动的综合性评价指标，物流成本的高低是企业物流管理水平的综合反映。通过物流成本的纵向差异分析，可以判别企业物流管理水平的发展趋势。

总之，明确物流成本核算的目的是十分重要的，它是选择成本核算对象、确定物流成本的核算内容、选择物流成本核算方法的基础。

2.1.4 物流成本核算的程序

物流成本核算就是按照国家有关的法规、制度和企业经营管理的要求，对物流服务过程中实际发生的各种劳动耗费进行核算，提供真实、有用的物流成本信息。物流成本核算的一般程序归纳如下：

(1) 明确物流活动范围。物流活动范围是指物流活动的起点至终点间的一切物流行为。如按企业经营流程分类，通常所讲的物流有：供应物流，即原材料等从供应商转移到工厂时的物流；生产物流，即原材料、半成品、产成品在企业的不同工序、不同环节的转移和存储；销售物流，是从仓库到客户的物流。从始至终的活动范围，就决定了物流成本的核算内容。

(2) 确定物流功能范围。物流功能范围是指在运输、保管、配送、包装、装卸和信息管理等众多的物流功能中，把哪种物流功能作为核算对象。可以想见，把所有的物流功能作为核算对象的成本与只把运输、保管这两种功能作为核算对象所得到的成本会相差悬殊。

(3) 审核原始记录。成本核算是以有关的原始记录为依据的，成本核算人员必须严格审核有关的原始记录，审核其内容是否填写齐全，数字计算是否准确，签章是否齐全，费用应不应该开支，所耗费用的种类和用途是否符合规定，用量有无超过定额或计划等。只有经过审核无误后的原始记录，才能作为成本核算的依据。

审核原始记录要对企业发生的各项支出进行严格的审核和控制，并按照国家的有关规定确定其是否应计入物流成本以及应计入生产成本还是期间费用。

(4) 确定成本核算对象。确定成本核算对象是企业设置物流业务成本明细账、归集和分配物流业务费用、核算物流业务成本的基本前提。明确企业的物流业务成本核算对象，也就是明确企业在物流业务经营过程中所发生的资源耗费的承担对象。物流成本的核算对象应根据物流成本核算的目的及企业物流活动的特点予以决定。

(5) 设置成本核算科目。成本核算科目要根据具体情况与需要设置，既要有利于加强成本管理，又要便于正确核算物流成本。企业一般应设置直接材料、燃料及动力、直接人工和间接费用等成本核算科目。对于管理上需要单独反映、控制和考核的费用以及在物流成本中所占比重比较大的费用，应专设成本核算科目，进行核算。

(6) 进行成本归集和分配。将应计入本月物流成本的各项物流费用，在各种成本核算对象之间按照成本核算项目进行分配和归集，核算出按成本核算项目反映的各种成本核算对象的成本，这是本月物流费用在各种成本核算对象之间横向的分配和归集。

(7) 设置和登记成本明细账。为了使成本核算结果真实、可靠、有据可查，成本核算的过程必须要有完整的记录，即通过有关的明细账或核算表来完成核算的全过程。要正确核算各种对象的成本，必须正确编制各种费用分配表和归集的核算表，并且登记各类有关的明细账，这样才能将各种费用最后分配、归集到成本的明细账中，算出各种对象的成本。物流成本核算程序是指从物流费用发生开始，到核算出物流总成本和单位成本对象的成本为止的整个成本核算的步骤。

2.1.5 企业物流成本核算的前提条件

物流成本是一个合成词。在我国，物流是一个极为专业化和现代化的词语，尚未普及到大众层面；而成本是一个财务领域内的词汇，专业化的成本管理工作也未在大众层面普及。因此，这两个专业化的词汇形成的合成词“物流成本”就显得更为专业。在实务操作层面，积极培养既了解物流又掌握成本核算方法的复合型人才，对于准确地计算物流成本具有重要的意义。具体说来，物流成本核算必须具备以下两个基本前提条件：

(1) 了解企业物流成本内涵及形成机制。企业物流成本的形成和整个运作流程，对于物流管理人员而言是不陌生的物流成本核算通常是由会计人员来完成。由于企业部门职责和人员分工的细化计人员往往只负责产品成本的核算以及其他财务管理工作，通常不能以系统和全局的观点来了解和掌握物流的运作过程，且囿于传统产品成本核算思路的影响，对物流成本核算会不自主地产生抵制和畏难情绪。因此，准确计算物流成本，首先是会计人员或其他成本核算人员必须了解物流及物流成本的内涵，了解企业物流成本形成的过程。对企业会计人员而言，物流成本核算的准确程度取决于其对物流及物流成本内涵的把握。

(2) 了解会计基础工作规范，各有关部门密切协作。物流成本核算可与产品成本核算同步，也可于期末单独核算，无论哪种方式，均要求有健全规范的会计工作流程，有完整可靠的原始资料记录。物流成本核算是对会计数据的提取和分离的过程，尤其对于间接成本，当前主要是根据有关实物量的消耗进行分配，因此，会计原始凭证中一定要清晰记录有关实物的数量，以为间接成本分配提供依据。同时，作为分配基础的很多实物量数据来源于其他部门，包括采购、生产、销售、人事、物流管理和物流信息部门等，所以财务部门只有加强与其他部门的沟通和联系，才能够取得所需要的业务数据，从而使物流成本核算的依据尤其是间接成本的分配依据更为可靠，物流成本核算工作才能顺利实施。

任务2 物流成本核算要求和对象确定

2.2.1 物流成本核算的要求

为了正确核算企业物流成本，要分清有关费用的界限。

1. 正确划分应计入物流成本和不应计入物流成本的费用界限

企业的活动是多方面的，企业耗费和支出的用途也是多方面的，其中只有一部分费用可以计入物流成本。一般来说，企业的全部经济活动可分为生产经营活动、投资活动和筹资活动。

1）生产经营活动的成本包括正常的成本和非正常的成本

在会计上，只有正常的生产经营活动成本才可能计入产品成本，非正常的经营活动成本不计入产品成本而应计入营业外支出。非正常的经营活动成本包括灾害损失、盗窃损失等非常损失；滞纳金、违约金、罚款、损害赔偿等赔偿支出；短期投资跌价损失、坏账损失、存货跌价损失、长期投资跌价损失、固定资产减值损失等不能预期的原因引起的资产减值损失；债务重组损失；等等。物流成本就其范围而言，贯穿企业生产经营活动的始终，包括供应物流、企业内物流、销售物流、回收物流和废弃物物流；从其成本项目构成看，既包括与物流运作和管理有关的物流功能成本，也包括与存货有关的物流成本支出。因此，物流成本既包括计入产品成本的正常生产经营活动耗费，也包括部分不计入产品成本的非正常经营活动耗费，例如，存货的非常损失、跌价损失等都应计入存货风险成本。

2）正常的生产经营活动成本又分为产品成本和期间费用

这两部分成本费用支出正是物流成本的主要构成内容。因此，核算物流成本首先应从产品成本和期间费用有关的会计科目出发，按物流成本的内涵，逐一归集和核算物流成本。

3）投资活动的耗费不能计入物流成本

只有生产经营活动和与流动资金有关的筹资活动的成本才可能计入物流成本。筹资活动和投资活动不属于生产经营活动，在会计上，它们的耗费不能计入产品成本，属于筹资成本和投资成本。物流活动贯穿于企业经营活动，因此，投资以及与流动资金筹资无关的筹资活动所发生的耗费不能计入物流成本，这部分耗费包括：对外投资的支出、耗费和损失，对内长期资产投资的支出、耗费和损失，包括有价证券的销售损失、固定资产出售损失和报废损失等；捐赠支出；各种筹资费用，包括流动资金之外的应计利息、贴现费用、证券发行费用等。

2. 正确划分不同会计期物流成本的费用界限

物流成本的核算期可为月度、季度和年度，一般要求每月核算一次。因此，应计入物流成本的费用，还应在各月之间进行划分，以便分月核算物流成本。因为物流成本核算与会计核算同步或以会计核算资料为依据于期末进行，所以为了正确划分各会计期的物流成本费用界限，在会计核算上，要求企业不能提前结账，将本月费用作为下月费用处理，也不能延后结账，将下月费用作为本月费用处理；同时，还要求企业严格贯彻权责发生制原则，正确核算待摊费用和预提费用，本月已经支付但应由以后各月负担的费用，应作为待摊费用处理，本月尚未支付但应由本月负担的费用，应作为预提费用处理。若企业在会计核算上未遵循上述规则，在核算物流成本时，应对有关费用项目进行调整，以正确反映务会计期物流成本。

3. 正确划分不同物流成本核算对象的费用界限

对于应计入本会计期物流成本的费用还应在各成本核算对象之间进行划分：凡是能分清应由某个成本核算对象负担的直接成本，应直接计人该成本核算对象；各个成本核算对象共同发生、不易分清应由哪个成本核算对象负担的间接费用，应采用合理的方法分配计入有关的成本核算对象，并保持一贯性。

2.2.2　物流成本核算的对象

物流成本核算的过程就是按照一定的成本核算对象分配、归集物流费用的过程。成本核算对象是指成本核算过程中归集、分配物流费用的对象，即物流费用的承担者。成本核算对象不是由人们主观随意规定的，不同的生产经营类型从客观上决定了不同的成本核算对象。企业可以根据自己生产经营的特点和管理要求的不同，选择不同的成本核算对象来归集、分配物流费用。明确成本核算对象，是设置成本明细账、分配物流费用和核算物流成本的前提。一般说来，物流成本的核算对象有如下几种：

(1) 以某种物流功能为对象。根据需要，以包装、运输、储存等物流功能为对象进行核算，其示意表见表2-1。这种核算方法对于加强每个物流功能环节的管理，提高每个环节作业水平，具有重要的意义，而且可以核算出标准物流成本(单位个数、重量、容器的成本)，设定合理化目标。

表2-1　以物流功能为成本核算对象的示意表

成本核算对象 成本项目	运输	装卸	包装	加工	……	合计
物流直接材料						
物流人工薪酬						
物流其他费用						
……						
合计						

(2) 以某一物流部门为对象。以仓库、运输队、装配车间等部门为对象进行核算，其示意表见表2-2。这种核算对加强责任中心管理，开展责任成本管理方法以及对于部门的绩效考核是十分有利的。

表2-2　以物流部门为成本核算对象的示意表

成本核算对象 成本项目	运输队	装卸堆	包装车间	一仓库	……	合计
物流直接材料						
物流人工薪酬						
物流其他费用						
……						
合计						

(3) 以某一服务客户作为核算对象。这种核算方式对于加强客户服务管理、制定合理的收费价格是很有必要的，其示意表见表2-3。特别是对于物流服务企业来说，在为客户提供物流服务时，应充分核算为每个客户提供服务时所发生的实际成本。这有利于物流企业制定物流服务收费价格；或者为不同客户确定差别性的物流水平等提供决策依据。

表 2-3　以物流客户为成本核算对象的示意表

<table>
<tr><th colspan="2">成本核算对象
成本项目</th><th>甲产品</th><th>乙产品</th><th>丙产品</th><th>丁产品</th><th>……</th><th>合计</th></tr>
<tr><td rowspan="4">内部物流成本</td><td>直接材料</td><td></td><td></td><td></td><td></td><td></td><td></td></tr>
<tr><td>人工薪酬</td><td></td><td></td><td></td><td></td><td></td><td></td></tr>
<tr><td>其他费用</td><td></td><td></td><td></td><td></td><td></td><td></td></tr>
<tr><td>……</td><td></td><td></td><td></td><td></td><td></td><td></td></tr>
<tr><td colspan="2">委托物流费用</td><td></td><td></td><td></td><td></td><td></td><td></td></tr>
<tr><td colspan="2">合计</td><td></td><td></td><td></td><td></td><td></td><td></td></tr>
</table>

(4) 以某一产品为对象。以某种产品作为核算对象，核算为组织该产品的生产和销售所花费的物流成本，其示意表见表 2-4。据此可进一步了解各产品的物流成本开支情况，以便进行重点管理。

表 2-4　以物流产品为成本核算对象的示意表

<table>
<tr><th colspan="2">成本核算对象
成本项目</th><th>甲产品</th><th>乙产品</th><th>丙产品</th><th>丁产品</th><th>……</th><th>合计</th></tr>
<tr><td rowspan="4">内部物流成本</td><td>直接材料</td><td></td><td></td><td></td><td></td><td></td><td></td></tr>
<tr><td>人工薪酬</td><td></td><td></td><td></td><td></td><td></td><td></td></tr>
<tr><td>其他费用</td><td></td><td></td><td></td><td></td><td></td><td></td></tr>
<tr><td>……</td><td></td><td></td><td></td><td></td><td></td><td></td></tr>
<tr><td colspan="2">委托物流费用</td><td></td><td></td><td></td><td></td><td></td><td></td></tr>
<tr><td colspan="2">合计</td><td></td><td></td><td></td><td></td><td></td><td></td></tr>
</table>

(5) 以某一流转过程为对象。以供应、生产、销售、退货等某过程为对象进行核算，其示意表见表 2-5。它的主要任务是从材料采购费及管理费用中抽出供应物流成本，如材料采购账户中的外地运输费、管理费用中的市内运费、原材料仓库的折旧修理费、保管人员的工资等；从基本生产车间和辅助生产车间的生产成本、制造费用、销售费用等账户中抽出生产性物流成本；从销售费用中抽出销售性物流成本，如销售过程中发生的运输、包装、装卸、保管、流通加工等费用和委托物流费等。这样就可以得出物流成本的总额，可使企业经营者一目了然地了解各范围(领域)物流成本的全貌，并据此进行比较分析。

表 2-5　以物流流转过程为成本核算对象的示意表

<table>
<tr><th colspan="2">成本核算对象
成本项目</th><th>甲产品</th><th>乙产品</th><th>丙产品</th><th>丁产品</th><th>……</th><th>合计</th></tr>
<tr><td rowspan="4">内部物流成本</td><td>直接材料</td><td></td><td></td><td></td><td></td><td></td><td></td></tr>
<tr><td>人工薪酬</td><td></td><td></td><td></td><td></td><td></td><td></td></tr>
<tr><td>其他费用</td><td></td><td></td><td></td><td></td><td></td><td></td></tr>
<tr><td>……</td><td></td><td></td><td></td><td></td><td></td><td></td></tr>
<tr><td colspan="2">委托物流费用</td><td></td><td></td><td></td><td></td><td></td><td></td></tr>
<tr><td colspan="2">合计</td><td></td><td></td><td></td><td></td><td></td><td></td></tr>
</table>

任务3 物流成本核算方法

物流成本核算方法是物流成本核算的核心内容。核算物流成本的核心在于明确两方面内容：一是物流成本是什么，即在前面阐述的物流成本内涵及其构成；二是怎样取得物流成本信息，即在本节中将要阐述的物流成本核算方法的问题关于企业物流成本核算方法。

2.3.1 物流成本核算思路

物流成本核算思路概括起来主要包括会计方式、统计方式以及会计和统计相结合的方式。

(1) 会计方式。会计方式核算物流成本就是通过凭证、账户、报表对物流耗费予以连续、系统、全面地记录、核算和报告。其具体包括两种形式：一是把物流成本核算与正常的会计核算截然分开，单独建立物流成本核算的凭证、账户和报表体系，物流成本核算和正常的会计核算两套体系同步展开，物流成本的内容在物流成本核算体系和正常的会计核算体系中得到双重反映；二是把物流成本核算与正常的会计核算相结合，增设“物流成本”科目，对于发生的各项成本费用，若与物流成本无关，直接计入会计核算中相关的成本费用科目，若与物流成本相关，则先计入“物流成本”科目，会计期末，再将各个物流成本账户归集的物流成本余额按一定的标准分摊到相关的成本费用账户上，以保证成本费用账户的完整性和真实性。

(2) 统计方式。以统计方式核算物流成本，不需要设置完整的凭证、账户和报表体系，主要是通过对企业现行成本核算资料的解剖分析，分离出物流成本的部分，按不同的物流成本核算对象进行重新归类、分配和汇总，加工成所需的物流成本的信息。

(3) 会计和统计相结合的方式。通过会计和统计相结合的方式核算物流成本，其要点是将物流耗费的一部分内容通过会计方式予以核算，另一部分内容通过统计方式核算。由于企业物流成本包括显性和隐性两部分内容，显性成本主要取自会计核算数据，隐性成本主要通过统计方式进行核算，所以核算企业物流成本，不存在绝对的会计方式或统计方式。从实践操作来看，核算企业物流成本通常要采用会计和统计相结合的方式。

以上3种核算物流成本的方式，是传统的关于物流成本核算方式的探讨，本书中物流成本核算方式，忽略“会计”或“统计”的提法，而是区分显性和隐性、期中和期末来介绍物流成本的核算。

2.3.2 显性物流成本核算

1. 显性物流成本核算思路

显性物流成本主要指现行会计核算中已经反映，可以从会计信息中分离和核算的物流成本。对于这部分成本的计算，企业可根据本企业的实际情况，选择在期中或期末收集相关信息进行物流成本核算。

若期中收集物流成本信息，企业在按照会计制度的要求编制记账凭证、登记账簿、进行正常产品成本核算的同时，登记相关的物流成本辅助账户，且在不影响现行成本费用核算的基础上，通过账外核算得到物流成本资料。

若期末收集物流成本信息，企业平日则不需进行额外的处理，按照财务会计制度的要求进行会计核算，期末(月末、季末、年末)通过对有关物流业务的原始凭证和单据进行再次的归类整理，对现行成本核算资料进行解剖分析，从中分离出物流成本的部分，加工成所需物流成本的信息。

2. 显性物流成本核算需选取的会计科目

成本核算资料是计算物流成本的基础。而从纷繁复杂的会计信息中获取物流成本信息，无论是在期中与会计核算同步进行还是在期末单独进行，均需找到核算物流成本的切入点。从原始凭证开始核算物流成本，理论上讲得通，一一分析每张原始凭证，不会遗漏物流成本信息，但与物流成本无关的信息太多，徒增工作量；从会计报表入手核算物流成本，会计信息高度概括，无法具体分析哪些内容包括物流成本信息，且即使明确了包括物流成本信息的会计报表项目，物流成本的核算仍需向会计科目和原始凭证追溯；而从会计科目入手核算物流成本，方法相对折中，这是因为就物流成本的含义而言，其首先属于成本费用类支出范畴，所以在核算物流成本时，只要从会计核算中所有的成本费用类会计科目人手，逐一分析其发生的明细项目，必要时追溯至原始凭证，逐一确认其是否属于物流成本的内容，就找到了核算物流成本的切入点。

一般说来，在会计核算中，生产制造企业的成本费用类会计科目主要包括管理费用、销售费用、财务费用、生产成本、制造费用、其他业务成本、营业外支出等科目。同时由于在我国会计核算中，对于采购环节存货成本的确认通常包括运输费、装卸费等与物流成本有关的内容，而这部分内容连同存货本身的采购价格一并计入“材料采购”科目，所以当核算企业物流成本时，除了从上述成本费用类会计科目入手核算外，还应考虑材料采购科目中所包含的物流成本信息。

3. 显性物流成本核算账户的设置数据

核算物流成本往往需要设置物流成本辅助账户，具体需要设置哪些物流成本账户，取决于物流成本核算对象的选取和物流成本管理的要求。基本的物流成本核算对象主要包括 3 个维度，即以物流成本项目、物流范围和物流成本支付形态作为成本核算对象。根据这 3 个维度，以“物流成本”作为一级账户，以物流成本项目所包括的具体成本作为二级账户，以各物流范围成本作为三级账户，以各支付形态物流成本作为四级账户，按照这个思路，需要设置 100 多个物流成本明细账户。例如，物流成本中自营运输成本的核算需设置 15 个明细账户。

(1) 物流成本——运输成本——供应物流成本——人工费。

(2) 物流成本——运输成本——供应物流成本——维护费。

(3) 物流成本——运输成本——供应物流成本——一般经费。

(4) 物流成本——运输成本——企业内物流成本——人工费。

(5) 物流成本——运输成本——企业内物流成本——维护费。

(6) 物流成本——运输成本——企业内物流成本——一般经费。

(7) 物流成本——运输成本——销售物流成本——人工费。

(8) 物流成本——运输成本——销售物流成本——维护费。

(9) 物流成本——运输成本——销售物流成本——一般经费。

(10) 物流成本——运输成本——回收物流成本——人工费。

(11) 物流成本——运输成本——回收物流成本——维护费。

(12) 物流成本——运输成本——回收物流成本——一般经费。

(13) 物流成本——运输成本——废弃物物流成本——人工费。

(14) 物流成本——运输成本——废弃物物流成本——维护费。

(15) 物流成本——运输成本——废弃物物流成本——一般经费。

在实践中，可根据本企业情况，通过分析有关会计资料，仅对企业本会计期间发生的成本设置相应的明细账户，不需要一一设置，则当实际核算物流成本时，需设置的明细账户远远少于上面列举的物流成本账户设置。而当设置物流成本明细账户的一、二、三、四级次序时，可根据本企业实际情况选择，不必拘泥于上述设置次序的安排。

4. 显性物流成本核算的步骤

(1) 设置物流成本辅助账户。按物流成本项目设置运输成本、仓储成本、包装成本、装卸搬运成本、流通加工成本、物流信息成本、物流管理成本、流动资金占用成本、存货风险成本和存货保险成本等二级账户；按物流范围设置供应物流、企业内物流、销售物流、回收物流和废弃物物流等三级账户；按支付形态设置自营和委托物流成本等四级账户；对于自营物流成本，还应按费用支付形态设置材料费、人工费、维护费、一般经费和特别经费费用专栏。对上述物流成本二级、三级、四级账户及费用专栏设置次序，企业可根据实际情况选择。其中物流企业不需按物流范围设置各账户，直接按物流成本项目和物流成本支付形态设置账户或费用专栏即可。

(2) 确认物流成本的内容。对企业会计核算的有关成本费用科目(包括管理费用、销售费用、财务费用、生产成本、制造费用、其他业务成本、营业外支出以及材料采购等科目)及明细项目逐一进行分析，确认物流成本的内容。

(3) 归集物流成本。对于应计入物流成本的内容，企业可根据本企业实际情况，选择在期中与会计核算同步登记物流成本辅助账户及相应的二级、三级、四级账户和费用专栏，或在期末(月末、季末、年末)集中归集物流成本，分别反映出按物流成本项目、物流范围和物流成本支付形态作为归集动因的物流成本数额。

(4) 汇总。期末(月末、季末、年末)，汇总核算物流成本辅助账户及相应的二级、三级、四级账户和费用专栏成本数额。

2.3.3 隐性物流成本核算

1. 隐性物流成本核算思路

隐性物流成本指现行会计核算中没有反映，需要企业在会计核算体系之外单独核算的那部分物流成本。本书中主要指存货占用自有资金所发生的机会成本，这部分物流成本的核算，需要在期末根据有关存货统计资料按一定的公式来核算。

2. 隐性物流成本核算的步骤

对于隐性物流成本即现行成本核算体系中没有反映但应计入物流成本的费用(本书中主要指存货占用自有资金所发生的机会成本)，按以下步骤核算。

1) 确定范围

期末(月末、季末、年末)对存货按采购在途、在库和销售在途 3 种形态分别统计出账面余额。无论按在途或在库哪种状态统计，均以存货正在占用自有资金为统计标准，对于存货已购在途或在库但企业尚未支付货款以及企业已收到销售货款但存货仍在库或在途的，不计入统计范围。

2) 核算成本

按照公式“存货资金占用成本＝存货账面余额(存货占用自有资金)×行业基准收益率”核算出存货占用自有资金所产生的成本。

难点例解

假定某流通企业欲了解和掌握其在供应物流和销售物流阶段所发生的物流成本，某月份该企业发生的资源耗费主要有工资 148 800 元、电费 7 392 元、折旧费 103 600 元、办公费 14 400 元，其涉及的作业主要包括运输作业、装卸搬运作业、物流信息作业和物流管理作业。其他具体资料如下：

(1) 该企业有运输车辆 6 辆，每月可提供的运输作业小时数为 1 056 小时，根据有关统计资料，运输车辆用于供应物流的运输小时数为 462 小时，用于销售物流的运输小时数为 475.2 小时(118.8)。

(2) 该企业有装卸机 3 台，每月可提供的作业机时为 594 个，根据有关统计资料，在供应物流阶段所耗用的作业机时为 231 个，在销售物流阶段所耗用的作业机时为 297(66)个。

(3) 该企业物流信息管理作业是采用计算机辅助系统来完成的，该系统全月可提供 186 个作业机时。本月在供应物流阶段提供了 84 个作业机时，在销售物流阶段提供了 85 个作业机时(7)。

(4) 该企业物流管理作业的人员及设施全月可提供 176 个作业小时，本月在供应和销售物流阶段分别提供了 76 个和 48 个作业小时。

解析：根据上述资料，采用作业成本法核算企业供应物流成本和销售物流成本。其需要的数据有以下几个。

第一，确认企业本月所发生的资源耗费及作业。

资源耗费主要包括工资 148 800 元、电费 7 392 元、折旧费 103 600 元、办公费 14 400 元。

作业主要包括运输作业、装卸搬运作业、物流信息作业和物流管理作业。

第二，确认各资源动因并将各资源耗费分配至各作业。

(1) 工资的分配。采用的资源动因为作业人数，所以应根据各作业的人数和对应的工资标准对工资进行分配(若无工资标准，则可按人数直接应用简单算术平均法分配)，具体分配结果见表 2-6。

表 2-6 工资资源分配一览

资源 \ 作业	运　输	装卸搬运	物流信息	物流管理	非物流作业	合　计
人数/人	12	18	6	6	30	72
每人月工资/元	2 000	1 800	2 200	2 200	2 200	
各项作业月工资/元	24 000	32 400	13 200	13 200	66 000	148 800

(2) 电费的分配。电力资源消耗采用的资源动因为用电度数，已知每度电的用电价格为 0.8 元，具体分配结果见表 2-7。

表 2-7 电力资源分配一览表

资源 \ 作业	运　输	装卸搬运	物流信息	物流管理	非物流作业	合　计
用电度数/度		1 100	880	660	6 600	9 240
各作业消耗电费/元		880	704	528	5 280	7 392

(3) 折旧费的分配。折旧费发生的原因在于有关作业运用了固定资产，因此，可根据各项作业固定资产运用的情况来分配折旧费。而特定的固定资产通常由特定作业所运用，它们之间一般具有直接对应的关系，因此折旧费相对于各作业而言，是直接成本，不需要采用资源动因进行分配，可根据会计明细账资料分别统计计入，具体分配结果见表 2-8。

表 2-8 折旧费用一览表

资源 \ 作业	运　输	装卸搬运	物流信息	物流管理	非物流作业	合　计
各作业折旧费/元	24 000	8 000	6 600		65 000	103 600

(4) 办公费的分配。办公费发生的原因在于各作业人员耗用了各项办公用品等，发生了支出，其采用的资源分配动因为作业人数，人均办公费支出额为 14 400÷72=200 元，具体分配结果见表 2-9。

表 2-9 工资资源分配一览表

资源 \ 作业	运　输	装卸搬运	物流信息	物流管理	非物流作业	合　计
人数/人	12	18	6	6	30	72
各作业办公费/元	2 400	3 600	1 200	1 200	6 000	14 400

将上述计算结果进行汇总，即得表 2-10。

表 2-10 各资源向各作业分配一览表

资源 \ 作业	运　输	装卸搬运	物流信息	物流管理	非物流作业	合　计
工资/元	24 000	32 400	13 200	13 200	66 000	148 800
电费/元		880	704	528	5 280	7 392
折旧费/元	24 000	8 000	6 600		65 000	103 600
办公费/元	2400	3 600	1 200	1 200	6 000	14 400
作业成本合计/元	50 400	44 880	21 704	14 928	142 280	274 192

一项作业的成本动因往往不止一个，因此，在成本核算过程中要特别注意选择和确定成本动因。成本动因的选择至少要考虑两个因素：一是成本动因与实际作业消耗之间的相关性；二是成本动因的计量性及计量成本的合理性。

取得成本动因信息的基本方法包括观察、记录、问卷、访谈等。

(1) 观察往往需要对此项工作有经验的人来进行，通过它，可以迅速收集到与作业有关的资料，但这种方法归集到的资料相对较少，一般只能作为补充方法使用。

(2) 记录是通过工作日志等方法，记录执行某项工作的人员数以及所需时间等信息，为完整准确地获取这方面信息，应通过建立制度明确记录人员的工作职责。

(3) 问卷是通过设计问卷由相关人员进行填写从而取得所需信息的一种方法，此种方法既可以单独使用，作为收集信息的主要工具，也可以作为访谈法的补充工具，在访谈前发放。问卷的设计应科学合理，尤其是需求信息的列示应清晰完整，以避免收集到不完整或不清晰的信息。

(4) 访谈是通过与被访谈对象面对面的交流以获取有关信息的一种方法，这是一种最主要且最普遍运用的方法，这种方法可以直观地获取较为详细的信息，但也比较费时。

2.3.4 按支付形态核算物流成本

按支付形态核算物流成本是指按支付形态将一定期间的费用因素分类核算的方法，是以与财务会计有关的费用的发生为基础而进行的核算。其中包括以下内容：

(1) 材料费的核算。材料包括直接材料和间接材料。直接材料费是指直接为物流活动生产经营提供的原材料的费用，如包装材料费、燃料费等，它由各该期间的实际消耗量与各该材料的消费价格相乘，计算求得；间接材料费是指间接为物流活动提供原材料而产生的费用。

(2) 公益费的核算。物流部门的公益费的核算是把整个物流活动过程中所消耗的水费、电费、煤气费、电信费等各项费用加起来而得出的，原则上以各该期间的实际发生额为基础，计算求得的。

(3) 人工费的核算。人工费包括直接人工费和间接人工费。直接人工费是指直接为物流生产经营提供劳务而发生的费用，如从事包装工作的工人、运输货物的司机的劳务费等。

(4) 其他企业支付物流费的核算。其他企业支付的物流费是以估计的费用单价乘以各期间自其他公司购入并由其他公司支付物流费用或销售给其他公司并由其他公司支付物流费用的购、销发生数量或件数而核算得出的。

(5) 特殊经费的核算。固定资产折旧费是以固定资产原值和实际使用年限为基础，按照使剩余数值为零的定额法核算的。

(6) 维护费的核算。把企业用于物流工作建仓库所使用的土地使用费、维护费，用于储存产品的仓库的维修费、租赁仓库的租赁费，用于运输的运输工具的维修费、保险费以及一些消耗性的材料的费用支出加起来就是维护费。维护费按各期间的实际发生额核算。

(7) 委托物流费的核算。按各期间的企业向外委托物流企业支付的包装费、运输费、保管费、出入库装卸费、手续费等物流业务费用实际发生额核算出的费用为委托物流费。

(8) 一般管理费的核算。把差旅费、交通费、办公费、招待费、杂费以及因商品变质、污损、失窃所付出的费用及其事故费各项支出加起来构成了一般管理费。一般管理费按照各该期间的实际发生额核算。

项目小结

物流成本核算是物流成本管理中的核心内容，通过加强对各项物流活动的成本核算，可以提高物流成本信息的准确性，加强企业的经营管理水平，提升企业竞争能力。为了确保企业物流成本核算的合理性、科学性，在明确物流成本核算对象的基础上，必须建立一套完善的核算体系，按照一定的方法和程序进行核算。

复习思考题

一、简答题

1. 物流成本核算的意义有哪些？
2. 企业进行物流成本核算的目的有哪些？
3. 企业可以选择的物流成本核算对象有哪些？
4. 企业物流成本核算的步骤有哪些？
5. 物流成本核算的方法有那几种？
6. 结合物流成本管理系统说明物流成本管理信息化的意义。

二、单选题

1. 物流成本核算存在的问题有：核算范围不确定、核算对象不确定、会计核算内容不明确、费用的分辨方法不统一和成本核算的(　　)。

A. 标准不统一　　B. 规划不统一　　C. 技术不统一　　D. 计算不统一

2. 只有生产经营活动和与(　　)有关的筹资活动的成本才可能计人物流成本。

A. 固定成本　　B. 流动资金　　C. 保险　　D. 各类费用

3. 物流成本既包括计入(　　)的正常生产经营活动耗费，也包括部分不计入产品成本的非正常经营活动耗费。

A. 标准成本　　B. 机会成本　　C. 产品成本　　D. 各类费用

4. 物流成本计算方法概括起来主要包括会计方式、统计方式以及会计和(　　)的方式。

A. 标准成本　　B. 机会成本　　C. 产品成本　　D. 统计相结合

5. 物流成本计算步骤依次为：设置物流成本辅助账户、确认物流成本的内容、归集物流成本和(　　)。

A. 汇总　　B. 单例　　C. 混合　　D. 独立

项目实训

1. 案例分析

近年来，我国乳制品行业的扩张速度令人瞠目结舌。自 1993 年起，三鹿奶粉产销量连续 15 年实现全国第一。2007 年，三鹿实现销售收入 100.16 亿元，同比增长 15.3%。按三鹿自己的说法，三鹿一直在快车道上高速行驶，创造了令人振奋的“三鹿速度”。然而，在企业疯狂扩张的背后，是内控失效的潜在风险。

有人认为，三鹿之败在于内控的缺失，三鹿集团内控意识淡薄，风险识别、评估、控制能力低下，最终导致了“结石门”。

“大头娃娃”的预警：内控意识淡薄

早在2004年4月，安徽阜阳“大头娃娃”事件，三鹿就上过一堂风险警示课。当时，阜阳地方媒体公布本市45家不合格奶粉和伪劣奶粉“黑名单”中，三鹿奶粉榜上有名。随之，三鹿婴儿奶粉在全国多个市场被强迫下架，每天损失超过1 000万元。但经过紧急的处理后，三鹿从“黑名单”中消失，成功躲过了一劫。

且不论事情的性质如何，三鹿集团应该从中汲取教训，加大公司内部治理与内控建设，建立健全风险预警机制。然而，三鹿并没有这么做。在三鹿集团网站的企业简介中有这么一段话：“安徽阜阳‘问题奶粉’事件后，中国农村奶粉市场暂时出现‘真空’，为了快速抢占这块市场，三鹿把销售网络从县一级延伸到乡、镇级……仅2004年，三鹿集团就在短时间内在全国建立了12.3万个乡镇销售点。”可见，在“大头娃娃”事件后，三鹿集团的关注点并不在内部治理，而在企业的外部扩张。处于扩张期的企业，往往为追逐利益而忽视内控建设，这正是三鹿留下的沉痛教训。

“早产奶”的征兆：风险管控漏洞

企业在迅速扩张时期，风险点也在不断增加，如果内控制度不健全，极易出现管理漏洞。2005年7月，三鹿酸奶在天津、衡水、沧州市场出现断货现象，生产厂销售部与仓库人员为了缩短物流时间，擅自将正在检测过程中的产品提前出厂，导致了轰动一时的“早产奶”事件。三鹿在“摆平”舆论之后，除了将销售部门有关人员调离岗位，对三鹿酸奶销售直接负责人采取了扣除20%年薪的处罚外，没有从消除内控隐患的角度思考问题，又一次失去了整改的机会。

风险点管控是企业内控的基本要求。一个企业的产业链越长，风险点就越多。对食品行业而言，质量监控无疑是风险控制的关节点。在企业迅速扩张的前提下，当公司整体利益与部门利益发生冲突时，就可能出现管理漏洞。

“结石娃娃”的反思：应急机制缺失

财政部等5部委联合发布《企业内部控制基本规范》，其中第37条规定：“企业应当建立重大风险预警机制和突发事件应急处理机制，明确风险预警标准，对可能发生的重大风险或突发事件，制订应急预案、明确责任人员、规范处置程序，确保突发事件得到及时妥善处理。”应急机制不健全，正是压倒三鹿集团的最后一根稻草。

据报道，从2008年3月份起，三鹿就陆续接到一些患泌尿系统结石病儿童家长的投诉，一些媒体也开始以“某品牌”影射三鹿。然而，面对即将到来的危机，三鹿的应急机制几近失效。在整个事情过程中，三鹿处理危机的方式是能推就推、能拖就拖、能瞒就瞒，导致事态日益恶化。直到2008年9月11日东窗事发前夕，三鹿集团仍坚持说：“三鹿集团是国内最大的奶粉生产企业，公司的产品经国家有关部门检测，均符合国家标准，目前尚没有证据表明食用奶粉与患肾结石有必然联系。”后来实在瞒不住了，三鹿才发布公告，承认部分批次三鹿婴幼儿奶粉受三聚氰胺污染。“三鹿没有表现出一个大品牌面对危机时所应有的大气魄和大动作。这样迟钝、被动的危机反应，足以让公众的信心跌到谷底。”

（资料来源：广东物流，2010.7）

问题：

(1) 上述案例中，三鹿企业经营失败的原因是什么？

(2) 你认为企业要想获得成功，需要在哪些方面采取得力措施？

2. 技能例练

甲公司要从位于S市的工厂直接装运500台电视机送往位于T市的一个批发中心。这批货物价值为150万元。T市的批发中心确定这批货物的标准运输时间为2.5天，如果超出标准时间，每台电视机每天的机会成本是30元。甲公司的物流经理设计了下述3个物流方案，请从成本角度评价这些运输方案的优劣。

(1) A公司是一家长途货物运输企业，可以按照优惠费率每千米0.05元/台来运送这批电视机，装卸费为每台0.10元。已知S市到T市的公路运输里程为1 100千米，估计需要3天的时间才可以运到(因为货物装卸也需要时间)。

(2) B公司是一家水运企业，可以提供水陆联运服务，即先用汽车从甲公司的仓库将货物运至S市的码头(20千米)，再用船运至T市的码头(1 200千米)，然后再用汽车从码头运至批发中心(17千米)。由于中转的过程中需要多次装卸，所以整个运输时间大约为5天。询价后得知，陆运运费为每千米0.06元/台，装卸费为0.10元/台，水运运费为每千米0.66元/台。

(3) C公司是一家物流企业，可以提供全方位的物流服务，报价为22 800元。它承诺在标准时间内运到，但是准点的百分率为80%。

项目3 采购成本管理

学习目标

了解采购物流成本的概念、管理的基本程序；掌握采购物流成本的构成、采购物流成本控制的方法、采购成本核算管理。

能力目标

(1) 能够处理采购过程成本管理的问题。

(2) 能够根据采购成本核算要求进行对象确定和账户设置。

(3) 能够独立进行采购成本项目设置。

引导案例

1. 案例介绍

日本某公司目前拥有102家超级市场，年销售额约为1 480亿日元，经营品种约为1.2万种。该公司总部负责商品采购业务的部门被称为商品部，商品部以商品的进货、开发和管理为中心，其职能包括起草进货和销售计划、负责商品开发、制品开发、渠道开发。商品部内部设11个部门，设立的原则是根据其在经营额中的重要程度。

开办超市，首先要做的工作就是决定卖什么商品，即把商品的大分类、中分类及小分类确定下来，这就要根据当地的消费水平、消费习惯来确定商品分类表。由于各地区生活习惯的差别，各地超市的商品分类表也不相同。比如说，南方地区由于天气炎热，饮料可作为一个大类来经营。在商品的经营和管理上，该公司有一套根据自家的理解而设定的分类框架。通常的做法是，按照使用者的用途或TPOS(时间、场所、动机、生活方式)设定商品分类。分类框架设定好后，再筛选、找寻应备齐的具体商品品种，最后建立起自己的MD体系(商品体系)。日本超级市场的商品分类框架一般设定为5个梯度，即部门、品群、小分类、品种、品目。根据当地实际编制出的商品分类表是推行标准化的内容之一，作用极大：一是界定所经营的商品范围，二是便于对经营业绩按商品结构进行分析。做好商品分类后，计算机系统也同时对卖场进行分类管理，分析销售额、毛利率、损耗率、费用额、客单价、卖场销售效率和周转天数的变更。

根据业态理论确定大众品和实用品，超市经营的是高消耗、高周转的大众品和实用品。确定商品陈列面，确定小分类的适当规模。商品陈列的货架越多、展示越充分，所实现的销售额也就越大。但是摆放多少货架总有个度，什么是适当规模、各个小类引进多少个名目、摆在多少个货架上最出效益，则需要采购员对每个小类的陈列面与销售额进行对比、分析。在日本，厂商推出新品有固定的日期，一般是春、秋两季各一次。在导入新品的时候，先要把旧的商品砍掉。老产品的淘汰也是采购员的职责之一。淘汰老产品的标准主要是依据销售额。采购员根据计算机系统提供的小分类销售报表、商品销售额排序、商品销售量排序、ABC分析、部门管理表等资料，能够非常精确地淘汰掉那些卖况差的品目。

（资料来源：王进．物流服务营销．北京：人民交通出版社，2008）

2. 案例分析

这个案例告诉我们，日本的超级市场在进行成本控制管理时，使用“五段分位法”和“ABC”的分类管理，减少库存风险，以达到降低成本的效果。

3. 思考·讨论·训练

(1) 日本的超级市场商品分类框架又被称为“五段分位法”，“五段”指的是什么？

(2) 案例中提到，淘汰老产品时，要对老产品进行ABC分析，请问该公司淘汰老产品的主要依据是什么？

(3)“ABC分析”的分类标准是什么？

(4) 如何来控制采购成本？

任务1 认知采购成本

采购活动是企业全部经营活动的起点，采购的效率、订单的执行等都会直接影响到企业的下一个经营过程。而在企业全部的采购成本中，采购物流成本是成本管理的主体和核心，加强采购物流成本管理对企业成本管理具有重要的意义。

3.1.1 采购成本概述

1. 采购成本的概念

采购成本是指将企业生产或经营所需的原材料(或商品)从供应者仓库(或货场)运回企业仓库，实现一次采购而进行的各种活动的全部费用，如采购物的成本、采购人员的工资、差旅费、办公费、邮资、电报电话费、运输损耗和入库前的挑选整理费等支出。

2. 采购成本的分类

1) 按与供应商的关系分类

按与供应商的关系分类，采购成本可分为向外部的供应商发出采购订单成本和内部的生产准备成本。

(1) 采购订单成本是指为发出一次采购订单而花费的各种费用。采购订单成本中有一部分与采购次数无关，如常设采购机构的基本开支等，称为采购的固定成本；另一部分与采购的次数有关，如差旅费、邮资等，称为采购的变动成本。具体来讲，采购订单成本包括将发生的费用：检查存货水平；编制并提出采购申请，对供应商进行调查比较，选择最合适的供货商；填写并发出采购单；填写、核对收货单；结算资金并进行付款。

(2) 生产准备成本是指当某些原材料或库存商品不由外部供应而是由企业自己生产时，企业为生产货物而发生的前期准备性成本，实质上这也可以看成是一种“采购”，只不过是采购部门向企业生产部门的采购而已。其中更换模具、夹具需要的工时或添置某些专用设备等属于固定成本，与生产产品的数量有关的费用如材料费、加工费等属于变动成本。

2) 按会计核算的具体内容分类

按会计核算的具体内容分类，采购成本包括买价、运杂费、运输途中的合理损耗和入库前的挑选整理费。

(1) 买价是指企业采购物品时在发票上所开列的购买价格。买价的确定应以购销双方在交易中支付的扣除进货折扣、进货折让后的价格。

(2) 运杂费包括市内运杂费和外地运杂费。市内运杂费指从购货单位所在地的车站、码头、口岸到本单位仓库或生产地所发生的应由购货单位负担的运输、装卸等费用；外地运杂费指从供应商所在地的车站、码头、口岸起运到购货单位所在地车站、码头、口岸所发生的应由购货单位负担的包装、运输、装卸、仓储、保险和进口材料的关税等费用。

(3) 运输途中的合理损耗是指在运输途中，由于客观原因难以避免的损耗。这一损耗应制定定额加以限制，没有超出定额的认为是合理，可以计入采购物流成本；超出定额的为不合理损耗，应查明原因和分清责任。

(4) 入库前的挑选整理费是指挑选整理过程中发生的工资、物料消耗和其他有关费用支出。

3.1.2 采购成本的原则

作为采购人员，其最终目的是要以最低的成本及时采购到质量合格的原材料或商品，满足企业生产经营所需，因此，降低成本成为采购过程中所必须思考的主要问题。

(1) 原材料(商品)质量最优原则。成本最优往往被许多企业误解为价格最低，所以很多企业为降低成本购进低质的原材料(商品)，不仅影响后续生产和经营活动，而且还耽误了企业及时对客户的供给，损害企业的商誉。

(2) 总体成本最低原则。采购决策影响着后续的原料运输、调配、维护、调换乃至长期产品的更新换代，因此，必须有总体成本考虑的远见，对整个采购流程中所涉及的关键成本环节和其他相关的长期潜在成本进行评估。

(3) 以事实和数据信息为谈判基础原则。谈判不是一味压价，而是基于对市场和自身的充分了解而进行长远预期的协商。总体成本分析、供应商评估、市场评估等为谈判提供了有力的事实和数据信息，帮助企业认识自身的议价优势，从而掌握整个谈判的进程和主动权。按照双方交易原则，建立与供应商的长远双赢规划。许多先进的国际企业都建立了供应商评估、激励机制，与供应商建立长期的合作关系，确立双赢的合作基础。例如，帮助供应商优化运输计划，承诺最低采购量和价格保护等。

(4) 从保持企业核心竞争优势角度制订采购成本管理战略的原则。采购物流成本管理的目的不仅仅在于降低成本，更重要是为了建立和保持企业的核心竞争优势。也就是说，如果某项成本的降低削弱了企业的战略地位，则应弃之不用；但是，如果某项成本的增加有助于增加企业的竞争力，这种成本是值得增加的。

3.1.3 采购成本分析

(1) 在开发过程中因选择或供货商介入可能发生的成本。在开发过程中因选择或供货商介入而发生的成本包括：原材料或零部件对产品的规格与技术水平的影响；供货商技术水平及参与本公司产品开发的程度；对供货商技术水平的审核；原材料或零部件的合格及认可过程；原材料或零部件的开发周期对本公司产品的开发周期影响；原材料或零部件及其工装(如模具)等不合格对本公司产品开发的影响；等等。

(2) 采购过程中可能发生的成本。采购过程中可能发生的成本包括：原材料或零部件采购费用或单价；市场调研与供货商考察、审核费用；下单、跟货等行政费用；文件处理及行政错误费用；付款条件所导致的汇率、利息等费用；原材料运输、保险等费用；等等。

(3) 生产过程中可能因采购而发生的成本。生产过程中可能因采购而发生的成本包括：收货、发货(到生产使用点)费用；安全库存仓储费、库存利息；不合格来料滞仓费，退货、包装运输费；交货不及时对本公司生产的影响及对储存等工作的影响；生产过程中的原材料或零部件库存；生产过程中涉及原材料或零部件的行政费用；等等。

(4) 质检过程中可能发生的采购成本。质量过程中可能发生的采购成本包括：供货商质量体系审核及质量水平确认(含收货标准)；检验成本；因原材料或零部件不合格而导致的对本公司的生产、交货的影响；不合格品本身的返工或退货成本；生产过程中不合格品导致的本公司产品的不合格；处理不合格来料的行政费用；等等。

(5) 售后服务过程中因原材料或零部件而发生的成本。售后服务过程中因原材料或零部件而发生的成本包括：零部件失效产生的维修成本；零部件供应给服务维修点不及时而造成的影响；因零部件问题严重而影响本公司的产品销售；因零部件问题导致本公司的产品理赔；等等。

任务 2　采购成本管理的基本程序

企业必须进行采购程序设计，明确采购职能分工，减少采购工作随意性，充分发挥采购部门的采购职能，其根本目的是降低采购物流成本。

3.2.1　确定采购计划

采购的起点是根据销售计划、生产计划或订单制订采购计划。而计划是建立在需求的基础之上的，如果采购部门不了解使用部门的需求，就不能进行有效的采购，也不能使供货商完全理解商品的规格、质量等级、所对应的国际或国内标准等。编制采购计划一般是需求部门按生产或技术人员的要求先做好需求预测，然后由采购部门确定最佳订购量，或者根据市场价格的趋势，为避免涨价发出一些期货订单，确定经济采购量。经济采购量就是一定期间采购一批物料的相关总成本达到最低的采购数量。确定经济采购量的目的，就是使与物料有关的成本总和达到最低，重点要考虑各成本之和的最小化，最终得出一定期间的经济采购量。

采购计划一般包括日常采购计划和战略采购计划。日常采购计划根据物料的需用计划和经济采购量的分析结果，在查清库存数量的基础上，根据物料的配套情况编制采购计划，说明如何对采购过程进行管理；战略采购计划包括供应链的建立，供应商选择与认证、供应商前期参与，以提高原料、工艺和服务的标准化程度，减少差异性带来的后续成本等内容。采购计划可以是详细的，也可以是概括的，关键强调其正确性、及时性和可执行性。

3.2.2　收集供货商信息

在贸易全球化的今天，找到商品质量和价格能够符合需求的供货商，绝非易事。根据统计，采购人员约有 1/3 的时间从事信息搜集、确定供货商的相关工作。

1. 质量信息的收集

对采购人员而言，质量的定义应为“符合买卖约定的要求或规格就是好的质量”。故采购人员应设法了解供应商对本身商品质量的认识或了解的程度。通常在买卖的合同或订单上，质量是以下列方法的其中一种来表示的。

这些方法包括市场上商品的等级、品牌，商业上常用的标准，物理或化学的规格，性能的规格，工程图、样品(卖方或买方)及以上的组合。采购人员在采购时应首先与供应商对商品的质量达成互相同意的质量标准。

2. 价格信息的收集

价格是所有采购事项中最重要的项目。在采购之前，采购人员应事先调查市场价格，并做好成本或价格分析。具体可采用以下几种方法：

(1) 上游法。此法是通过了解拟采购的商品是由哪些零部件或材料组成的，查询其制造成本及产量数据。

(2) 下游法。它是了解采购的商品用在哪些地方。

(3) 水平法。它是了解采购的产品有哪些类似产品，如查询替代品或新供货商的数据。

由于调查范围广、市场环境变化迅速，采购部门必须将市场资料加以整理、分析，筛选出正确有用的信息，在此基础上提出报告及建议。

3. 调查供货商的实力

供货商调查就是从可能的卖方那里了解谁有资格、谁能以最低成本完成材料采购计划中的供应任务，从而确定供应商的范围。获取信息的渠道有市场调查、行业刊物、专业网站等媒介。采购部门收集供货商资料从几个方面考虑：供货商的技术水平、售后整体服务水平、供货期及应急能力。若是选择长期合作的供货商，还应考察企业的创新能力、抵抗风险的能力、供货商内部组织与管理是否良好、可持续发展能力、资信情况、主要员工的稳定情况等内容，然后根据调查情况选择合适的供货商。

3.2.3 确定供应商

在向战略采购发展过程中，企业与供应商要建立紧密的合作关系，运作过程中需要尽量减少供应商的数量，这就需要建立一套完整、科学、全面综合的认证体系，对供应商作出系统、全面的评价。

(1) 进行供应商选择认证。按照一定的规范考察供应商的硬件和软件是否符合要求：硬件主要指供应商设备的先进性、环境配置的完善性；软件主要指供应商人员的技术水平、工艺流程、管理制度、合作意识等方面。

(2) 对供应商提供的样品进行认证，即对供应商提供的样件及检验报告进行评审，看其是否能满足企业技术和品质要求。

(3) 对供应商提供的批量物料进行认证。样品合格不代表批量生产能符合采购要求，重点控制新开发方案或新增供应商批量生产物料供应质量的稳定性。

3.2.4 确定采购价格

采购价格的高低直接影响采购成本和企业总成本，因此，一些采购员在谈判时大幅度砍价，认为采购价格的高低全凭双方谈判的结果。事实并非如此，采购人员应了解供应价格的影响因素、制定价格评价制度，选择合适的采购时机和谈判技巧，取得满意的市场价格。

(1) 掌握影响供应价格的因素。影响供应价格的因素主要有成本结构、市场结构和采购条件。

成本结构是影响供应价格的内在因素，受生产要素成本影响，包括原材料、劳动力价格、产品技术要求、产品质量要求和生产技术水平等。

市场结构是影响供应价格的外在因素，包括经济、社会政治及技术发展水平等，具体有宏观经济条件、供应市场的竞争情况、技术发展水平及法规制约等。市场结构同时又会强烈影响成本结构，但供货商自己的成本结构往往不会对市场结构产生影响。

采购条件表现为采购者所采购物料的规格与品质、采购数量的多少、交货条件、付款条件、采购物品的供需关系、生产季节与采购时机、客户与供货商的关系等因素，这些条件均会影响采购价格。

(2) 建立价格档案和价格评价体系。企业采购部门应对所有采购物料进行分类，尽量合理而且详细，根据类别建立价格档案，对每一批采购物品的报价，首先与归档的材料价格进行比较，分析价格差异的原因。如无特殊原因，原则上采购的价格不能超过档案中的价格水平，否则要作出详细的说明。对于重点材料的价格，要建立价格评价体系，由公司有关部门组成价格评价组，定期收集有关的供应价格信息，来分析、评价现有的价格水平，并对归档的价格档案进行评价和更新。

(3) 建立标准采购价格，对采购人员根据工作业绩进行奖惩。对重点监控的材料根据市场的变化和产品标准成本定期定出标准采购价格，促使采购人员积极寻找货源，货比三家，不断降低采购价格。标准采购价格也可与价格评价体系结合起来进行，并提出奖惩措施，对完成降低公司采购成本任务的采购人员进行奖励，对没有完成采购成本下降任务的采购人员，分析原因，确定对其惩罚的措施。

3.2.5 确定采购方式，签订供货合同，实施采购行动

(1) 确定采购方式。采购方式是企业获得原材料、零(配)件、工程或服务的途径、形式和方法。合适的采购方式是对企业资源、内(外)部环境、专业水平、资金情况和储运水平等因素的综合考虑。现代采购管理已不仅仅将采购作为一种库存的补充和订单的安排，它更应是一种寻求发展、追求整个价值链创新、降低企业成本创造利润的重要形式。常见的采购方式有更定量采购、定期采购、集中采购、招标采购、网上采购、公开市场采购、询价采购、比价采购、议价采购和定价收购等。采购人员可根据实际情况合理选择其中一种或多种形式搭配使用。

(2) 签订供货合同，实施采购行动。采购合同是在确定了供应商后，企业与供应商之间签订的确保双方履行约定的一份法律文件。企业在签订合同之前，需要对合同类型进行选择，因为不同的合同类型决定了风险在买方和卖方之间分配。采购合同通常包括质量、价格、交货时间、交货数量、运输要求、付款条件和售后服务等内容。签订合同后，企业根据采购计划和采购合同发出采购订单。

供应商能否按时、按质、按价供货对企业生产影响很大，企业要严格订单管理和采购的日常管理，主要包括货物跟催、验收入库、支付货款、退货处理。

3.2.6 评价采购工作

一个采购流程结束或一定的工作期间，要进行采购工作评价，其内容包括绩效评价、结案、记录维护档案。

(1) 绩效评价是按照采购价格、质量、交货期、采购批量、采购批次、采购金额、采购量、资金周转和库存水平等综合绩效评估指标体系，对采购部门和采购人员的行为进行评价。

(2) 结案是在一项采购业务完成后，将各种采购资料及时分类、整理，审查采购成效好坏，报请有关部门和领导校阅批示，然后进行归档。

(3) 记录维护档案是对有查阅和参考价值的资料保留下来，分类建立采购档案并进行日常整理、借阅和维护。例如，对采购品种进行分类，建立采购成本数据库；对供应商的数据信息，进行分析检验，与行业采购成本数据和绩效表现水平比较，建立供应商资料库。

任务3 采购成本控制的方法

3.3.1 分析采购要素降低采购成本

(1) 分析采购物料的功能。正确设计产品组成，合理使用原材料，是企业采购材料、降低产品成本的先决条件。进行价值分析，目的在于简化产品设计，便于制造、使用替代性材料，以最低的费用获得所需要的必要物资。采购物料不仅仅是购买一种实物，更重要的是购买这种实物所包含的必要功能，只有功能大于成本，价值才能大，这是价值分析理论的核心。

(2) 分析采购物料的价格。任何功能都要以付出费用为代价，不切实际地追求多功能、高质量，势必造成浪费。为满足需要的功能，采购到合理价格的物料，而以性能价格比作为衡量物料采购成功与否的标志，是采购过程进行价值分析的又一目的。例如，在产品非磨损部位将铁制材料改为塑料制品；更新改造固定资产时，采购二手的辅助机器而非全新设备等方法。

(3) 分析运杂费。在达到采购目的、不影响其他工作的情况下，运用价值分析方法消除不必要的运杂费可以降低采购成本。如采用提供较佳付款条件的运输企业、选择费用较低的货运承揽者或考虑改变运输模式(如将空运改为海运)，同样达到降低成本的目的。

(4) 分析采购物料的使用费用。一般情况下，购置费用容易引起人们的重视，而使用过程发生的费用往往被忽视。例如，有的物资购置费用低，但使用中修理费用高，燃油、耗电多等，导致寿命周期使用费用较高，这是价值分析的另一个目的。

3.3.2 分析供应商成本降低采购成本

1. 供应商定价方法分析

供应商的价格底线是采购人员谈判的价格底线，只有了解供货商的定价方法、供应企业的成本构成等因素，采购人员才能做到知己知彼，把采购价格压到最低。供货商的定价方法可细分为成本加成定价法、目标利润定价法、采购商理解价值定价法、竞争定价法及投标定价法。

(1) 成本加成定价法。这是供货商最常用的定价法，它以成本为依据在产品的单位成本的基础上加上一定比例的利润。该方法的特点是成本与价格直接挂钩，但它忽视市场竞争的影响，也不考虑采购商(或客户)的需要。由于其简单、直接，又能保证供货商获取一定比例的利润，所以许多供货商都倾向于使用这种定价方法。

(2) 目标利润定价法。这是一种以利润为依据制定卖价的方法。其基本思路是供应商依据固定成本、可变成本及预计的卖价，通过盈亏平衡分析算出保本产量或销售量，根据目标利润算出保本销售量以外的销售量，然后分析在此预计的卖价下能否达到销售量；否则，调整价格重新计算，直到在制定的价格下可实现的销售量能满足利润目标为止。

(3) 采购商理解价值定价法。这是一种以市场的承受力及采购商对产品价值的理解程度作为定价的基本依据的方法，常适用于消费品尤其是名牌产品，也有时适用于工业产品如设备备件等。

(4) 竞争定价法。这种方法最常用于寡头垄断市场，具有明显规模经济性的行业，如较成熟的市场经济国家的钢铁、铝、水泥、石油化工及汽车、家用电器等。其中，少数占有很大市场份额的企业是市场价格的主导，而其余的小企业只能随市场价格跟风。寡头垄断企业之间存在着很强的相互依存性及激烈的竞争，某企业产品价格的制定必须考虑到竞争对手的反应。

(5) 投标定价法。这种方法是由采购商公开招标，参与投标的企业事先根据招标公告的内容密封报价、参与竞争。这种公开招标竞争定价的方法最常用于拍卖行、政府采购，也用于工业企业，如建筑包工、大型设备制造以及非生产用原材料(如办公用品、家具、服务等)的大宗采购。

2. 供货商价格组成分析

在大型企业里，其所需的原材料，有的多达万种以上，要对每种材料做好供货商价格组成分析是不可能的，根据存货的ABC分析方法，一般对数量上仅占10%而其价值却占总采购成本70%的A类存货进行分析。采购人员要想知道供货商的实际成本结构并不容易，通常采购人员可从供货商的供应价格影响因素及定价方法着手，对供货商的成本组成进行分析。常用的方法有以下几个方面：

(1) 根据利润表分析供货商的价格组成。采购人员要收集相关信息，可以从企业的财务利润表入手，得到供应企业的成本组成。其计算方法为

营业利润=(营业收入－营业成本)－(销售费用＋管理费用＋财务费用)

倒挤出营业收入，作为供应商的价格组成。

(2) 根据盈亏平衡分析确定供货商价格组成。盈亏平衡分析又叫本量利分析或保本分析，它是通过分析生产成本、销售利润和生产量之间的关系来了解盈亏变化，并据此确定产品的开发及生产经营方案。分析时将生产成本分为固定成本和变动成本。企业的产品销售收入扣除变动成本后的剩余，叫做边际贡献或边际毛利；产品单位销售收入扣除单位变动成本后的剩余，叫单位边际贡献。当供货商有边际贡献后，再来分摊固定费用。利润的计算方法为

利润＝营业收入－变动成本－固定成本＝(单价－单位变动成本)×销售量－固定成本

因此，供货商在制定产品价格时，产品的单价应该大于成本(即单位固定成本摊销与单位产品变动成本之和)。但是，在新产品上市或销售淡季，供货商会考虑用边际贡献来分摊固定成本，这时可以把价格压到单位总成本之下(不含单位固定成本)，只要使供货商获得边际贡献即可成交。一般来说，成本构成中固定成本比例越高，价格的弹性就越大，随市场季节变化及原材料的供应而变化的波动也就越强烈，因此，这些产品在采购时可采用加大订购数量及在销售淡季订购等方法来降低采购成本。而对于变动成本比例较高的产品则要下力气改善供货商，形成供应链的管理模式，促进其管理水平的提高并降低管理费用。也就是说，作为采购人员要了解供货商的成本结构，就要了解其固定成本及变动成本的内容。

(3) 根据学习曲线分析供货商价格组成。学习曲线是分析采购成本、实施采购降价的一个重要工具和手段。其基本概念是随着产品的累计产量增加，单位产品的成本会以一定的比例下降。这种单位产品成本的降低与规模效益并无任何关系，它是一种学习效益。这种学习效益是指某产品在投产的初期由于经验不足，因此，产品的质量保证、生产维护等需要较多的精力投入以致带来较高的成本。随着累计产量的增加，管理渐趋成熟，所需要的人力、财力、物力逐渐减少，工人越来越熟练，质量越来越稳定，前期的工程、工艺技术调整与变更越来越少，突发事件及故障不断减少，物流不断畅通，原材料及半成品等库存控制日趋合理，前期生产期间的各种改进措施逐步见效，因而成本不断降低。

这就意味着生产某产品的老企业压价的空间大，因此，需要采购人员调查供货商生产产品的时间和产量等相关情况。

(4) 充分考虑价格折扣分析供货商价格。折扣是企业产品销售中常用的一种促销方式。了解折扣有助于供货商在谈判过程中降低采购价格，概括起来大体有以下几类折扣：付款的现金折扣、购买的数量折扣、采购地的地理折扣和供应的季节折扣和产品的推广折扣等。有策略地利用折扣是降低采购成本的一种手法。

3.3.3 利用标准化降低采购成本

标准化指的是实施规格的标准化，对不同的产品项目、夹具或零件使用通用的设计或规格，或降低订制项目的数目，以规模经济量达到降低制造成本的目的。

在产品的设计阶段，使用行业标准流程与技术、工业标准零件，这样既加大了原物料取得的便利性，又减少了自制所需的技术投入，同时也降低了生产所需的成本。原料、产品、服务的标准化在产品、服务设计阶段，就要充分考虑未来采购、制造、储运等环节的运作成本和提高其标准化程度、减少差异性带来的后续成本。

3.3.4 利用管理会计方法降低采购成本

(1) 目标成本法。目标成本是预计目标售价减去目标利润得出的。产品的目标成本确定后，与公司目前的相关产品成本或本行业先进水平相比较，确定成本差距。设计小组通常运用质量功能分解或价值工程、流程再造等方法来寻求满足要求的产品与工序设计方案，从而把这一差距缩小。质量功能分解旨在识别客户需求，并比较分析其与设计小组计划满足的需求差距，以支持价值工程的设计过程，以此达到降低成本的目的。

(2) 定额管理法。与采购过程有关的定额包括生产消耗定额、物资储存定额、采购费用定额等。工作中常常通过制定先进合理的物资消耗定额，采用标准化、通用化和系列化，确定最经济合理的物资消耗标准；在保证质量的前提下，尽量采用以廉代贵，综合利用原材料，提高材料利用的经济性、效益性。在充分采用准时制的情况下，制定与经济订购批量相适应的储存定额；在采购过程中，采用多种采购方式，就近组织物资供应，选用恰当的运输方法制定采购费用定额。降低企业采购成本，定额管理是行之有效的一种方法。

3.3.5 利用作业成本法降低采购成本

1. 作业成本法

作业成本法(Acvtivity Based Costing，ABC)是将采购间接成本按不同的材料、不同的使用部门等进行分配，从而科学地评价每种材料、每个部门等实际分摊的采购间接费用，它可以让管理阶层更清楚地了解间接采购成本分配的状况。

作业成本法中的核心要素有 5 个，具体为资源、资源动因、作业、作业动因、采购成本核算对象，而在一般企业的运营中，这 5 个核心要素又都是多元的，多元的资源动因和作业动因作为分配标准，使多元的资源、作业和成本核算对象产生关联，将多元的资源分配至多元的作业中，再将多元的作业成本分配至多元的成本核算对象中去。它们之间的关系如图 3.1 所示。

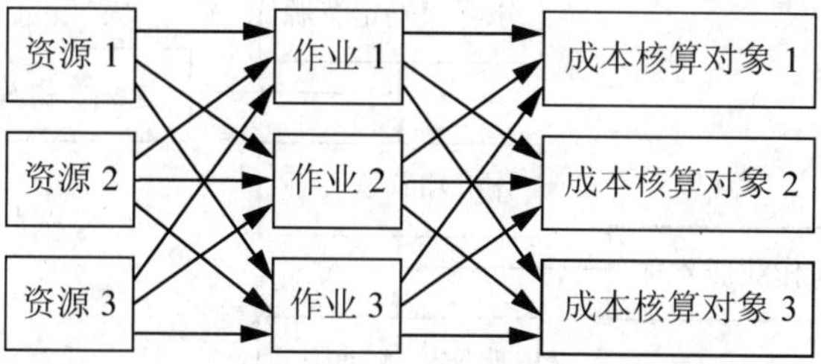

图 3.1 资源、作业和成本核算对象关系图

2. 作业成本法的基本原理

作业成本法的基本原理可概括为采购消耗作业，作业消耗资源并导致成本的发生。作业成本法把成本核算深入到作业层次，它以作业为单位收集成本，并把“作业”或“作业成本池”(同一成本动因下的多个作业组成的成本中心)的成本按作业动因分配到作业层次。

具体说来，作业成本核算首先将企业所消耗的资源通过资源动因分配到作业或作业成本池中，形成作业或作业成本池的成本，然后再将作业或作业成本池的成本通过成本动因分配到成本核算对象上，形成成本核算对象的成本，其具体流程如图 3.2 所示。通过这一过程，作业成本核算改进了传统的成本分配方法采用单一成本分配基础的弱点，力图找到资源消耗与成本核算对象之间的因果关系，从而得到更加精确的成本。

3. 作业成本法的核算流程

作业成本核算一般需要经过几个阶段：分析和确定资源，建立资源库；分析和确定作业，建立作业成本库；确定资源动因，分配资源耗费至作业成本库；确定成本动因，分配作业成本至成本核算对象。作业成本法的核算流程如图 3.3 所示。

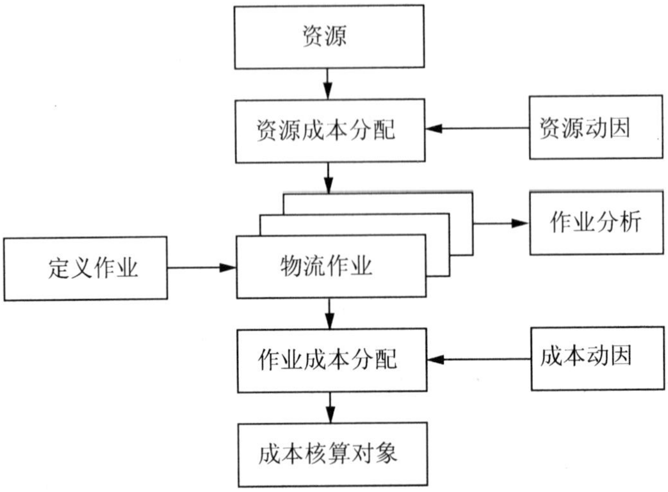

图 3.2　作业成本分配流程

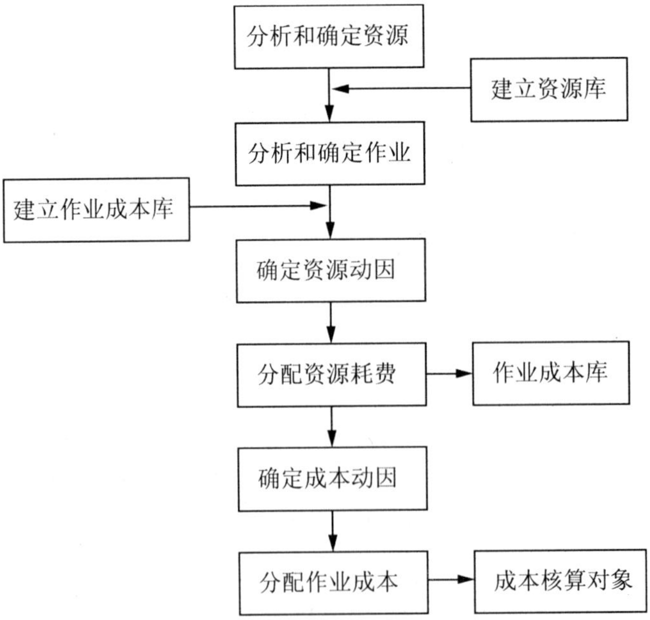

图 3.3　作业成本法的核算流程

资料

如何利用 ABC 法测算出数据的几种方法表述如下：

改进业务——能否汇总作业？能否省略某道环节？根据这些观点，追求处理次数的高速化、少量化。由于产生了不同活动的单价，所以能进行活动效果的测算。

重新认识物流服务——把握不同客户的成本及其依据(高成本时，有怎样的原因)，就能改进供货条件。

制成费用表——根据活动单价制成费用表，在制定新规定时就能把它作为依据。

3.3.6 利用供应链管理法降低采购成本

供应链管理的核心是企业间组织的融合，最终达到以企业战略为核心，实现所有企业组织、战略和业务流程的全面结合。采购过程是供应链上的重要结点，是连接供应商与客户企业的桥梁。用供应链管理思想来管理采购物流成本，可大幅度降低采购成本。因此，常常通过优化采购体系或对现有供货商的改进来优化企业供应链，以达到降低采购成本的目的。

3.3.7 运用采购谈判技巧和战术降低采购成本

采购谈判是指采购方想以自己比较理想的价格、商品质量和供应商服务条件来获取供应商的产品，而供应商则想以自己希望的价格和服务条件向购买方提供自己的商品。在两者不完全统一之前，就需要通过谈判来解决，这就是采购谈判。

采购谈判是完成采购任务的一项重要的基础工作。采购谈判需要一种合作的态度，并且要考虑双方的利益。采购谈判的目的是签订一份对双方都有利的合约，以便供应商能及时、适量、适质地供应物料。因此，对企业来说，掌握采购谈判技术，有利于维护企业自身利益，促进采购的成功。

灵活运用采购谈判技巧降低价格，是采购最常用的一种方法。通常要掌握采购谈判作业要领；做好采购谈判规划，主要从预测、学习、分析与策略等方面人手；注意谈判中的发问与倾听技巧；巧妙利用谈判的时机；充分利用成本结构分析，以便在谈判过程中取得合理的价格。

3.3.8 利用库存控制降低采购成本

对于经常性、需求量大的原材料、零(配)件，需要在采购和库存成本之间作平衡分析，这种分析常采用经济批量和经济订货点来确定。

1. 经济批量的确定

经济批量又称经济订货量，是指使得购进的存货总成本最低的采购批量。它回答了两个基本问题：最经济订货量应该是多少和应何时发出订单。存货总成本包括3部分，即订货成本、储存成本和缺货成本。通过经济批量的基本模型可计算出经济订货量。

难点例解

设存货全年的需求量为 A，订货单价为 P，则全年购置成本 $A\times P$；企业每次的订购量为 Q，则全年的订货次数就为 A/Q；每次订货成本为 B，则订货的变动成本为 $A/Q\times B$；订货的固定性支出，如采购地办事机构的固定开支为 F_1。

解析：订货成本 $=A\times P+A/Q\times B+F_1$

企业全年的平均储存量就为 $Q/2$，假设每单位存货量的年储存成本为 C，则储存变动成

本为 $Q/2\times C$；储存固定成本，如仓库的折旧费、仓库管理人员的工资等为 F_2，则储存成本为 $Q/2\times C+F_2$。

在不允许缺货的情况下，即缺货成本为0时，可得如下结果：

$$\begin{aligned}\text{全年存货的总成本}&=\text{订货成本}+\text{储存成本}+\text{缺货成本}\\&=A\times P+A/Q\times B+F_1+Q/2\times C+F_2+0\end{aligned}$$

因为 A、P、B、F_1、C、F_2 等要素为常数项，其往往属于决策的非相关成本，所以决策的相关成本只是订货的变动成本、储存的变动成本。

式中，以 Q 为因变量，对上式求导数，即求极小值，得到下面一系列公式：

$$\text{每次订货批量(经济批量)}\ Q=\sqrt{2AB/C}$$

$$\text{每年最佳订货次数}\ N=A/Q=\sqrt{AC/2B}$$

$$\text{最佳订货周期}\ t=1/N=\frac{1}{\sqrt{AC/2B}}$$

$$\text{经济批量占用资金}\ I=Q/2\times P$$

2. 经济订货点的确定

经济订货点又称再订货点，就是订购下一批存货时本批存货的尚存储存量。确定订货点必须考虑成本的节约，订货点过长，年储存成本增加；订货点过短，一旦供货延期或销量增加将会造成停工待料。最理想的订货点应该是当下批材料运达仓库时，仓库库存正好用完，这一储存量是在正常情况下的最低储备量，又称正常储备量。当发生延期到货或使用量增加时，为防止缺货而增加的储备称为安全储备量。因此，经济订货点的公式为

$$\text{经济订货点}=\text{正常储备量}+\text{安全储备量}$$

经济订货批量有助于企业在采购时树立成本效益观念，重视资金的时间价值，合理安排采购计划，减少不必要的资金占用。

任何可以节省费用的手段都应该是采购过程值得考虑的对象，但必须合情、合理，更要合法，有利于与供货商的伙伴互动关系。至于上述几种方法应该优先使用哪种，哪种方法较好，则有赖于采购人员依照不同状况进行专业判断后确定。

任务4　采购成本支付形态管理

3.4.1　采购成本支付形态管理概述

1. 采购成本支付形态管理的概念

采购成本支付形态管理是按采购成本项目和自营物流成本支付形态两维形式，反映企业一定期间采购物流成本信息管理。它是根据采购成本项目和自营物流成本支付形态之间的相互关系，按一定的标准和顺序，把企业一定期间的采购项目物流成本及其对应的自营支付形态物流成本予以适当排列，并对日常工作中形成的大量成本费用数据进行集成管理。

2. 采购成本支付形态管理的内容

企业采购成本支付形态中的成本项目一维构成内容主要包括采购所需的运输费、仓储费、包装成本、装卸搬运成本、流通加工成本、物流信息成本、物流管理成本、一般经费和特别经费内容。采购成本支付形态管理信息见表 3-1。

表 3-1 采购成本支付形态管理信息

成本项目		代码	内部支付形态					
			材料费	人工费	维护费	一般经费	特别经费	合计
物流功能成本	采购运输成本	01						
	仓储成本	02						
	包装成本	03						
	装卸搬运成本	04						
	流通加工成本	05						
	物流信息成本	06						
	物流管理成本	07						
	合计	08						
存货相关成本	流动资金占用成本	09						
	存货风险成本	10						
	存货保险成本	11						
	合计	12						
其他成本		13						
物流成本合计		14						

3.4.2 采购成本分配计算

在采购成本分配计算的过程中，有时需要从其他部门获取的相关信息，要设计内部物流成本信息需求表，列明需要其他部门提供的相关信息，由其他协作部门提供。唯有如此，物流成本核算流程才能理顺，得出的物流成本信息才能适度准确。

难点例解

A公司是一个以小麦加工为主业的中外合资面粉生产企业。截至2005年年底，该公司资产总额6 186万元，2005年实现销售收入1.23亿元，实现利润总额6 562万元。内部设有会计部(兼做信息工作)、人事部、采购部、生产部、品控部、仓储部和销售部7个部门，共有员工145人，其中采购人员5人，生产人员60人，营销人员20人，其余为管理人员。该公司有一个总面积约10 000平方米的仓库，用于储存小麦、面粉等存货，而运输业务和装卸搬运业务均由外部人员承包，公司支付运费和装卸搬运费。

解析： 本案例中以A公司2005年12月有关成本费用资料为依据，核算2005年12月的物流成本。该企业的成本费用科目有生产成本、制造费用、销售费用、管理费用、财务费用、营业外支出和其他业务成本，其中营业外支出2005年12月无发生额。具体计算步骤如下。

(1) 获取A公司2005年12月相关成本费用发生额及明细资料并逐项分析哪些与物流采购成本相关。

(2) 对与采购成本有关的费用内容进行汇总。具体见表3-2所示的采购成本相关费用明细汇总表。

表3-2 采购成本相关费用明细汇总表

序号	项目	发生额	备注
1	采购管理费用——折旧费	36 049.57	含物流信息设施折旧
2	采购管理费用——工资 采购管理费用——住房公积金 销售费用——工资 生产成本——工资	94 044.09 17 203.40 61 473.17 114 726.27	含业务人员(包括物流)费用
3	采购管理费用——福利费、培训、劳动和待业保险及统筹医疗金 制造费用——职工福利费、劳动保护费 销售费用——劳动保护费	77 465.48 4 384.45 626.17	公司全体人员(含物流人员)费用
4	管理费用——照明电费	25 182.68	含仓库电费
5	制造费用——折旧费 制造费用——修理费	58 654.90 61 841.90	含车间包装设备折旧费、修理费
6	制造费用——保险费	21 684.00	含存货和包装设备保险费用
7	制造费用——办公费	447.38	含包装业务费用
8	销售费用——运输费 销售费用——装卸费	300 925.56 31 154.60	对外支付运费 对外支付装卸费
9	销售费用——保险费	3 010.00	铁路运输保险费
10	销售费用——汽车损耗费	6 646.32	含零星物流运输费
11	销售费用——办公费	2 372.43	业务部门(含物流业务)人员费用
12	销售费用——低值易耗品摊销	3 910.75	主要为包装材料及周转用仓库蓬布费用
13	销售费用——折旧费	13 805.27	主要为仓库及业务办公用房折旧费
14	销售费用——邮电费	3 300.00	含物流信息费
15	销售费用——其他	17 952.30	货物出口报关报税及港杂费
16	生产成本——辅助材料 生产成本——燃料及动力	309 402.24 172 565.47	含包装材料 含包装设施耗用电费
17	财务费用——利息支出	7 975.00	主要为购买原材料所发生的贷款和息支出
	合计	1 446 803.40	

(3) 根据如上物流成本资料，将有关数据录入系统进行计算分析。根据会计明细账、记账凭证、原始凭证及其他相关资料，对表3-2中与物流成本有关的费用逐项进行分析，并设物流成本辅助账户，按3个维度核算物流成本。

(4) A公司2005年12月物流成本比例分析。物流成本增减变动分析，是物流成本绝对额在不同期间的比较，尽管可以看出评价期间较之以前期间物流成本的增减变动情况，但由于受不同期间规模等因素的影响，物流成本绝对额的比较分析有时不能揭示存在的问题。因此，在这里，通过计算A公司物流成本与数量指标、成本、收入和利润指标之间的比例，见表3-3，从相对数的角度对A公司物流成本做进一步分析。

表3-3 A公司物流成本比例分析表

项目＼年度		2004年12月	2005年12月	2005年12月比2004年12月增长
物流成本		708 290.47元	803 710.28元	13.48%
单位已销商品物流成本率	已销商品重量	16 245 378.00千克	18 177 432.00千克	11.90%
	物流成本/已销商品重量	0.043 6	0.044 2	1.38%
物流成本占总成本比重	总成本	10 833 178.16元	12 241 557.16元	13.00%
	物流成本/总成本	0.065 4	0.065 7	0.46%
单位销售收入物流成本率	产品销售收入	10 953 137.76元	12 255 789.46元	11.90%
	物流成本/产品销售收入	0.064 7	0.065 6	1.40%
物流成本利润率	利润总额	146 959.6元	184 467.76元	25.53%
	利润总额/物流成本	0.207 5	0.229 5	10.61%

从表中看出，2005年12月比2004年12月增长10.61个百分点，说明A公司2005年12月单位物流成本获取利润的水平有了较大幅度增长。

项目小结

采购首先是一项购买活动，这项活动非常重要。许多采购决策都会影响供应渠道中物流活动的效率。本项目探讨了采购成本管理中的几个关键问题，并提出了相应的解决办法。这些关键性决策问题包括决定采购数量、采购时间及发货地点等。采购活动是企业全部经营活动的起点，采购的效率、订单的执行等都会直接影响到企业的下一个经营过程。而在企业全部的采购成本中，采购物流成本是成本管理的主体和核心，加强采购物流成本管理对企业成本管理具有重要的意义。本项目以采购物流成本构成为中心，介绍了采购物流成本控制的一些方法，并阐述了采购物流成本管理的基本程序，使企业能够降低采购成本，提高经济效益。

复习思考题

一、简答题

1. 采购物流成本是如何分类的?
2. 采购物流成本管理的基本程序有哪些?
3. 降低采购物流成本的方法有哪些?
4. 如何利用管理会计方法降低采购成本?
5. 如何利用库存控制降低采购成本?

二、单选题

1. 按会计核算的具体内容分类，采购物流成本包括(　　)、运杂费、运输途中的合理损耗和入库前的挑选整理费。

A. 加工　　B. 买价　　C. 售价　　D. 配送

2. 采购成本原则包括原材料（商品）质量最优原则、(　　)原则、以事实和数据信息为谈判基础原则、从保持企业核心竞争优势角度制订采购成本管理战略的原则。

A. 加工原则　　B. 最大原则　　C. 总体成本最低　　D. 局部最优原则

3. 采购成本管理的基本程序依次为：确定采购计划、收集供货商信息、确定供应商、(　　)、确定采购方式、签订供货合同、实施采购行动和评价采购工作。

A. 确定采购人员　　B. 确定采购价格　　C. 预算总体成本　　D. 制订采购计划

4. 供应商定价方法有：成本加成定价法、目标利润定价法、采购商理解价值定价法、竞争定价法和(　　)。

A. 成本重叠法　　B. 谈判定价法　　C. 价值工程法　　D. 投标定价法

5. (　　)＝（营业收入－营业成本）－（销售费用＋管理费用＋财务费用）。

A. 营业利润　　B. 销售收入　　C. 价格　　D. 进价

项 目 实 训

1. 案例分析

许多制造商经常以“压价”或者取消合同来威胁供应商，这种采购策略只会缩小利润空间，使“制造商—供应商”之间产生敌对情绪，从而破坏双方的长期合作关系。幸运的是，企业经过长期发展磨合后，逐渐总结出一种富有成效的协同方法——基于产品特征的成本分析方法。

最初，通过低价格采购来创造短期的收益是许多采购组织特有的功能。然而现在，对于许多制造商来说，寻找那些富有创新意识、能一直给他们带来整体的成本缩减的供应商才是他们最终的目的。因此，如果采购商总是尝试利用强压手段来迫使供应商提供所谓的“最优价格”，最终只会打击供应商参与合作的积极性。

虽然竞价采购的目的在于最大程度地缩减单件成本，然而实际上，这种竞价流程的结果却往往使总成本增加。例如，如果采购组织不考虑质量成本、准时交付、税收等因素，基于单件成本的竞价往往会引导采购组织做出错误的采购决策。此外，单纯依靠价格做采购决策往往会给企业声誉带来负面影响，因为制造商营造的这种畸形竞争氛围只会让供应商对未来产生怀疑。

例如，美国通用汽车(GM)在早期的发展阶段中，它一直给汽车零部件供应商带来源源不断的采购订单，但在这些供应商看来，GM的声誉似乎并不是那么好，因为GM总是无法依靠零部件供应商的研发活动对快速变化的市场环境做出响应。此外，GM和零部件供应商在缩减供应链的整体成本方面的关系依然未见起色。相反，丰田汽车却依靠协同供应商管理方法，一举超越GM成为北美汽车销售量最多的汽车制造商。丰田公司继续推行它们的全球供应商发展战略，旨在建立更加紧密的、协同的供应商关系。

制造商运用基于活动的成本分析模型对生产零部件的潜在成本进行分析，然后再利用分析结果与零部件供应商进行一轮一轮地谈判。虽然这种方法最终也能消除一些非增值的经营活动，但是它经常也会导致不必要的长期争执和分析弊病。此外，这种成本分析依据仅仅局限于基本的会计信息，而不包括产品的工程设计或者制造成本分析等方面的信息。显然，企业依靠这些不完整的信息来做采购决策，其结果往往无法达到预定的目的。

无论是竞价采购还是运用基于活动的成本分析模型，这两者都有一个共同点：强制性制定采购价格，这往往会导致错误的成本分析。然而，基于产品特征的成本分析方法却是一种客观的、以产品工程设计为导向的分析方法。它能帮助企业更好地了解零部件的理论成本。当然，制造数据是首要的信息。只有掌握充分的数据才能获得有意义的分析结果。

实际上，基于产品特征的成本分析方法是建立协同供应商关系的全新演绎：参与采购流程的所有成员都要共同了解影响零部件成本的驱动因素——工程设计。例如，在基于产品特征的成本分析体系中，产品工程师先了解物料、外观、需求对零部件成本的影响；然后，他们再与供应商分享这些信息；与此同时，供应商也能针对零部件设计或者物料调整提供建议，从而达到缩减零部件成本的目的，并逐渐改善零部件的性能。这种对话不仅能帮助采购团队降低成本，而且供应商在为缩减成本或降低零部件复杂性提供建议的同时，也让自己的利润得到有效的保障。此外，这种平等沟通的氛围使双方共享信息资源、全面了解零部件的成本。制造商为了实现持续改造逐步培养协同精神。

在当今的竞争环境中，忽略供应商关系管理所引发的各种问题长期困扰着制造商。然而，随着基于产品特征的成本分析方法的成功应用，领先的制造商逐渐意识到与供应商建立紧密关系的重要性。因为供应商能根据产品工程成本来调整零部件设计、物料或者制造生产流程，从而真正达到降低供应链整体成本、提高供应链竞争优势的目的。

（资料来源：采购策略，http://www.cflp.org.cn)

问题：

(1) 什么是基于产品特征的成本分析方法？

(2)“基于产品特征的成本分析方法”与“基于活动的成本分析方法”有何不同？

(3) 举例说明基于产品特征的成本分析方法的应用。

2. 技能训练

某水果批发公司考虑从海南采购一批西瓜，共5万千克，每千克购进价格为0.50元。方案有以下两个：

(1) 铁路普通车运输，平均每吨公里运价为0.10元，估计损耗率为20%，而且由于西瓜质量下降，每千克的售价只有0.80元。

(2) 保温车运输，平均每吨公里的运价为0.20元，但损耗率仅为2%，且由于西瓜的质量得到保证，每千克售价为1.00元。运输里程为2 000千米。公司经理指出，考虑利润超过3 000元便可以采购。

请你帮公司进行成本分析，该公司是否采购这批西瓜？如果采购应采取何种方案？

项目 4　仓储成本管理

学习目标

了解物流仓储成本的构成；掌握仓储成本的核算方法、存货数量的盘存方法、仓储成本分析与控制方法。

能力目标

(1) 能够处理仓储过程成本管理的问题。

(2) 能够根据仓储成本核算要求进行对象确定和账户设置。

(3) 能够独立进行仓储成本项目设置。

引导案例

1. 案例介绍

2000年一年英迈公司全部库房只丢了一根电缆。半年一次的盘库，由伞证公司作第三方机构检验，前后统计结果只差几分线，陈仓损坏率为0.3%。运作成本不到营业总额的1%这些都发生在全国拥有15个仓储中心，每天库存货品上千种，价值可达5亿元人民币的英迈公司身上。他们是如何做到的呢？通过参观英迈中国在上海的储运中心，发现英迈中国运作部具有强烈的成本概念和服务意识。

几个数字

一毛二分三：英迈库存中所有的货品在摆放时，货品标签一律向外，而且没有一个倒置，这是在进货时就按操作规范统一摆放的，目的是为了出货和清点库存时查询方便。运作部曾经计算过，如果货品标签向内，以一个熟练的库房管理人员操作，将其恢复至标签向外，需要8分，这8分的人工成本就是一毛二分三。

3千克：英迈的每一个仓库中都有一本重达3千克的行为规范指导，细到怎样检查销售单、怎样装货、怎样包装、怎样存档、每一步骤在系统上的页面是怎样的等，在这本指导上都有流程图，有文字说明，任何受过基础教育的员工都可以从规范指导中查询和了解到每一个物流环节的操作规范，并遵照执行。在英迈的仓库中，只要有动作就有规范，操作流程清晰的观念为每一个员工所熟知。

5分钟：统计和打印出英迈上海仓库或全国各个仓库的劳动力生产指标，包括人均收货多少钱、人均收货多少行(即多少单，其中人均每小时收到或发出多少行订单是仓储系统评估的一个重要指标)，只需要5分钟。在Impulse系统中，劳动力生产指标统计适时在线，随时可调出。而如果没有系统支持，这样的一个指标统计至少得一个月时间。

10厘米：仓库空间是经过精确设计和科学规划的，甚至货架之间的过道也是经过精确计算的，为了尽量增大库存使用面积，只给运货叉车留出了10厘米的空间，叉车司机的驾驶必须稳而又稳，尤其是在转弯时，因此英迈的叉车司机都要经过此方面的专业培训。

20分钟：在日常操作中，仓库员工从接到订单到完成取货，规定时间为20分钟。因为仓库对每一个货位都标注了货号标志，并输入Impulse系统中，Impulse系统会将发货产品自动生成产品货号，货号与仓库中的货位一一对应，所以仓库员工在发货时就像邮递员寻找邮递对象的门牌号码一样方便快捷。

4小时：有一次，由于库房经理的网卡出现故障，无法使用Impulse系统，结果他在库房中寻找了4小时，也没有找到他想找的网络工作站。依赖IT系统对库房进行高效管理，已经成为库房员工根深蒂固的观念。

1个月：英迈的库房是根据中国市场的现状和生意的需求而建设的，投入要求恰如其分，目标清楚，能支持现有的经销模式并做好随时扩张的准备。每个地区的仓库经理都要求能够在1个月之内完成一个新增仓库的考察、配置与实施，这都是为了飞快地起动物流支持系统。在英迈的观念中，如果人没有准备，有钱也没用。

几件小事

(1) 英迈库房中的很多记事本都是收集已打印一次的纸张装订而成即使是各层经理也不例外。

(2) 所有进出库房都须严格按照流程进行，每一个环节的责任人都必须明确，违反操作流程，即使有总经理的签字也不可以次的纸张装订而成，即个环节的责任人都必须

(3) 货架上的货品号码标识用的都是磁条，采用的原因同样是因为节约成本，以往采用的是打印标识纸条，但因为进仓货品经常变化，占据货位的情况也不断改变，用纸条标识灵活性差，而且打印成本也很高，采用磁条后问题得到了根本性解决。

(4) 英迈要求与其合作的所有货运公司在运输车辆的厢壁上必须安装薄木板，以避免因为板壁不平而使运输货品的包装出现损伤。

(5) 在英迈的物流运作中，厂商的包装和特制胶带都不可再次使用，否则，视为侵害客户权益。因为包装和胶带代表着公司自身知识产权，这是法律问题。如有装卸损坏，必须运回原厂出钱请厂商再次包装。而如果由英迈自己包装的散件产品，全都统一采用印有其指定国内代理怡通公司标识的胶带进行包装，以分清责任。

仅仅及格

提起英迈，在分销渠道中都知道其最大优势是运作成本，而这一优势又往往被归因于其采用了先进的Impulse系统。但从以上描述中已可看出，英迈运作优势的获得并非看似那样的简单，而是对每一个操作细节不断改进，日积月累而成。从所有的操作流程看，成本概念和以客户需求为中心的服务观念贯穿始终，这才是英迈竞争的核心所在。英迈中国的系统能力和后勤服务能力在英迈国际的评估体系中仅被打了62分，刚刚及格。据介绍，在美国专业物流市场中，英迈国际能拿到70～80分。

2. 案例分析

作为对市场销售的后勤支持部门，英迈运作部认为，真正的物流应是一个集中运作体系，一个公司能不能围绕新的业务，通过一个订单把后勤部门全部调动起来，这是一个核心问题。产品的覆盖面不见得是公司物流能力的覆盖面，物流能力覆盖面的衡量标准是应该经得起公司业务模式的转换，换了一种产品仍然能覆盖到原有的区域，解决这个问题的关键是建立一整套物流运作流程和规范体系，这也正是大多数国内IT企业所欠缺的物流服务观念。

3. 思考·讨论·训练

(1) 从英迈公司中国物流的运作我们得到什么启示？

(2) 你认为英迈运作优势究竟来源于什么？

任务1 认知仓储成本

在许多企业中，仓储成本是物流总成本的一个重要组成部分。物流成本的高低常常取决

于仓储管理成本的大小，而且企业物流系统所保持的库存水平对于企业为生产或客户提供服务的水平起着重要作用。

4.1.1 物流仓储概述

1. 物流仓储的含义

仓储的概念和运输的概念相对应，运输是使“物”产生位移，而仓储是以改变“物”的时间状态为目的的活动，它通过克服供需之间的时间差异而使产品获得更好的效用。

仓储包括对货物的储存、管理、保养、维护物品的相关活动。

2. 物流仓储的作用

仓储是物流的主要功能要素之一。在物流中，运输承担了改变空间状态的重任，物流的另一个重任，即改变“物”的时间状态已由仓储来承担。因此，在物流系统中，运输和仓储是并列的两大主要功能要素，被称为物流的两个支柱。

仓储是社会物质生产的必要条件之一。仓储作为社会再生产各环节之间的“物”的停滞，构成了上一步活动和下一步活动的必要条件。仓储所起的作用，马克思早就明确说过：“生产过程和再生产过程的不断进行，要求一定量的商品(生产资料)不断处在市场上，也就是形成储备。”在工业化社会，这个“必要条件”是绝对不可缺少的。

现代生产由于生产的复杂性，决定了在生产领域中不均衡、不同步的现象是客观存在的，所以就需要进行调整，即生产的产品要经过一定时间的仓储保管才能和消费相协调。此外，出于应急突发事件和自然灾害的要求和合理使用资源而防止产品一时过剩造成浪费的要求，都需要对生产的产品进行一定时间的仓储。

仓储的这些作用，在工业化时期称作“蓄水池”。在现代物流领域，它起到对整个物流过程的调节作用，称作“调节阀”作用。仓储可以创造“时间效用”。通过仓储使“物”在效用最高的时间发挥作用，就能充分发挥“物”的潜力，实现时间上的最优配置。从这个意义来讲，也相当于通过仓储提高了“物”的使用价值，使被仓储物增值。

仓储是“第三利润源”的重要源泉之一。“第三利润源”中，仓储是其中主要部分之一。仓储作为一种停滞、时时有冲减利润的趋势，在“存”的过程中使用价值降低，各种仓储成本支出又必然起到冲减利润的作用。首先，有了仓储保证，就无需紧急采购，不致加重采购成本；其次，有了仓储保证，就能在有利时机进行销售，或在有利时机购进，这当然会增加销售利润，减少了购进成本；最后，仓储是大量占用资金的一个环节，仓库建设、维护保养、进库、出库等都要大量耗费人力、物力、财力、仓储过程中的各种损失也是很大的消耗。

仓储作为控制和调节企业物流活动的中心的仓库，在企业物流系统中具有极其重要的作用，主要表现在以下几个方面：

(1) 降低成本，提高效益。在供应物流方面，企业通常是从多个供应商分别购进商品并运至仓库，经过必要的处理加工后，整批运至下一道工序(或客户)，或者将商品从工厂大量运至仓库，然后根据客户的要求加工处理后，小批量运到市场或客户。因此，这将大大降低运输成本，调节运力差异，提高运输效率。

(2) 进行商品整合。如果考虑到颜色、形状、大小等因素，企业的一个生产线包括了成百上千种产品部件。这些部件通常在不同的工厂生产，企业可以根据客户的要求，将商品在仓库中进行加工、分拣、包装、配套等，然后运给客户。单纯的储存和保管型仓库已不能适应生产和市场的需要，增加配送和流通加工的功能、向流通仓库的方向发展是现代仓库的一个重要标志。

(3) 调节供应和需求，为销售服务。由于生产和消费之间或多或少存在时间上或空间上的差异，仓储可以提高商品的时间效用，调整均衡生产和集中消费或均衡消费和集中生产在时间上的矛盾。同时，仓库合理地靠近客户，使商品适时地到达客户手中，将提高客户的满意度并扩大企业销售。这一点对于企业产成品仓库来说尤其重要。

3. 物流仓储的负作用

在物流系统中，仓储是一种必要的活动。但由其特点决定，仓储经常存在冲减物流系统效益、恶化物流系统运行的趋势。所以有人明确提出，仓储中的“库存”是企业的顽症，主要原因是因为仓储的代价太高。

(1) 固定费用支出。库存会引起仓库建设、仓库管理、仓库工作人员工资、福利等费用开支增高。

(2) 机会损失。仓储物资占用资金所付利息以及这部分资金如果用于另外项目会有更高的收益，因此，利息损失和机会损失都是很大的。

(3) 陈旧损失与跌价损失。物资在库存期间可能发生各种物理、化学、生物、机械等损失，严重者失去全部价值及使用价值。随库存时间的增加，存货无时无刻不在发生陈旧变质；一旦错过有利的销售期，又不可避免出现跌价损失。

(4) 保险费支出。近年来为分担风险，我国已开始对库存物资采取投保缴纳保险费方法。保险费支出在有些国家、地区已达到相当大的比例。在网络经济时代，社会保障体系和安全体系日益完善，这个费用支出的比例还会呈上升的趋势。

(5) 进货、验收、保管、发货、搬运等项支出。上述各项费用支出都是降低企业效益的因素，再加上在企业全部运营中，仓储对流动资金的占用达到40%～70%的高比例，在非常时期，有的企业库存竟然占用了全部流动资金，使企业无法正常运转，所以有些经济学家和企业家将其看成是“洪水猛兽”，当然也就不足为怪了。无论是褒或是贬，都不能根本改变现代社会仓储这一现实，相反，却证实了仓储有利及有害的两重性。

4.1.2 仓储成本的概念及特点

1. 仓储成本的概念

仓储成本是指在储存、管理、保养、维护物品的相关物流活动中所发生的各种费用，它是伴随着物流仓储活动所消耗的物化劳动和活劳动的货币表现。

仓储成本管理的任务是用最低的费用在合适的时间和合适的地点取得适当数量的存货。在企业的物流总成本中，仓储成本是一个重要组成部分。对各种仓储成本的合理控制能增加企业的利润，反之就会增加物流总成本，冲减企业利润。

2. 仓储成本的特点

(1) 重要性。仓储成本是物流总成本的重要组成部分，而物流成本又占国民经济产值的很大部分。据世界银行分析，发达国家物流成本占 GDP 的 10%左右，美国低于 10%，中国估计约为 16.7%。如果中国物流成本占 GDP 的比重降到 15%，每年将为全社会直接节约 2 400多亿元，这将会给社会和企业带来可观的经济效益。因此，仓储成本的管理成为“第三利润源”的重要源泉之一。

(2) 效益背反性。要增加客户满意度，提高物流水平，就会引起仓库建设、管理、仓库工作人员工资、存货等费用开支增高，增加仓储成本。而为了消减仓储成本而减少物流网络中仓库的数目并减少存货，就会增加运输成本。因此，要将仓储成本管理纳入整个物流系统，以成本为核心，按最低成本的要求，使整个物流系统化、最优化。

(3) 复杂性。在现行的会计制度下对物流成本的核算缺乏统一的标准。如仓储成本中的仓储保管费用、仓储办公费用、仓储物资的合理损耗等一般计入企业的经营管理费用，而不是仓储成本。此外，对于内部所发生的仓储成本有时涉及面广、环节多而无法划归相应科目，因此，增加了仓储成本的复杂性。

4.1.3 仓储成本的构成

仓储持有成本构成了仓储成本的主要内容。仓储持有成本是指为保持适当的库存而发生的成本，它可以分为固定成本和变动成本。固定成本与一定限度内的仓储数量无关，如仓储设备折旧、仓储设备的维护费用、仓库职工工资福利费等；变动成本与仓储数量相关，如库存占用资金的利息费用、仓储物品的毁损和变质损失、保险费用、搬运装卸费用和挑选整理费用等。

仓储持有成本主要包括资金占用成本、仓储维护成本和仓储作业成本、仓储风险成本。

1. 资金占用成本

资金占用成本也称为利息费用，是指企业将购买库存的资金用于其他投资所能实现的收益，属于投资的资金成本。这种成本并不是一种实实在在支出的成本，它只是对于可能丧失的获利机会的反应，因此，属于机会成本。

为了核算方便，一般情况下，资金占用成本指占用资金支付的银行利息，计算公式为

$$资金占用成本=库存占用资金\times相关收益率$$

2. 仓储维护成本

仓储维护成本主要包括与仓库有关的租赁、水电费用、设备折旧、保险费用和税金等费用。仓储维护成本随企业采取的仓储方式不同而有不同的变化。如果企业利用自用的仓库，大部分仓储维护成本是固定的；如果企业利用公共的仓库，则有关存储的所用成本将直接随库存数量的变化而变化。

另外，根据产品的价值和类型，产品丢失或损坏的风险高，就需要较高的保险费用。

3. 仓储作业成本

现代仓库内的主要作业包括以下几个方面：

(1) 出入库作业。发货与接货时，对物品登记，制作相关单据、传递相关信息，为入库货品贴附方便仓储管理条形码等作业属于出入库作业。根据产品订单或出库通知，对出库货品进行登记进行部门间的信息传递。

(2) 验货作业。在现代仓库里，在货品出入库活动的同时，检验作业也在进行。入库时的验货作业是根据入库清单对即将进入仓库的货品进行数量、货品名的核对，同时还要进行货品质量方面的检验。

(3) 日常养护与管理作业。对在库的货品要进行日常养护，以保证货品的完好状态，减少货品的损耗，同时要预防货品被盗或发生火灾等。

(4) 备货作业。备货作业是指在接受订货指令、发出货票的同时，备货员按照发货清单在仓库内寻找、提取所需货品的作业。

(5) 装卸搬运作业。装卸搬运是指货品在指定地点以人力或机械装入运输等设施设备或从运输等设施设备卸下的作业。在现代仓库中，各个作业环节或同一环节的不同活动之间，都必须进行装卸搬运作业。在仓储活动中，装卸搬运是一项非常重要的作业，它贯穿于整个仓储活动的始终。

(6) 流通加工作业。流通加工是在货品从生产领域向消费领域流动过程中，为了促进销售、维护货品质量和提高物流效率，对货品进行简单的加工，包括对货品进行包装、分割、计量、组装、贴附价签和贴附标签等简单作业。

各类作业成本的构成有如下几个方面：

(1) 人工成本。人工成本指按规定支付给工人、司机、管理人员的工资、加班费、各种工资性津贴、职工福利费(指按工人、管理人员工资总额和规定比例计提的职工福利费)、劳动保护费(从事装卸搬运业务使用的劳动保护用品、防暑、防寒、保健饮料以及劳保安全措施所发生的各项成本)。该项成本从相关会计科目中抽取出来即可。当某个员工从事多项作业时，应当根据员工从事各项作业的时间，将其费用进行分配。

(2) 燃料和动力。燃料和动力指机械设备在运行和操作过程中耗用的燃料、动力所产生的成本。

(3) 低值易耗品。低值易耗品指机械设备领用的外胎、内胎和在运行过程中耗用的机油、润滑油的成本等。

(4) 折旧。折旧指各类机械设备、工具按规定计提的折旧费。

(5) 应由该项作业承担的管理费等间接成本。

4. 仓储风险成本

由于企业无法控制的原闲，所以造成库存商品贬值、变质等损失。

(1) 过期成本。企业的仓库中有时会出现由于过时或其他原因，而必须亏本处理或以低于正常售价的价格出售库存产品的情况，这时过期成本便出现了。过期成本是由于企业库存控制不当，库存货品过多所引起的，它与库存水平有直接关系。

(2) 破损成本。损耗与库存水平无关，而与企业的仓储作业质量有关，因此，该部分损耗成本应当计入仓储成本，而不是库存持有成本。

任务2 仓储成本核算

仓储成本是伴随着物流仓储活动而发生的各种费用，仓储成本的高低直接影响着企业的利润水平，因此，仓储成本管理成为企业物流管理的一项重要内容。从企业经营总体看，核算仓储成本所获得的数据，可以为各个层次的经营管理者提供高物流管理所需成本资料，为编制物流预算、预算控制及制订物流计划提供所需物流成本资料。因此，在核算物流成本之前，首先需要明确仓储成本的核算范围和具体的成本项目。

4.2.1 仓储成本核算的范围

仓储成本的核算范围取决于成本核算的目的，如果要对所有的仓储物流活动进行管理，就需要核算出所有的仓储成本。同样是仓储成本，由于所包括的范围不同，核算结果也不一样。由于每个企业在统计仓储费用时的口径不一样，往往缺乏可比性，所以在讨论仓储成本的时候，首先应该明确该成本核算所包括的范围。

在核算仓储成本时，由于原始数据主要是来自财务部门提供的数据，所以首先应该把握按支付形态分类的成本。在这种情况下，对外支付的保管费可以直接作为仓储物流成本全额统计，但对于企业内发生的仓储费用是与其他部门发生的费用混合在一起的，需要从中剥离出来，具体核算范围包括材料费、人工费、折旧费、维修费、设备租凭费、管理费等。

(1) 材料费。这是与包装材料、消耗工具、器具备品、燃料等相关的费用，可以根据材料的出入库记录，将此期间与物流有关的消耗量计算出来，再分别乘以单价，使可得出物流材料费。

(2) 人工费。这是指按规定支付给仓库工人、仓库管理人员工资、加班费、各种工资性津贴、职工福利费(指按工人、管理人员工资总额和规定比例计提的职工福利费)和劳动保护费。该项成本从相关会计科目中抽取出来即可。

(3) 折旧费。企业所需仓储空间如果是由企业自建的仓库，则按规定需对仓库及内部设施设备计提折旧费用。折旧根据设施设备的折旧年限、折旧率计算提取。

(4) 维修费。仓储机械设备的维修费用，也应计入仓储成本。

(5) 设备租赁费。如果仓库及仓储机械设备是通过租赁获得的，则应将租赁费用计入仓储成本。当租赁设备维修由出租方负责时，租赁费中包含了维修的费用，因此，就不必再计算维修费用了；当租赁方不负责设备的维修时，租金中未包含维修费，此时，在租金以外，还应计入维修费用。

(6) 应当分摊的管理费等间接成本。例如，水、电、气等费用，可以从相关会计科目中获取，直接计入物流成本；对于无法从相关会计科目方面直接得到相关的数据，可以按员工人数比例分摊计算。

4.2.2 仓储成本核算的方法

1. 仓储成本的构成

仓储成本是指一定时期内，企业为完成货物储存业务而发生的全部费用，包括支付外部仓储费和使用自有仓库仓储费。其具体包括3部分内容。

(1) 人工费。主要指从事仓储业务人员费用，具体包括仓储业务人员工资、福利、奖金、津贴、补贴、住房公积金、职工劳动保护费、人员保险费、按规定提取的福利费、职工教育培训费和其他一切用于仓储业务人员的费用等。

(2) 维护费。主要是指与仓库及保管货物有关的费用，具体包括仓储设施的折旧费、设施设备维修保养费、水电费、燃料与动力消耗费等。

(3) 一般经费。在企业仓储业务的过程中，除了人工费和维护费之外的其他与仓库或仓储业务有关的费用，如仓库业务人员办公费、差旅费等。

一般而言，仓储成本的含义较为广泛，通常包括仓储持有成本、订货或生产准备成本、缺货成本和在途库存持有成本等，其中资金占用成本、存货风险成本和存货保险成本等均包括在上述内容中。本书中的仓储成本是指狭义的仓储成本，仅指为完成货物储存业务而发生的全部费用。因此，就物流范围而言，仓储成本通常发生于企业内物流阶段。

2. 核算仓储成本时作业的确定

作业是资源耗费的活动。对不同类型企业以及同一类型的不同企业而言，作业可以有不同的定义。作业的确定可粗可细，企业应根据实际情况和管理需求，在考虑成本收益原则的前提下加以确定。

在这里以南储物流公司为例，首先把企业所有的作业活动划分为物流作业和非物流作业，然后将物流作业进一步细分为运输作业、仓储作业、包装作业、装卸搬运作业、流通加工作业、物流信息作业和物流管理作业。这样，企业的所有作业活动可划分为运输、仓储、包装、装卸搬运、流通加工、物流信息、物流管理和非物流作业。当然，作业的确定也可采用其他方式，同时在上述定义的作业中还可以进一步定义更细化的作业。

3. 确定资源动因并将资源耗费分配至作业

对于可直接计入成本核算对象以及可直接计入作业的资源耗费，相对于作业而言，部属于直接成本，无需确定资源动因进行分配，只有那些相对于作业而言，资源耗费呈现混合状态，由若干项作业同时耗费的间接成本，才需确定资源动因进行分配。资源动因在各作业中进行分配的数据见表4-1。

表4-1 资源动因在各作业中进行分配的数据

资源耗费 / 作业	职工教育经费	电费	合计
仓储			
运输			
包装			
装卸搬运			
流通加工			
物流信息			
物流管理			
物流作业合计			
非物流作业			
总计			

4. 确定成本动因并将物流作业成本分配至成本核算对象

确定成本动因，应考虑其与成本核算对象之间的相关性、可计量性并考虑成本收益原则，在此前提下，选择适合企业实际运作情况的成本动因，将各作业成本分配至最终成本核算对象。由于分配和核算的最终目的是要获取物流成本的相关信息，所以在将作业成本分配至成本核算对象这一过程中，只需核算分配各物流作业，非物流作业不再做进一步的分配。

在实践中，成本核算对象的选择可以有很多种，既可以是不同产品，也可以是不同客户，还可以是不同物流范围，等等。企业可以根据物流成本管理的需要选择物流成本核算对象。为了计算方便，也为了与前面所阐述的物流成本核算对象中物流范围阶段的构成内容相符。

难点例解

假定企业某月仓储、包装、装卸搬运、流通加工、物流信息和物流管理作业按消耗电力度数分配的电费分别为 722.58 元、361.29 元、451.61 元、722.58 元、541.94 元和 270.97 元，则上述作业按成本动因向最终成本核算对象物流范围成本分配。

解析：仓储作业和包装作业因其对应的物流范围阶段仅为企业内物流阶段，所以企业内物流分担的该项仓储作业和包装作业成本分别为 722.58 元和 361.29 元，其他物流范围阶段分担的该项仓储成本和包装成本都为 0 元。

装卸搬运作业的成本动因为装卸搬运工作小时数，其在供应物流、企业内物流、销售物流、回收物流和废弃物物流阶段所发生的装卸搬运工作小时数分别为 110、55、100、25 和 15，则供应物流分担的装卸搬运成本为 $[451.61\div(110+55+100+25+15)]\times110=162.88$(元)，由些可知企业内物流、销售物流、回收物流和废弃物物流分担的装卸搬运成本分别为 81.44 元、148.07 元、37.02 元和 22.20 元。

流通加工作业的成本动因为流通加工工作小时数，其对应的物流范围仅仅为销售物流，所以销售物流分担的该项流通加工作业成本为 722.58 元，其他物流范围阶段分担的该项流通加工作业成本都为 0 元。

物流信息作业的成本动因为物流信息工作小时数，其在供应物流、企业内物流、销售物流、回收物流和废弃物物流阶段所发生的物流信息工作小时数分别为 60、40、60、10 和 6，则供应物流分担的物流信息成本为 $[541.94\div(60+40+60+10+6)]\times60=184.75$(元)，由些可知企业内物流、销售物流、回收物流和废弃物物流分担的物流信息成本分别为 123.17 元、184.75 元、30.79 元和 18.48 元。

物流管理作业的成本动因为物流管理工作小时数，其在供应物流、企业内物流、销售物流、回收物流和废弃物物流阶段所发生的物流管理工作小时数分别为 55、35、75、7 和 4，则供应物流、企业内物流、销售物流、回收物流和废弃物物流分担的物流管理成本分别为 84.68 元、53.89 元、115.47 元、10.78 元和 6.15 元。

将上述数据分析计算结果以表格的形式表示，见表 4－2。

表4-2　各物流作业耗用电费在不同物流范围阶段分配一览表

物流范围 作业成本	供应物流	企业内物流	销售物流	回收物流	废弃物物流	合　计
运输作业						
仓储作业		722.58				722.58
包装作业		361.29				361.29
装卸搬运作业	162.88	81.44	148.07	37.02	22.20	451.61
流通加工作业			722.58			722.58
物流信息作业	184.75	123.17	184.75	30.79	18.48	541.94
物流管痤作业	84.68	53.89	115.47	10.78	6.15	270.97
合计	432.31	1 342.37	1 170.87	78.59	46.83	3 070.97

(1) 确认各物流作业的成本动因，有关数据见表4-3。

表4-3　各项作业及其成本动因

作业	作业成本动因
运输	作业小时
装卸搬运	作业小时
物流信息	作业小时
物流管理	作业小时

(2) 计算各物流作业成本动因分配率，计算结果见表4-4。

表4-4　物流作业成本动因分配率计算及结果一览表

物流作业	运输	装卸搬运	物流信息
物流作业成本/元	50 400	44 880	21 704
成本动因量/单位	1 056	594	176
成本动因分配率	47.73	75.56	123.32

(3) 计算供应物流、销售物流实际消耗的资源价值以及未消耗资源成本核算结果见表4-5。

表4-5　供应物流、销售物流实际消耗资源价值及未消耗资源成本信息表

作业	成本动因分配率	实际耗用成本动因量			未耗用成本动因素	实际耗用资源/元		未耗用资源
		供应物流	销售物流	合计		供应物流	销售物流	
运输	47.73	462.00	475.20	937.20	118.80	22 051.26	22 681.30	5 667.44
装卸搬运	75.56	231.00	297.00	528.00	66.00	17 454.36	22 441.32	4 984.32
物流信息	123.32	84.00	85.00	169.00	7.00	10 358.88	10 482.20	862.92
物流管理	84.82	76.00	48.00	124.00	52.00	6 446.32	4 071.36	4 410.32
合计						56 310.82	59 676.18	15 925.00

通过上述未耗用资源的计算，企业可以发现在物流运作的过程中，哪些作业未满负荷运作，存在资源浪费现象，从而为资源的合理配置提供依据。

任务3 仓储成本控制

在物流企业中存货占有较大的比重，物流企业的仓储成本管理是一项非常重要的工作，物流企业仓储成本管理的核心内容是确定合理的库存量。因此，仓储成本控制的目标就是实现仓储成本合理化，用经济的方法实现仓储的功能。

4.3.1 影响仓储成本的因素

物资仓储量的多少是由许多因素决定的，如物资本身的特征、运输条件的便利、物资的使用和销售等。但是，在这些影响因素中，可以找到起主要作用的因素，同时也能找到某种形式的指标。对于所要找的指标，应该能综合反映主要因素和其他非主要因素的内在联系。这样就可以通过研究这个指标，实现对问题的解决。在研究物资最佳仓储量时，采购批量的大小是控制仓储量的基础。

影响采购批量的成本因素可以分为以下几种：

(1) 取得成本。它主要包括采购过程中所发生的各种费用的总合，分为两大类：一是随采购数量的变化而变化的变动费用；二是与采购数量多少不大的固定费用。

(2) 储存成本。生产销售使用的各种物资，在一般情况下都应该有一定的储备。储备就会有成本费用发生，这种费用也可以分为两大类：一是与储备资金多少有关的成本，如储备资金的利息、相关的税金、仓储物资合理损耗成本等；二是与仓储物资数量有关的成本，如仓库设施维护修理费、物资装卸搬运费、仓库设施折旧费、仓库管理人员工资、福利费和办公费等。

(3) 缺货成本。由于计划不周或环境条件发生变化，所以导致企业仓储中发生了缺货现象，影响了生产的顺利进行，造成了生产或销售的损失。这种由于缺货原因所造成的生产损失和其他额外支出称为缺货损失。因此，为了防止缺货损失，在确定采购批量时，必须综合考虑采购费用、储存费用等相关因素，确定最佳经济储量。

(4) 运输时间。在物资采购过程中，要做到随要随到的情况是有条件的。在一般情况下，物资采购到企业仓库总是需要一定的时间。因此，在物资采购时，需要将运输时间考虑在相关因素中。

总之，在对上述影响物资采购批量的因素进行综合分析之后确定物资的最佳经济采购量，从而进一步确定仓储的最佳经济储量。

4.3.2 仓储成本分析

(1) 取得成本。取得成本是指为取得存货而支出的成本。取得成本又可以分为订货成本和购置成本，前者是指取得订单的成本，与订货次数有关；后者是存货本身的价值。因此，取得成本的计算公式为

$$TC_a = F_1 + K_a D/Q + DU$$

式中 TC_a—— 取得成本，单位：元；

F_1—— 顶货固定成本，单位：元；

K_a—— 每次订货的变动成本，单位：元；

D —— 年需求量，单位：件；

Q —— 每次订货量，单位：件；

U —— 单价，单位：元/件。

(2) 储存成本。储存成本是指企业为保持存货而发生的成本，如仓储费用资金的利息等。储存成本可以分为变动成本和固定成本两类，前者与库存数量的多少有关，后者与存货数量无关。因此，储存成本的计算公式为

$$TC_c = F_2 + K_c Q/2$$

式中 TC_c—— 储存成本，单位：元；

F_2——固定储存成本，单位：元；

K_c—— 单位变动储存成本，单位：元/件。

(3) 缺货成本。缺货成本是指由于存货不能满足生产经营活动的需要而造成的损失，如失销损失、信誉损失、紧急采购额外支出等。缺货成本用 TC_b 表示。相关计算公式如下：

$$总成本=取得成本+储存成本+缺货成本$$

$$TC = TC_a + TC_c + TC_b = F_1 + K_a D/Q + F_2 + K_c Q/2 + TC_b$$

如果存货量大，可以防止因缺货造成的损失，减少缺货成本，但相应要增加储存成本；反之，如果存货量小，可以减少储存成本，但相应会增加订货成本和缺货成本。存货管理的目标是使存货的总成本达到最小，即确定经济批量。

4.3.3 经济批量模型

1. 经济订货批量的概念

经济订货批量(Economic Order Quantity，EOQ)是固定订货批量模型的一种，可以用来确定企业一次订货(外购或自制)的数量。当企业按照经济订货批量来订货时，可实现订货成本和储存成本之和最小化。

存货成本主要由采购成本、订货成本、储存成本和短缺成本构成。其中，采购成本与存货的订货批量无关，在不允许缺货的情况下，也不存在短缺成本。因此，与存货采购次数和每次采购的订购批量相关的成本只有订货成本和储存成本两种。如果在一定时期内，企业需求的存货总是固定的，那么，存货的订货批量越大，储存的存货就越多，储存成本就会越高，但由于订货次数减少，则会使订货成本降低；反之，减少存货的订货批量，会使储存成本随之减少，但由于订货次数增加，订货成本会上升。由此可见，存货的订货成本与储存成本与存货的采购批量密切相关，并且呈反方向变动。这样，就可以找到一个使订货成本与储存成本之和最低的采购批量，这就是经济订货批量。存货的经济订货批量可以用图 4.1 表示。

2. 经济订货批量的基本数学模型

存货的经济订货批量可以用数学模型来表示。假设存在以下基本前提：

(1) 企业一定时期内存货的总需求是可以准确地预测。

(2) 存货的耗用是均衡的。

(3) 不允许出现缺货情况。

(4) 存货的价格稳定，并且不存在数量折扣。

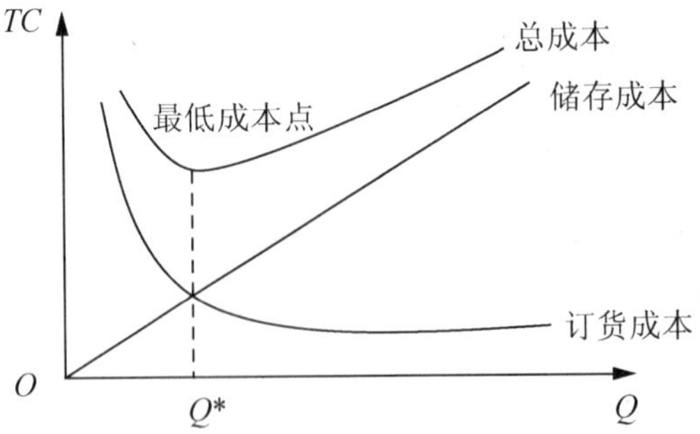

图 4.1　经济订货批量

(5) 存货的订货数量和订货日期完全由企业自行决定并且当存货数量降为零时，下一批存货能马上一次到位。

(6) 仓储条件和所需资金不受限制。

在符合以上基本前提下，可以计算存货的总成本、经济订货批量与经济订货批次。

$$平均库存量=Q/2$$

$$全年订货次数=A/Q$$

$$全年订货成本=B\times A/Q$$

$$全年储存成本=C\times Q/2$$

$$存货总成本\ TC=B\times Q/2+C\times A/Q$$

式中　A —— 代表全年存货总需求量；

Q —— 代表每批订货批量；

B —— 代表每次订货的订货成本；

C —— 代表单位存货年储存成本；

TC —— 代表全年存货的订货成本与存储成本之和。

根据存货总成本公式，求 TC 对 Q 的导数得

$$Q^* = \sqrt{2AB/C}$$

3. 经济订货批量的决策步骤

(1) 按照存货经济订货批量的基本模型，计算无数量折扣情况下的经济订货批量及其存货总成本。

(2) 不同数量折扣下的优惠价格，计算不同批量下的存货总成本。

(3) 比较经济订货批量与不同批量下的存货总成本，总成本最低的批量就是最佳订货批量。

难点例解

某公司全年需要甲零件 8 000 件，采购价格为每件 50 元，每次订货成本为 40 元，每件年储存成本为 4 元，供应商规定，如果一次订货达 500 件，可以得到 1%的价格折扣，要求确定该公司采购甲零件的经济订货批量。

解析： 首先，计算无价格折扣情况下的经济订货批量和存货总成本。

经济订货批量：

$$Q=\sqrt{2AB/C}=\sqrt{(2\times 8\ 000\times 40)\div 4}=400(件)$$

存货总成本：

$$TC = 400 \div 2 \times 4 + 8\,000 \div 400 \times 40 + 8\,000 \times 50 = 401\,600(\text{元})$$

其次，计算有价格折扣情况下的存货总成本，其结果如下。

$$TC = 500 \div 2 \times 4 + 8\,000 \div 500 \times 40 + 8\,000 \times 50 \times (1-1\%) = 397\,640(\text{元})$$

可见，每次订购500件时，存货的总成本可以降低，因此，经济订货批量是500件。

4.3.4 仓储成本控制的重要性原则

库存物资数量并非越多越好，库存物资数量越多，虽然越能满足生产和消费的需要，但却占用大量的资金，仓储保险费用也较多，显然是极不经济的，因此，物流企业仓储成本控制具有极其重要的意义。

1. 仓储成本控制的重要性

(1) 仓储成本控制是企业增加盈利的"第三利润源"，直接服务于企业的最终目标。增加利润是企业的目标之一，也是社会经济发展的原动力。无论在什么情况下，降低成本部可以增加利润。在收入不变的情况下，降低成本可使利润增加；在收入增加的情况下，降低成本可使利润更快增长；在收入下降的情况下，降低成本可抑制利润的下降。

(2) 仓储成本控制是企业持续发展的基础，把仓储成本控制在同类企业的先进水平上，才有迅速发展的基础。仓储成本降低了，可以削减售价以扩大销售，而销售扩大后经营基础稳定了，这时才有力量在提高产品质量、创新产品设计、寻求新的发展。许多企业陷入困境的重要原因之一，是在仓储成本失去控制情况下，一味在扩大生产和开发新产品上冒险，一旦市场萎缩或决策失误，企业没有抵抗能力，很快就垮下去了。同时，仓储成本一旦失掉，就会造成大量的资金沉淀，严重影响企业的正常生产经营活动。

2. 仓储成本控制的原则

1) 政策性原则

(1) 质量和成本的关系。不能片面追求降低储存成本，而忽视储存物资的保管要求和保管质量。

(2) 国家利益、企业利益和消费者利益的关系。降低仓储成本从根本上说对国家、企业、消费者都是有利的，但是如果在仓储成本控制过程中采用不适当的手段就会损害国家和消费者的利益。

(3) 全面性的原则。由于仓储成本涉及企业的管理的方方面面，所以成本控制要进行全员控制、全过程控制、全方位控制。

2) 经济原则

经济原则主要强调，推行仓储成本控制而发生的成本费用支出不应超过因缺少控制而丧失的收益。和销售、生产、财务活动一样，任何仓储管理工作都要讲求经济效益。为了建立某项严格的仓储成本控制制度，需要发生一定的人力或物力支出，但这种支出不应太大，不应超过建立这项控制所能节约的成本。

经济原则要求仓储成本控制要能起到降低成本、纠正偏差的作用，并具有实用、方便、易于操作的特点。经济原则要求在仓储成本控制中贯彻"例外原则"。对正常储存成本费用支出可以从简控制，而特别关注各种例外情况。

3）分级归口管理原则

企业的仓储控制成本目标，要层层分解、层层归口、层层落实，且落实到各环节、各小组甚至个人，形成一个仓储成本控制系统。一般来说控制的范围越小越好，因为这样可使各有关责任单位明确责任范围，使仓储成本控制真正落到实处。

4）权责利相结合原则

落实到每个环节、小组或个人的目标成本，必须与他们的责任大小、控制范围相一致，否则仓储成本控制就不可能产生积极的效果。

5）例外管理原则

那些不正常的、不符合常规的问题称为“例外问题”。根据成本效益原则，仓储成本控制应将精力集中在非正常金额较大的例外事项上。解决了这些问题，就等于解决了关键问题，仓储目标成本的实现就有了可靠的保证，仓储成本控制的目的也就实现了。

4.3.5 仓储成本控制的方法

1. 存货的订货点控制法

订货点控制法是以固定订货点和订货批量为基础的以种存货控制方法。它以永续盘存制为基础，当库存低于或等于订货点时就提出订货计划，并且每次订货的数量是固定的。

实施订货点控制的关键是正确确定订货批量和订货点。订货批量一般采用经济订货批量。订货点的确定则取决于对交货时间的准确计算和对保险储备量的合理确定。

订货点受以下几个因素影响：

(1) 交货期。它是指从办理采购到货物验收入库为止的时间间隔发运、在途、验收人库等所需时间。

(2) 物资每日的平均耗用量。

(3) 保险储备量。保险储备足为应付采购期间需要量的变动而建立的。其包括因不能按时到货、实际交货时间延时而增加的需要，也包括因交货期内实际每日需要量超过平均日需要量而增加的需要。

订货点的计算公式为

订货点＝交货时间×每日出库量＋保险储备量＝交货期平均耗用量＋保险储备量

订货点控制是将订货点数量的物资从库存中分离出来，单独存放或加以明显标志。当库存量的其余部分用完，只剩下订货点数量时，立即提出订货，且每次订货固定数量的物资。

2. 存货的定期控制法

定期控制法是指以固定的订货周期为基础的一种库存控制方法。它采用定期盘点，按固定的时间间隔检查库存量，并随即提出订货批量计划，订货批量根据盘点时的实际库存量和下一个进货周期的预计需要量而定。

在定期库存控制中，关键问题在于正确确定检查周期，即订货周期。检查周期的长短对订货批量和库存水平有决定性的影响。订货周期是由预先规定的进货周期和备运时间长短所决定的。合理确定保险储备量同样是实施定期控制的重要问题。在定期库存控制中，保险储备量不仅要用以应付交货期内需要量的变动，而且要用以应付整个进货周期内需要量的变动。因此，与定量控制相比，定期控制要求有更大的保险储备量。

定期采购量标准是指每次订购的最高限额，它是由订货周期平均耗用量、交货期平均耗用量与保险储备量构成，其计算公式为：

定期采购量＝供应间隔时间×每日平均耗用量＋交货期时间×每日平均耗用量＋保险储备量

定期控制的优点如下：

(1) 能经常掌握库存量动态，不易出现缺货。

(2) 保险储备量少，仓储成本相对较低。

(3) 每次订货量固定，能采用经济批量，也便于进货搬运和保管作业。

(4) 盘点和订货手续比较简单，尤其适于计算机进行控制。

定期控制的缺点如下：

(1) 订货时间不确定，难以编制严密的采购计划。

(2) 不适用需求量变化较大的物资，不能及时调整订货批量。

定期控制法一般适用于单位价值较低、需求量比较稳定、缺货损失较大、储存成本较高的货物，其适用范围如下：

(1) 需求量较大、有较严格的保管期限、必须严格管理的物资。

(2) 需求量变化大、可以事先确定采用量购物资。

(3) 发货次数较多、难以进行连续动态管理的物资。

(4) 许多不同物资能从统一供应商或中心集中采购订货的物资。

3. 存货的定期定量混合控制法

定期定量混合控制法也称最高最低库存量控制法，它是以规定的最高库存量标准和最低库存量标准为基础的一种库存量控制法，简称Ss控制法。S是最高库存量，指订货时要求补充到的最高点；s是最低库存量，指订货点。这种方法是定期库存成本控制法和定量库存成本控制法相结合的产物，是一种不严格的订货点法。它由3个参数组成，即检查周期、订货点和最高库存量。

实行定期检查，当实际盘点库存量等于或低于订货点时就及时提出订货申请，而订货批量则视实际盘点库存量而定。如果检查实际盘点库存量高于订货点，就不能发出订货单，这是定期定量混合控制法区别于定期库存成本控制法的最主要的方面。

4. 存货的分类管理控制方法

这类方法是从对存货进行有效的管理和控制入手，对存货进行分类，常用的方法有ABC分类法和CVA分类法。

1) ABC分类法

ABC分类法又称重点管理法或ABC分析法。它是一种从名目繁多、错综复杂的客观事物或经济现象中，通过分析，找出主次，分类排队，然后区别不同情况分别加以管理的方法。通过分类，管理者就能为每一类的存货制定不同的管理策略和不同的控制方法。

2) CVA管理法

CVA管理法称为关键因素分析法(Critical Value Analysis，CVA)。由于ABC分类法中C类货物得不到足够的重视，往往因此而导致生产停工，所以引进CVA管理法来对ABC分类法进行有效的补充。CVA的基本思想是把存货按照关键性将货物分为4个等级，具体如下：

（1）最高优先级。这是经营的关键性货品，不允许缺货。

（2）较高优先级。这是指经营活动中的基础性货品，允许偶尔缺货。

（3）中等优先级。这多属于比较重要的货品，允许合理范围内的缺货。

（4）较低优先级。经营中需用这些货品，但可替代性高，允许缺货。

CVA 管理法与 ABC 分类法相比，有着更强的目的性。但在使用中要注意，防止出现一些偏差：人们往往倾向于制定高的优先级，结果高优先级的货品种类很多，从而导致较低优先级的货品得不到应有的重视。CVA 管理法和 ABC 分类法结合使用，可以达到分清主次、抓住关键环节的目的。因此，在对成千上万种存货进行优先级分类时，还要借用 ABC 分类法进行归类。

4.3.6 降低仓储成本的有效途径

物流企业为达到仓储成本管理的目的，必须努力控制仓储经营过程中的各项成本，尽量减少不必要的开支，争取最大的经济效益。降低仓储成本的主要措施有以下几个方法：

（1）运用 ABC 分类管理。在仓储成本管理中，采用 ABC 分类管理。对于 A 类物资，由于占用资金较大，应该严格按照最佳库存量的办法，采取定期订货方式，设法将物资库存降到最低限度，并对库存变动实行经常或定期检查，严格盘存等；C 类物资虽然数量较多，但占用的资金不大，所以在采购订货方式上，可以用定量不定期的办法，即按订货点组织订货，在仓库管理上可采取定期盘点，并适当控制库存；对于 B 类物资，可分为不同情况，对金额较高的物资可按 A 类物资管理，对金额较低的物资可按 C 类物资管理。

（2）追求经济规模，适当集中存储。适当集中库存是利用储存规模的优势，以适当集中储存代替分散的小规模储存来实现库存合理化。在集中规模的情况下，有利于形成一定批量的干线运输，成为支线运输的起始点，从而使仓储以外的运输费用降低，进而降低仓储总成本。

（3）加速周转，提高单位仓容产出。周转速度加快可以使资金周转加快、资本效益提高，可以减少货损货差，增加仓库吞吐能力，降低仓储成本等。

（4）采用“先进先出”法，减短存货的储存期，从而减少存货的保管风险。先进先出法(First In First Out，FIFO)是指根据先入库先发出的原则，对于发出的存货以先入库存货的单价计算发出存货成本的方法。采用这种方法的具体做法是：先按存货的期初余额的单价计算发出的存货的成本，领发完毕后，再按第一批入库的存货的单价计算，依此从前向后类推，计算发出存货和结存货的成本。实现“先进先出”的方法有以下几种：

① 使用贯通式货架系统。利用货架每层通道，从一端存入货物，从另一端取出货物，货物在通道中按先后次序排队，不会出现越位等现象。

② 采用“双仓法”储存。给每种货物都准备两个仓位或货位，轮换进行存取，再配以必须在一个货位中取光后才可以补充的规定，则可以保证实现“先进先出”。

③ 使用计算机储存系统。采用计算机管理，存货时在计算机输入时间记录，取货时根据计算机的提示提取货物。计算机系统的采用不仅可以保证“先进先出”，而且可以保证在采用随机利用货位的情况下准确提取货物。

（5）提高储存密度，提高仓容利用率。这一方式的主要目的是减少存储设施的投资，提高单位存储面积的利用率，以降低土地的占用，降低成本。其主要方法有以下几种：

① 采取高垛的方法，增加储存的高度。其具体方法有采用高层货架仓库，使用集装箱等，这些可以比一般的堆存方法增加储存高度。

② 缩小库内通道宽度，增加储存有效面积。其具体方法有采用窄巷道式通道，配备轨道式装卸车辆，减少车辆运行宽度要求；采用侧叉车、推拉式叉车，减少叉车转弯所要的宽度等。

③ 减少库内通道数量，增加储存有效面积。其具体方法有采用密集型货架、可进车的可卸式货架，采用不依靠通道的桥式吊车装卸技术等。

(6) 采用有效的储存定位系统。储存定位系统的含义是指确定被储存货物的位置。如果采用有效的定位系统，就能很大程度地节约寻找、存放和取出的时间，节约大量的劳动，而且还能防止出现差错，便于清点。

(7) 充分利用仓储技术和设备。现代技术和设备在减少差错、提高效率、提高仓库利用率、降低残损、减少人员劳动强度、防止人身伤害等方面都会为仓储企业带来直接的长远收益，如采用计算机管理技术、仓储条码技术、现代化货架、专业作业设备、叉车和新型托盘等。

(8) 盘活资产和合理使用外协。仓储设施和设备的巨大投入，只有在充分利用的情况下才能获得收益，如果不能投入使用或者只是低效率使用，只会造成成本的加大。仓储企业应及时决策，采取出租、借用、出售等方式，使这些资产盘活。而对仓储企业不擅长运作的仓储活动，仓储企业也可以充分利用社会服务，通过外协的方式，让更具有优势的其他企业提供服务，如运输、重型起吊和信息服务等，使企业充分获得市场竞争的利益。

(9) 降低经营管理成本。经营管理成本是企业经营活动和管理活动的费用和成本支出，包括管理费、业务费、交易成本等。加强该类成本管理，减少不必要的支出，也能降低成本。当然，经营管理成本费用的支出时常不能得到直接的收益和回报，但也不能完全取消，加强管理是很有必要的。

(10) 从物流管理的层面考虑降低仓储成本。物流管理的最重要的目的就是降低产品的最终成本。独立的仓储经营活动是构成物流的最重要环节，仓储经营人员也该站在全程物流的层面，通过调整其他物流环节和改变仓储运作，参与降低整体成本的努力。

项目小结

仓储成本管理的任务是用最低的费用在适当的时间和适当的地点取得适当数量的存货。物流成本的高低常常取决于仓储管理成本的大小，而且企业物流系统所保持的库存水平对于企业为生产或客户提供服务的水平起着重要作用。本项目从成本构成与控制策略的角度阐述了降低成本与提高效益的基本原理，并介绍了成本预决策的程序，以促进各行业更为重视企业“第三利润源”的开发。

复习思考题

一、简答题

1. 什么是仓储持有成本？其构成项目有哪些？
2. 仓储成本的核算方法有哪些？
3. 仓储成本控制包括哪些内容？
4. 简述定期控制方法与定量控制方法的优缺点。

二、单选题

1. 仓储的作用有降低成本，提高效益，（　　），调节供应和需求，为销售服务。

A. 进行商品整合　　B. 进行商品分散
C. 进行商品销售　　D. 进行商品定价

2. 仓储的负面作用有：固定费用支出，（　　），陈旧损失与跌价损失，保险费支出，进货、验收、保管、发货、搬运等项支出。

A. 风险成本　　B. 机会损失　　C. 变动成本　　D. 固定成本

3. 仓储成本特点有重要性、（　　）和复杂性。

A. 不可知性　　B. 乘数效应　　C. 效益背反性　　D. 牛鞭效应

4. 仓储持有成本主要包括资金占用成本、仓储维护成本、仓储运作成本和（　　）。

A. 固定成本　　B. 机会成本
C. 变动成本　　D. 仓储风险成本

5. 仓储成本核算范围包括材料费、人工费、折旧费、维修费、（　　）和应当分摊的管理费等间接成本。

A. 设备租赁费　　B. 机会成本　　C. 固定成本　　D. 风险成本

项目实训

1. 案例分析

远程仓储已在越来越多的跨国企业中成为一种节约成本、方便营运的运作方式。如今到亚洲采购已成为一种趋势：越来越多的公司不再像以前那样把货物进口后储存在本国仓库中备用，而是充分利用当地的低成本和廉价劳动力，把货物存放在亚洲的仓库里，随后直接运到客户手中。专家估计，通过在亚洲原产地附近存储货物，可以使美国进口商在仓储和货物搬运方面的成本节省20%～30%，同时把货物分拣、包装、拼箱等物流服务项目也放到亚洲，更可以节约一笔开支。

从上海外高桥保税区的上海物流中心的发展可以看出这一趋势愈演愈烈。该中心去年为施乐、埃克森美孚、西门子这样的跨国企业建设了面积达45万平方英尺的仓库设施。该中心预计，今年平均每月所处理的货盘数将从去年的3 000个增长至1.2万个。使用该仓库的美国公司将从5家增至20～30家。尽管有些货主仍坚持自己在亚洲设立仓库，但大部分企业已把仓储业务外包给像美国Consolidation公司这样的第三方物流公司。该公司称其设在深圳盐田港的仓库容量5年内已从17万平方英尺增长到50万平方英尺，而常年利用率达75%。Accessory Network公司主要进口箱包、皮带和其他服饰附件，该公司利用的就是Consolidation 公司位于盐日的仓库，同时 Consolidation 公司还为它分拣和包装货物，Accessory Network 公司预计这样为公司节约了 20%～30%的库存成本。

物流公司发现，越来越多的零售商把仓储放在亚洲，一旦客户需要，就随时运送出去。而且这样做对跨国企业还有一个好处，就是一旦供应商在货物销售方面出现变化，企业可以最快作出反应，及时调整库存，而不必像以往那样把货物再从美国送回亚洲。对那些从事季节性商品采购的进口商来说，这种“远程仓储”的方式尤为有利。例如，进口商可以让生产厂家在比较空闲的 12 月份生产出万圣节用的面具，然后存上大半年，到需要时运到美国。货主还可以一次性以优惠价订下大批量货物，存放在廉价的“远程仓库”里。不过，要想有效地管理这样一个“远程仓库”，信息技术非常关键，不仅需要高水平的数据可视系统，而且应对需求有准确的预测。只有这样，货主才可以放心地把货物存放在生产地附近，并能随时对之进行遥控。

（资料来源：赵刚．供应链管理．北京：电子工业出版社，2008）

问题：

(1) 为什么国际上一些跨国公司选择亚洲作为远程仓库，你认为采用远程仓库对企业经营效益有何利弊？

(2) 你对仓库变革有哪些好建议？

2. 技能训练

某物流企业每年对 A 商品的需求量为 8 000 千克，采购价格为每千克 200 元，单位产品的年仓储成本是商品卖价的 10%，每次的订货成本为 100 元，试为企业确定采购 A 商品的经济订货批量。

项目5 运输成本管理

学习目标

熟悉运输成本的概念、运输成本的构成；了解运输成本归集、乘数分配计算、支付形态管理。

能力目标

(1) 能够处理运输过程成本管理的问题。

(2) 能够独立进行运输成本归集、账户设置。

引导案例

1. 案例介绍

花王公司物流体系的建立是从20世纪70年代开始的，可以说整个20世纪70年代是花王公司现代物流管理得到确立的时期，从而为其真正确立起先进的销售管理和物流管理奠定了基础，并最终推动了20世纪90年代以来供应链管理的发展。

花王公司复合运输的主要特征表现在自动仓库、特殊车辆、计划运输、组合运输等。花王公司的物流起点是工厂的自动化仓库，到20世纪70年代末，花王公司的所有工厂全部导入了自动立体化仓库，从而完全实现了自动机械化作业。商品从各工厂进入仓库时，所有商品用平托盘装载，然后自动进行库存。出货时根据在线供应系统的指令，自动备货分拣，并装载在货车上。

复合运输系统的终点是销售公司的仓库，为了提高销售公司仓库的效率化，花王公司配备了三段式的平托盘和叉车，商品托盘运输比率为100%，充分发挥了复合运输的优势。

除此之外，自动化立体仓库也在花王销售公司中得到大力推进，到20世纪80年代中期，近29万个销售公司的仓库都实现了立体自动化。

在花王公司积极推进工厂仓库和销售公司仓库自动机械化的同时，起着连接作用的运输方式也是花王物流系统变革中的重要一环。这方面的成就主要表现在特殊车辆的开发，这种特殊车辆就是能装载14.5吨货物的轻型货车，该货车可以装载20个TII型的平托盘，并用轻型铝在货车货台配置了起重装置。后来，花王公司又开发出了能装载19吨货物，平面24个平托盘的新型货车。与此同时，针对从销售公司到零售店的商品运输，花王公司开发出了“特殊架装车”。特殊架装车是由面向零售店的厢式车、对应不同托肋的托盘车以及衣架展示运输车等8种特种车辆组成，后来又积极开发和推动了集装箱运输车，其成为了对零售店配送的主力工具。

在花王的物流运输体系中，最有名的是其计划运输系统。计划运输系统就是为了避免交通阻塞，提高物流作业效率，选择最佳的运输路线和最佳的运输时间，以在最短的时间内将商品运抵客户的计划系统。

例如，面向日本静冈花王销售公司的货车一般在夜里2点钟从东京出发，走东名高速公路，于早上7点钟抵达静冈花王，从而使货车能避开交通高峰，顺利通畅地实现商品配送。依此类推，花王公司针对每个销售公司的地理环境、交通道路状况和经营特点，安排了不同的运输时间和运输路线，而且所有这些计划都是用图表的形式表示，真正确保商品的及时配送，最终实现了全公司商品输送的高效率。

花王公司计划运输系统是与花王公司的另一个系统——商品组合运输系统相联系的，商品组合运输系统解决的问题是防止货车往返途中的空载。显然，为真正防止货车空载，就必须搜寻运输的商品。开始时，花王公司主要是与花王的原材料供应商进行组合运输，也即花王公司将商品从工厂或总公司运抵销售公司后，与当地的花王公司供应商联系，将生产所需的原材料装车运回工厂，这样就不会出现空载。后来，商品运输组合的对象逐渐扩大，已不仅仅局限于与花王公司经营相关联的企业，所有其他企业都可以利用花王公司的车辆运载商品。例如，前面所列举的静冈花王每天早上8点钟卸完货物后，就装载清水的拉面或电机零部件运到客户位于东京的批发店。现在参与花王组合运输的企业达100多家，花王工厂与销售公司之间近80%的商品运输都实行了组合运输。应当看到的是，花王公司的组合运输之所以能实现并得到大力发展，一个最大的原因是其计划运输系统确保了商品运输的定时和及时，换句话说，正是因为花王的运输系统能确保及时、合理的运输，所以越来越多的企业都愿意加入商品组合运输，如果没有前者的效率化，是不可能真正实现组合运输的。

(资料来源：http://www.cflp.org.cn)

2. 案例分析

由这个案例分析可知，花王公司计划运输系统是与花王公司的商品组合运输系统相联系的，因而确保了商品运输的定时、及时和合理，从而使得越来越多的企业都愿意加入商品组合运输。

3. 思考·讨论·训练

(1) 花王公司计划运输系统与其商品组合运输系统有什么不同?

(2) 你认为花王的运输系统是怎样通过组合运输来实现高效的物流作业的?

任务1 认知运输成本

5.1.1 运输成本概述

1. 运输成本的概念

运输成本(Transportation Costs)是指运输企业在营运生产过程中实际发生的并与运输、装卸和其他业务等营运生产直接有关的各项支出。在现代物流企业中，运输在其经营业务中占有主导地位，因此，物流运输费用在整个物流业务中占有较大比例。一般综合分析计算，运输费用在社会物流费用中约占50%。由于运输是物流中最重要的功能要素之一，所以物流合理化在很大程度上依赖于运输合理化。而运输合理与否直接影响着运输费用的高低，进而影响着物流成本的高低。

2. 运输成本核算的特点

交通运输业生产经营的特点决定了其成本核算的特点，主要表现在以下几个方面：

(1) 成本核算对象的多样性。交通运输企业的成本核算对象主要是运输生产和运输业务以及构成各类业务的具体项目。其中，运输企业的成本核算对象是客运业务、货运业务和客货综合运输业务。

（2）影响运输成本高低的因素较多。一方面，自然地理环境影响着运输成本，不同的运输线路造成运输成本存在较大差异；另一方面，不同厂牌、型号、吨位的运输工具及设备，对成本也会产生较大影响。因此，成本核算要按被运输对象的不同、运输工具的不同、运输作业项目不同、运输组织方式的不同来核算各种运输成本。

（3）营运成本与应计入本期营业成本的费用相一致。营运成本是指从事运输经济活动中发生的并与运输、装卸和其他与营运生产直接相关的支出。运输企业由于营运过程和销售过程同时进行，不存在期初、期末在产品，也不存在储存待销的产成品，应计入本期营运成本的费用即为本期的营运成本。

（4）成本核算单位的复合性。交通运输企业通常采用将运输数量和运输的距离结合起来的周转量，即采用复合计量单位，如吨公里(海里)、人公里(海里)、换算吨公里(海里)等，作为成本核算单位。其中人公里(海里)指的是客运业务，吨公里(海里)指的是货运业务，换算吨公里(海里)指的是客货综合运输业务。

（5）成本核算方法单一。运输企业由于不涉及中成品结转，也就不存在分步骤、分批别核算成本的问题。尽管各运输业务成本核算上存在不同的特点，但共同点是运输过程中发生的可计入各成本核算对象的各种耗费直接构成了交通运输企业的营运成本。

（6）成本核算期一般采用月份制。由于运输业的生产周期较短，所以一般采用月份制核算成本。但对于航行距离较远运输时间较长、活动范围较广的船舶运输企业，应以航次时间作为成本核算期。

5.1.2 运输成本的构成

一般来讲，运输总成本包括货运、车队、燃料、设备维护、劳动力、保险、装卸、逾期/滞留费用、税收和跨国费用等。不同的运输方式所包含的运输成本有不同的构成类别和范围，可以分为变动成本、固定成本、联合成本、公共成本和其他费用。

（1）变动成本。变动成本是指在一段时间内所发生的费用，通常以一种可预计的、与某种层次的活动直接相关的形式而变化。变动成本的构成中包含劳动成本、燃料费用和维修保养费用等。例如，在汽车运输成本中，随行驶里程变动的成本有营运车耗用燃料、营运车装用轮胎、营运车维修费、按行驶里程计提的营运车辆折旧费等。这些成本费用，无论车辆是空驶或重载均会发生，而且随行驶里程变动而变动。另外一种是吨公里变动成本，这是随运输周转量变动而变动的成本，如吨公里燃料附加、按营运收入和规定比例计算交纳的养路费、运输管理费以及按周转量计算的行车补贴等。

（2）固定成本。固定成本是指在短期内虽不发生变化，但又必须得到补偿的那些费用。对于运输公司来说，固定成本构成中包括端点站道、信息系统和运输工具等所产生的费用，如船舶固定资产折旧费、租赁费、保险费、港口费、集装箱费、货物费、代理费、船员工资福利费、直接人工费、事故净损失、公司经费、工会经费、劳动保险费、财产和土地使用税等。

（3）联合成本。联合成本是指决定提供某种特定的运输服务而产生的不可避免的费用(如回程费用)。联合成本对于运输收费有很大的影响，因为承运人索要的运价中必须包括隐含的联合成本，它的确定要考虑托运人有无适当的回程货物，或者这种回程运输费用由托运人来弥补。

(4) 公共成本。这类成本是承运人代表所有的托运人或某个分市场的托运人支付的费用。公共成本(诸如端点站或管理部门之类的费用)具有企业一般管理费用的特征，通常是按照活动水平，如装运处理、递送约定的数目之类分摊给托运人来承担。

(5) 其他费用。其他费用是指企业在营运生产过程中发生的固定资产折旧费、修理费、租赁费(不包括融资租赁费)、取暖费、水电费、办公费、差旅费、保险费、设计制图费、试验检验费、劳动保护费、航道养护费、水路运输管理费、船舶检验费、灯塔费、航行国外及港澳地区的船舶发生的吨税和过境税、运河费、车辆牌照检验费、车辆清洗费、过路费、过桥费、过隧道费、过渡费、司机途中宿费、季节性和修理期间的停工损失等支出。

5.1.3 影响运输成本的因素

影响运输成本的因素很多，尽管这些因素并不是运费表上的组成部分，但在承运人制定运输费率时，必须对每一个因素加以考虑。

1. 输送距离

输送距离是影响运输成本的主要因素，它直接对劳动、燃料和维修保养等变动成本发生作用。输送距离越长，城市间的输送距离所占的比例趋于更高，而不是使市内的公里数更大。于是承运人可以使用更高的速度，使城市间每公里单位费用相对较低，并且有更多的距离适用相同的燃料和劳动费用；而市内输送通常会频繁地停车，因此要增加额外的装卸成本。

2. 产品特征

1) 产品密度

货物的疏密度把重量和空间方面的因素结合起来考虑。每单位重量的运输成本随货物的疏密度的减小而下降，努力减小货物的疏密度通常会使运输成本降低。这类因素之所以重要，是因为运输成本通常表示为每单位重量所花费的数额，如每吨金额数等。在重量和空间方面，单独的一辆运输卡车更多的是受空间限制，而不是受重量限制。即使该产品的重量很轻，车辆一旦装满，就不可能再增加装运数量。既然运输车辆实际消耗的劳动成本和燃料成本主要不受重量的影响，那么货物的疏密度越高，相对地可以把固定运输成本分摊到增加的重量上去，使这些产品所承担的每单位重量的运输成本相对较低。一般来说，物流管理人员会设法增加产品密度，以便更好地利用车辆的容积，使车辆能装载更多数量的货物。增加货物包装密度，可以将更多单位的产品装载进具有固定体积的车辆中去。在某种程度上，由于车辆已经满载，所以即使再增加产品的密度，也无法再增加利益。

2) 产品的可靠性

对容易损坏或者容易被偷盗的、单位价值高的许多货物(如计算机、珠宝及家用娱乐产品等)而言，可靠性是非常重要的一个指标。货物运输时，需要承运人提供的可靠性越大，货物的运输成本就越高。其他因货物种类不同，其重要性也不同的因素包括产品是否是危险品，是否需要牢固、严格的包装等，对化学行业和塑料行业的产品而言，这些因素尤其重要。承运人必须通过向保险公司投保来预防可能发生的索赔，否则有可能要承担任何可能损坏的赔偿责任。托运人可以通过改善保护性包装，或通过减少货物丢失损坏的可能性，以降低其风险，最终降低运输成本。

3) 产品的装载性能

装载性能这一因素是指产品的具体尺寸及其对运输工具(如铁路车、拖车或集装箱)空间利用程度的影响。例如，谷物、矿石和散装石油具有良好的装载性能，因为这些货物可以完全填满运输工具(如火车车厢、货车车厢、管道等)，而其他货物，如车辆、机械和牲畜，都不具有良好的装载性能。货物的装载性能由其大小、形状和弹性等物理特性所决定。

4) 装卸搬运

卡车、铁路车或船舶等的运输可能需要特别的装卸搬运设备，运输成本通常较高。产品大小或形状一致的货物(如纸箱、罐头、筒)或可以用专门搬运设备(如用带子捆起来、装箱或装在托盘上等)处理的产品，搬运费用较低，所以运输成本较低。

3. 市场因素

1) 竞争性

不同运输模式间的竞争、同一运输模式的线路竞争及同种运输方式之间的竞争会影响运输费用的波动。铁路、水路、航空及海运之间长期以来都存在不同程度的竞争，有时为了赢得市场份额，会提供一些不同的价格策略或优惠策略。例如，相同起讫地的货物运输可采用两种不同的运输方式进行，运输速度较慢的那种运输方式只能实行较低的运价。

2) 流通的平衡性

运输通道流量和通道流量均衡等运输供需市场因素也会影响到运输成本。这里所谓的“运输通道”是指起运地与目的地之间的移动，显然运输车辆和驾驶员都必须返回到起运地，于是对他们来说，要么找一票货带回来(“回程运输”)，要么只能空车返回。当发生空车返回时，有关劳动、燃料和维修保养等费用仍然必须按照原先的“全程”运输支付，于是理想的情况就是“平衡”运输，即运输通道两端的流量相等。但由于制造地点与消费地点的需求不平衡，所以通道两端流量相等的情况很少见。例如，有许多货物是在美国东海岸加工制造的，然后装运到美国西部的消费市场，这样就会产生运往西部的流量要大于流向东部的流量的现象，而这种不平衡会使东行运输的费率大大降低。此外，这种平衡性也会受到季节性影响，类似于在销售旺季里运输水果和蔬菜的情况，这种需求的方向性和季节性会导致运输费率随方向和季节的变化而变化。

任务2　运输成本核算

5.2.1　车队运输成本的核算

1. 车队不核算完全成本

车队只核算其直接管理并负有责任的各项费用，车队核算的运输成本不包括养路费、运输管理费和车站经费。车队耗用的燃料、材料均按计划成本核算。

2. 车队核算完全成本

基层分公司或车队完全成本的核算，与企业分类运输成本核算方法相同，应分别按不同车型设置明细账，进行账务处理，企业汇编车队运输成本表，调整本期车站经费实际开支数与计划定额的差额，即为企业运输总成本。

将核算出的营运总成本除以本期运输周转量，即可核算运输业务的营运单位成本。其计算公式为

$$\text{货车营运单位成本}=\frac{\text{货车营运总成本}}{\text{货车运输周转量(吨公里)}}\times 1\,000$$

如果公司车型多，根据管理需要，可以将其按不同燃料和不同类型分类，作为成本核算对象；如果车型少，可以直接一并核算。

运输企业应以不同燃料和不同厂牌的营运车辆作为成本核算对象。对于以特种大型车、集装箱车、零担车、冷藏车、油罐车等从事运输活动的企业，还应以不同类型、不同用途的车辆，分别作为单独的成本核算对象。

3. 车队运输成本核算内容

运输成本包括的内容广泛，各成本项目的核算内容如下所述：

(1) 工资和福利费。这是指按规定支付给运营车辆司机的基本工资、工资性津贴、奖金和按比例计提的福利费。工资和福利费根据工资和福利费分配表中有关运输的部分计入运输成本。

(2) 燃料费。燃料是指运营车辆所耗用的汽油、柴油等，燃料费根据行车路单或其他有关燃料消耗报告所列的实际消耗量，核算计入成本。需要注意的是，应使燃料实际消耗量与当月车辆行驶总车公里和所完成的运输周转量相符合。另外，自动倾卸车辆卸车时所耗用的燃料也在燃料项下核算。

(3) 轮胎费用。这是指运营车辆耗用的外胎、内胎、垫带的费用支出及轮胎翻新费和零星修补费。轮胎费用按实际领用数和发生数计入成本。如外胎一次领用较多，可在1年内分月摊入运输成本。

(4) 修理费。这是指运营车辆进行维修和小修所发生的工料费、修复旧件费用和车辆大修费用。对于修理费按维修时领用的各种材料费、配件费，直接计入运输成本。对车辆大修费用，应分月计入。

(5) 车辆折旧费。这是指运营车辆按规定方法计提的折旧费。车辆折旧费按车辆使用年限或车辆行驶里程核算，可查财务会计中相应车辆的折旧费直接引用。

(6) 养路费、税金及运输管理费。这是指按规定向管理部门交纳的相应费用。养路费按实际交纳数计入运输成本。

(7) 车辆保险费。这是指向保险公司交纳的运营车辆的保险费用。如存在车辆保险费，按实际支付的投保费用和投保期，分月分摊计入运输成本。

(8) 事故费。这是指运营车辆在运行时，因行车肇事所发生的修理费、求援费、赔偿费等。事故费在扣除保险公司的赔偿和其他人的赔偿后，计入运输成本。

(9) 其他营运费。其他运营费根据实际领用数和发生数计入运输成本，如随车工具、篷布绳索费、车辆牌照费和检查费等。

5.2.2 运输完全成本核算的程序

运输完全成本核算程序主要是指成本的会计核算程序。

(1) 确定成本核算对象。根据企业营运管理的要求，确定成本核算对象、成本核算单位、成本项目和成本核算方法。

(2) 营运费用进行归集。由车队根据费用支出和生产消耗的原始凭证，按照成本核算对象、费用类别和部门对营运费用进行归集、分配，并编制各种费用汇总表。

(3) 计算各种业务成本。根据各种费用汇总表或原始凭证，登记“辅助营运费用”、“营运间接费用”、“待摊费用”、“预提费用”以及“运输支出”、“装卸支出”和“其他业务支出”的明细分类账核算各种业务成本。

(4) 编制企业成本核算表。企业根据车队、车站等所属单位上报的成本核算资料，汇总分配企业各项费用，编制企业成本核算表。

5.2.3 运输成本核算的内容

运输成本归集为企业为完成货物运输业务而发生的全部费用，包括支付外部运输费和自有车辆运输费。其核算内容具体包括3部分内容：

(1) 人工费。主要指从事运输业务的人员的费用，具体包括运输业务人员工资、福利、奖金、津贴、补贴、住房公积金、职工劳动保护费、人员保险费、按规定提取的福利费、职工教育培训费和其他一切用于运输业务人员的费用等。

(2) 维护费。主要是指与运输工具及其运营有关的费用，具体包括车辆(包括其他运输工具)的燃料费、折旧费、维修保养费、保险费、租赁费、养路费、过路过桥费和年检费等。

(3) 一般经费。在企业运输业务的过程中，除了人工费和维护费之外的其他与运输工具或运输业务有关的费用，如事故损失费等。

运输成本核算单位是以运输工作量的计量单位为依据的。货物运输工作量通常称为货物周转量，其计量单位为“吨公里”，即实际运送的货物吨数与运距的乘积。为计量方便起见，通常以“千吨公里”作为成本核算单位。

就物流范围而言，运输成本存在于企业供应物流、企业内物流、销售物流、收物流和废弃物物流全过程。在核算运输成本时要注意运输成本的分配和计算，应区分实际耗用资源和浪费资源。

难点例解

假定企业某月运输作业、仓储作业、包装作业、装卸搬运作业、流通加工作业、物流信息作业和物流管理作业按作业人数所分配的职工教育经费分别为735.29元、735.29元、588.24元、882.35元、735.29元、441.18元和441.18元。

运输作业的成本动因为里程数，其在供应物流、企业内物流、销售物流、回收物流和废弃物物流阶段所发生的里程数分别为4 000km、300km、3 800km、800km和200km，则供应物流、企业内物流、销售物流、回收物流和废弃物物流分担的运输成本分别为多少？

解析：供应物流的运输成本为：[735.29÷(4 000+300+3 800+800+200)]×4 000=

323.2(元)，由此可知，企业内物流，销售物流和废弃物物流的运输成本分别为 24.24 元、307.04 元、64.64 元和 16.17 元。

仓储作业分配的职工教育经费 735.29 元，因其对应的物流范围阶段仅为企业内物流阶段，所以企业内物流分担的该项仓储作业成本为 735.29 元，其他物流范围阶段分担的该项仓储成本为 0 元。

包装作业分配的职工教育经费 588.24 元，因其对应的物流范围阶段同样仅仅为企业内物流阶段，所以，企业内物流分担的该项包装作业成本为 588.24 元，其他物流范围阶段分担的该项包装作业成本为 0 元。

装卸搬运作业的成本动因为装卸搬运次数，其在供应物流、企业内物流、销售物流、回收物流和废弃物物流阶段所发生的装卸搬运次数分别为 360 次、240 次、420 次、36 次和 20 次，则供应物流分担的装卸搬运成本为 $[882.35\div(360+240+420+36+20)]\times 360=$ 295.21(元)，由此可知企业内物流、销售物流、回收物流和废弃物物流分担的装卸搬运成本分别为 196.81 元、344.41 元、29.52 元和 16.40 元。

流通加工作业分配的职工教育经费 735.29 元，因其对应的物流范围阶段仅为销售物流阶段，所以销售物流分担的该项流通加工作业成本为 735.29 元，其他物流范围阶段分担的该项流通加工作业成本为 0 元。

物流信息作业的成本动因是工作小时数，其在供应物流、企业内物流、销售物流、回收物流和废弃物物流阶段所使用的工作小时数分别为 50 小时、20 小时、45 小时、10 小时和 7 小时，则供应物流分担的物流信息作业成本为 $[441.18\div(50+20+45+10+7)]\times 50=$ 167.11(元)，由此可知企业内物流、销售物流、回收物流和废弃物物流分担的物流信息作业成本分别为 66.85 元、150.40 元、33.42 元和 23.40 元。

物流管理作业的成本动因是工作小时数，其在供应物流、企业内物流、销售物流、回收物流和废弃物物流阶段所使用的工作小时数分别为 40 小时、30 小时、50 小时、6 小时和 6 小时，则供应物流分担的物流管理作业成本为 $[441.18\div(40+30+50+6+6)]\times 40=$ 133.69(元)，由此可知企业内物流、销售物流、回收物流和废弃物物流分担的物流管理作业成本分别为分别为 100.27 元、167.11 元、20.05 元和 20.06 元。

5.2.4 运输成本核算案例

某物流公司运输业务：销售物流货运周转量为 3 278 500；供应物流货运周转量为 12 001 300吨公里，发生的各项营运费用见下表所列。

(1) 工资及提取的福利费见表 5-1。

表 5-1 工资福利分配表

项目	工资	提取福利费	合计
运输支出——销售物流	45 000	6 3000	51 300
——供应物流	15 000	2 100	17 100
辅助运营费用	3 750	525	4 275
营运间接费用	6 250	875	7 125
	70 000	9 800	79 800

根据表 5-1，编制记账凭证 1。

借：运输支出——销售物流(直接人工)　　51 300
　　　　　　——供应物流(直接人工)　　17 100
　　辅助营运费用　　4 275
　　营运间接费用　　7 125
　　贷：应付工资　　70 000
　　　　应付福利费　　9 800

(2) 直接燃料、直接材料、轮胎费用见表 5-2。

表 5-2　燃料及轮胎费用分配表

项目	直接材料		轮胎摊销费	合计
	燃料	消耗材料		
运输支出——供应物流	27 500	1 250		32 000
——销售物流	22 500	500	3 250	26 000
辅助营运费用	3 250	3 500	3 000	6 750
营运间接费用	1 250	2 500	6 250	3 500
合计	54 500	7 500		68 250

根据表 5-2，编制记账凭证 2。

借：运输支出——销售物流(直接人工)　　32 000
　　　　　　——供应物流(直接人工)　　26 000
　　辅助营运费用　　6 750
　　营运间接费用　　3 750
　　贷：燃料　　54 500
　　　　消耗材料　　7 500
　　　　待摊费用　　6 250

(3) 固定资产折旧、预提修理费、其他费用见表 5-3。

表 5-3　折旧、预提及其他费用的分配

项目	折旧	提取修理利费	其他费用	合计
运输支出——销售物流	40 000	10 000	2 500	52 500
——供应物流用	27 500	12 500	3 000	43 000
辅助营运费用	6 250	1 750	750	8 750
营运间接费用	3 250	2 000	3 500	8 750
合计	77 000	26 250	9 750	113 000

根据表 5-3，编制记账凭证 3。

借：运输支出——销售物流(直接人工)　　52 500
　　　　　　——供应物流(直接人工)　　43 000
　　辅助营运费用　　8 750
　　营运间接费用　　8 750
　　贷：累计折旧　　77 000
　　　　预提费用　　26 250
　　　　银行存款　　9 750

(4) 辅助生产部门发生的辅助营运费用合计为 19 775 元，按货运工资比例进行分配见表 5 - 4。

表 5 - 4　营运辅助费用的分配

项目	直接工资	分配率	营运辅助费用
运输支出——销售物流	45 000	—	14 823
——供应物流	15 000	—	4 943
合计	77 000	0.329 6	19 775

根据表 5 - 4，编制记账凭证 4。

借：运输支出——销售物流(直接人工)　　14 832

——供应物流(直接人工)　　4 943

贷：辅助营运费用　　19 775

(5) 营运间接费用合计为 19 375 元，按货运工资比例进行分配，见表 5 - 5。

表 5 - 5　营运辅助费用的分配

项目	直接工资	分配率	营运间接费用
运输支出——销售物流	45 000	—	145 305
——供应物流	15 000	—	48 445
合计	60 000	0.322 9	19 375

根据表 5 - 5，编制记账凭证 5。

借：运输支出　　193 750

贷：营运间接费用　　19 375

(6) 核算营运成本。根据以上运输支出中归集的各项营运费用，核算营运成本，编制运输营运成本核算表，见表 5 - 6。

表 5 - 6　汽车营运成本核算表

项目	销售物流货运	供应物流货运	合计
一、营运成本项目			
1. 直接材料	1 250	500	1 750
2. 直接燃料	27 500	22 500	50 000
3. 轮胎费用	3 250	3 000	6 250
4. 直接工资	51 300	17 100	68 400
5. 其他直接费用	67 332	47 943	115 275
6. 营运间接费用	14 530.5	4 844.5	19 375
营运总成本	165 162.5	95 887.5	261 050
二、周转量/(千吨公里、千吨换算吨公里)	3 278.5 (千吨公里)	1 200 (千吨公里)	1 527.85 (千吨公里)
三、营运单位成本	50.38 (元/千吨公里)	79.91 (元/千吨公里)	170.86 (元/千吨换算公里)

其中：

销售物流成本＝165 162.5÷3 278 500×1 000＝50.38(元/千吨公里)

供应物流成本＝95 887.5÷200 000×1 000＝79.90(元/千吨公里)

货运综合周转量＝(1 200 000÷1 000)＋(3 278 500÷10)÷1 000＝1 527.85(千吨换算吨公里)

综合单位成本＝261 050÷1 527.85＝170.86(元/千吨换算吨公里)

5.2.5 核算运输成本要注意的问题

以下结合案例进行说明。

1. 材料简述

A运输公司运输成本的分配和计算，应区分实际耗用资源和浪费资源。

假定A运输公司欲了解和掌握其在供应物流和销售物流阶段所发生的物流成本，某月份该企业发生的资源耗费主要有工资148 800元、电费7 392元、折旧费103 600元、办公费14 400元，其涉及的作业主要包括运输作业、装卸搬运作业、物流信息作业和物流管理作业。其他具体资料如下：

(1) 该企业有运输车辆6辆，每月可提供的运输作业小时数为1 056小时，根据有关统计资料，运输车辆用于供应物流的运输小时数为462小时，用于销售物流的运输小时数为475.2小时(118.8)。

(2) 该企业有装卸机3台，每月可提供的作业机时为594，根据有关统计资料，在供应物流阶段所耗用的作业机时为231，在销售物流阶段所耗用的作业机时为297(66)。

(3) 该企业物流信息管理作业是采用计算机辅助系统来完成的，该系统全月可提供176个作业机时。本月在供应物流阶段提供了84个作业机时，在销售物流阶段提供了85个作业机时(7)。

(4) 该企业物流管理作业的人员及设施全月可提供176个作业小时，本月在供应和销售物流阶段分别提供了76个和48个作业小时。

2. 数据分析及计算步骤

根据上述资料，采用作业成本法计算A运输公司供应物流成本和销售物流成本。其步骤如下：

(1) 确认企业本月所发生的资源耗费及作业。资源耗费主要包括工资148 800元、电费7 392元、折旧费103 600元、办公费14 400元。作业主要包括运输作业、装卸搬运作业、物流信息作业和物流管理作业。

(2) 确认各资源动因并将各资源耗费分配至各作业。

① 工资的分配。采用的资源动因为作业人数，所以应根据各作业的人数和对应的工资标准对工资进行分配(若无工资标准，则可按人数直接应用简单算术平均法分配)，具体分配结果见表5-7。

表5-7 工资资源分配一览表

资源＼作业	运输	装卸搬运	物流信息	物流管理	非物流作业	合计
人数/人	12	18	6	6	30	72
每人月工资/元	2 000	1 800	2 200	2 200	2 200	
各项作业月工资/元	24 000	32 400	13 200	13 200	66 000	148 800

② 电费的分配。电力资源消耗采用的资源动因为用电度数，已知每度电的用电价为0.8元，具体分配结果见表5-8。

表 5-8　电力资源分配一览表

资源＼作业	运输	装卸搬运	物流信息	物流管理	非物流作业	合计
用电度数/度		1 100	880	660	6 600	9 240
各作业消耗电费/元		880	704	528	5 280	7 392

③ 折旧费的分配。折旧费发生的原因在于有关作业运用了固定资产，所以可根据各项作业固定资产运用的情况来分配折旧费，而特定的固定资产通常由特定作业所运用，它们之间一般具有直接对应的关系。因此，折旧费相对于各作业而言，是直接成本，不需要采用资源动因进行分配，可根据会计明细账资料分别统计计入，具体分配结果见表 5-9。

表 5-9　折旧费用分配一览表

资源＼作业	运输	装卸搬运	物流信息	物流管理	非物流作业	合计
各作业折旧费/元	24 000	8 000	6 600		65 000	103 600

④ 办公费的分配。办公费发生的原因在于各作业人员耗用了各项办公用品等，发生了支出，其采用的资源分配动因为作业人数，人均办公费支出额为 14 400÷72＝200(元)，具体分配结果见表 5-10。

表 5-10　工资资源分配一览表

资源＼作业	运输	装卸搬运	物流信息	物流管理	非物流作业	合计
人数/人	12	18	6	6	30	72
各作业办公费/元	2 400	3 600	1 200	1 200	6 000	14 400

将上述计算结果进行汇总，即得表 5-11。

表 5-11　各资源向各作业分配一览表

资源＼作业	运输	装卸搬运	物流信息	物流管理	非物流作业	资源消耗合计
工资/元	24 000	32 400	13 200	13 200	66 000	148 800
电费/度		880	704	528	5 280	7 392
折旧费/元	24 000	8 000	6 600		65 000	103 600
办公费/元	2 400	3 600	1 200	1 200	6 000	14 400
作业成本合计	50 400	44 880	21 704	14 928	142 280	274 192

(3) 确认各物流作业的成本动因。有关结果见表 5-12。

表 5-12　各项作业及其成本动因

作业	作业成本动因
运输	作业小时
装卸搬运	作业机时
物流信息	作业机时
物流管理	作业小时

(4) 计算各物流作业成本动因分配率，计算结果见表5-13。

表5-13 物流作业成本动因分配率计算及结果一览表

物流作业	运输	装卸搬运	物流信息	物流管理
物流作业成本/元	50 400	44 880	21 704	14 928
成本动因量/单位	1 056	594	176	176
成本动因分配率	47.73	75.56	123.32	84.82

(5) 计算供应物流、销售物流实际消耗资源价值以及未消耗资源成本，计算结果见表5-14。

表5-14 供应物流、销售物流实际消耗资源价值及未消耗资源成本一览表

作业	成本动因分配率	实际耗用成本动因量			未耗用成本动因量	实际耗用资源/元		未耗用资源/元
		供应物流	销售物流	合计		供应物流	销售物流	
运输	47.73	462.00	475.20	937.20	118.80	22 051.26	22 681.30	5 667.44
装卸搬运	75.56	231.00	297.00	528.00	66.00	17 454.36	22 441.32	4 984.32
物流信息	123.32	84.00	85.00	169.00	7.00	10 358.88	10 482.20	862.92
物流管理	84.82	76.00	48.00	124.00	52.00	6 446.32	4 071.36	4 410.32
合计						56 310.82	59 676.18	15 925.00

通过上述未耗用资源的计算，A运输公司可以发现在物流运作的过程中，哪些作业未满负荷运作，存在资源浪费现象，从而为资源的合理配置提供依据。但在企业对外提供的物流成本表中，不需反映未耗用资源的情况，只需反映资源在所有成本核算对象之间的分配情况。尽管如此，通过上述计算也可看出，在企业内部物流成本核算和管理的过程中，计算未耗用资源对企业物流成本分析和管理具有重要意义。

任务3 降低运输成本的方法和措施

一般来说，不可能改变现有的公路网、铁路网及海运线等，但可以在现有运输资源上进行合理的运输网络优化及简化运输系统，减少中间环节，降低运输成本。

5.3.1 降低运输成本的方法

(1) 优化运输系统。优化运输系统，减少运输环节，降低运输成本。对现有的运输资源进行合理的运输网络优化降低运输的成本。

(2) 减少不必要的运输环节。尽可能组织直达、直拨运输，使物资不进入中转仓库，越过一切不必要的环节，由产地直运销地或客户，减少二次运输。

(3)"四就"直拨运输。具体做法有就厂直拨、就站(码头)直拨、就库直拨、就车(船)过载等。

(4) 组织轻重配装。把实重货物和轻泡货物组装在一起，既可充分利用车船装载容积，又能达到装载重量，以提高运输工具的使用效率，降低运输成本。

(5) 实行解体运输和拼装整车运输。对一些大笨重、不易装卸又容易碰撞致损的货物分别包装，以缩小所占空间，并易于装卸和搬运，从而提高运输装载效率，降低单位运输成本。在选择运输方式上，若能整车运输就不要选择零担运输，两者之间的运价相差很大。采取拼装整车的办法，即零担拼整车中转分运，有可能减少一部分运输费用，并节俭社会劳动力。

(6) 高效的堆码方法。根据车船的货位情况和不同货物的包装形状，采取各种有效的堆码方法，如多层装载、骑缝装载、紧密装载等，以提高运输效率。推进物品包装的标准化，逐步实行单元化、托盘化，是提高车船装载技术的一个重要条件。

(7) 实施托盘化运输。托盘化运输即一贯托盘运输，就是将"保管—运输—进货—保管"形成一条龙工序，以托盘为基本用具不改变货物状态，始终一贯地用机械搬运装卸来处理货物。

(8) 实施集装箱运输。安全、快捷、低价本身就是集装箱运输相对于传统运输方式的主要特点。集装箱运输也是单元化运输的一种形式，集装箱主要适用于大宗货物的长途运输。

(9) 开展国际多式联运。国际多式联运是一种高效的运输组织方式，它集中了各种运输方式的特点，扬长避短，融会一体，组成连贯运输，达到简化货运环节，加速货运周转，减少货损货差，降低运输成本，实现合理运输的目的，比传统单一运输方式具有无可比拟的优越性。

在多式联运方式下，不论全程运输距离多远，不论需要使用多少种不同运输工具，也不论中途需要经多少次装卸转换，一切运输事宜统由多式联运经营人统一负责办理。对货主来说，只办理一次托运、签订一个合同、支付一笔全程单一运费、取得一份联运单据，就履行全部责任，这样可以节约大量的手续费用及中转费用等。

(10) 营开展集运。集运也称时间合并，最基本的形式是将一个市场区域中到达不同客户的小批量运输结合起来，即自发集运。这种程序在进行运输时只是修正而不是间断自然的货物流动。当然，在整个市场上被装运到客户的数量是集运的基础。

(11) 分区产销，合理运输。在组织物流活动中，对某种货物，使其一定的生产区固定于一定的消费区。根据产销情况和交通运输条件，在产销平衡的基础上，按近产近销的原则，使货物走最少的路程，组织货物运输。

这种形式的适用范围主要包括品种单一、规格简单、生产集中、消费分散或生产分散、消费集中、调运量大的货物，如煤炭、木材、水泥、粮食、生猪和建材等。

要摸清物资产销情况、供应区域、运输路线和运输方式，作为制定合理调运方案的依据。划定物资调运区域，将某种物资的生产区基本上固定于一定的消费区。工业产品以生产地为中心，同靠近这一生产地的消费区的产销关系基本固定下来；农副产品以消费城市为中心，同附近的生产地的产销关系基本固定下来，以此形成一个合理的货物调运区域。

绘制合理的运输流向图，即在已制定的调运区域范围内，按照运程最近和产销平衡的原则，制定合理的运输流向图，把产、供、运、销的关系固定下来，作为交通、商业、物资和生产部门执行物资调拨和运输计划的依据。

5.3.2 降低运输成本的措施

不合理运输如重复运输、迂回运输的存在，造成了运力浪费，增加了不必要的运输成本。而优化运输路线可减少不合理运输，降低运输成本。优化运输路线的方法有以下几种。

1. 线性规划法

线性规划法是在运价已知、路程已知的条件下，对 m 个商品生产地和 n 个商品销售地的商品运输建立数学模型，利用单纯形法求解，以使满足条件的总运费最小。其可分为供需平衡模型和供需不平衡模型。

假设总供应量与总需求量相等，且产地只有产品调出和销地只有产品调入，称供需平衡运输问题。

难点例解

设某种要调运的物品，有 m 个产地(供应点)$A_i(i=1, 2, \cdots, m)$，n 个销点(需求点)B_j $(j=1, 2, \cdots, n)$每个产地的供应量为 a_i，每个销地的需求量 b_j，且供需平衡，从产地 A_i 调运物品到销地 B_j，的单位运费为 C_{ij}，调运数量为 X_{ij}，则这个运输问题的数学模型如下：

$$\min Z = \sum_{i=1}^{m}\sum_{j=1}^{n} C_{ij}x_{ij} \quad (1)$$

其约束条件如下：

$$\begin{cases} \sum_{j=1}^{n} x_{ij} = ai \quad (i=1, 2, 3, \cdots, m) & (2) \\ \sum_{i=1}^{m} x_{ij} = bj \quad (j=1, 2, 3, \cdots, n) & (3) \\ x_{ij} \geqslant 0 \quad (i=1, 2, 3, \cdots, m, j=1, 2, 3, \cdots, n) & (4) \end{cases}$$

式中 (2) 表示从每个产地运往各销地去的物品数量等于产地总产量；

(3) 表示对于每一个销地来说，从各地运去的某种物品总量等于各销地需要量；

(4) 表示运量最小为零，不能为负数。

解析：这是一个线性规划模型。由于供需平衡，$\sum_{i=1}^{m} a_i = \sum_{j=1}^{n} b_j$，约束条件线性相关，独立的约束条件是 $m+n-1$(产地数+销地数-1)个，在用单纯形法求解时其基变量的个数是 $m+n-1$。同时在约束条件中，决策变量 x_{ij} 的系数非零即1(约束方程组的系数矩阵中每列仅有两个1，其余为零)，且有规则的三角形排列，根据这个特征，在单纯形法的基础上，创新出一种求解运输问题的特殊解法——表上作业法。它比单纯形法更直观、更简单，但这种方法的原理和单纯形法是相同的，最常用的方法是左上角法。

2. 匈牙利法

在物流管理中，常会遇到这样的问题，就是根据计划将不同运输任务在车队之间分配，使完成任务总的消耗时间或费用最小。解决这类问题简便而有效的方法是匈牙利法，由匈牙利的一位数学家所提出，具体见表 5-15。

表5-15 任务分配表 单位：小时

车辆＼任务	A	B	C	D
甲	11	8	10	7
乙	6	5	3	8
丙	4	8	10	9
丁	11	10	5	7

(1) 按表列出矩阵。

$$\begin{pmatrix} 11 & 8 & 10 & 7 \\ 6 & 5 & 3 & 8 \\ 4 & 8 & 10 & 9 \\ 11 & 10 & 5 & 7 \end{pmatrix}$$

(2) 将矩阵作行、列约简。行约简是比较一辆车担任不同任务时所花时间，各行中减去最小值后的时间表示该车担任其他任务时，所多花费的时间，每行中的“0”表示该车担任这项任务最有利。然后，将经过行约简后的矩阵中没有“0”的列再进列约简，即从该列中选出最小元素，并将其他元素减去此数，得到新的矩阵。

$$\begin{pmatrix} 4 & 0 & 3 & 0 \\ 3 & 1 & 0 & 5 \\ 0 & 3 & 6 & 5 \\ 6 & 4 & 0 & 2 \end{pmatrix}$$

(3) 检验是否已得最优方案。对有“0”的行、列划上一条覆盖线，能覆盖所有零元素的最少覆盖线数称为维数。当覆盖线的维数等于矩阵阶数时，可知已得最优分配方案，若小于阶数再作调整。

$$\begin{pmatrix} 4 & 0 & 3 & 0 \\ 3 & 1 & 0 & 5 \\ 0 & 3 & 6 & 5 \\ 6 & 4 & 0 & 2 \end{pmatrix}$$

(4) 上述矩阵中，有3种元素：第一种是无线覆盖元素；第二种是单线覆盖元素；第三种是双线覆盖元素。无线覆盖中找出最小值“1”，将无线覆盖的元素都减去“1”，而双线覆盖加上“1”，单线覆盖元素不变，得新的矩阵。

$$\begin{pmatrix} 5 & 0 & 4 & 0 \\ 3 & 0 & 0 & 4 \\ 0 & 2 & 6 & 4 \\ 6 & 3 & 0 & 1 \end{pmatrix}$$

(5) 再检验——作覆盖线，与步骤(3)相同。现在的最小覆盖线数为4，与矩阵阶数相等，可知已能进行最优分配。

$$\begin{pmatrix} 5 & 0 & 4 & 0 \\ 3 & 0 & 0 & 4 \\ 0 & 2 & 6 & 4 \\ 6 & 3 & 0 & 1 \end{pmatrix}$$

(6) 确定最优方案。得最优分配方案：甲—D，乙—B，丙—A，丁—C。

$$\begin{pmatrix} 5 & 0\times & 4 & 0\surd \\ 3 & 0\surd & 0\times & 4 \\ 0\surd & 2 & 6 & 4 \\ 6 & 3 & 0\surd & 1 \end{pmatrix}$$

那么，总消耗工时为：$Z=7+5+4+5=21$(小时)。

3. 表上作业法

表上作业法是已知各地单位运价和各产销地供需量，在表上标注出货物运出地、运人地、调运量及两地距离。然后，根据就近供应原则，在表上制定商品调运方案，在表上求解使总运费最低，使运输总路程最短。初始调运方案可根据最小费用(运价)法编制，再进行判优、调整，最后将结果填入商品调运平衡表，直到找到总运费最低的方案。

难点例解

某食品公司经营糖果业务，公司下设 3 个工厂 A_1、A_2、A_3，4 个销售门市部 B_1、B_2、B_3、B_4，各自供应量和需求量见表 5-16，试用左上角法求出最优运输方案。

表 5-16　产销平衡表

销地 产地	B_1	B_2	B_3	B_4	供应量/吨
A_1	15	18	19	13	50
A_2	20	14	15	17	30
A_3	25	12	17	22	70
需求量/吨	30	60	20	40	150

解析：假设新的调运量见表 5-17。

表 5-17　运量平衡表

销地 产地	B_1	B_2	B_3	B_4	供应量/吨
A_1	X_{11}	X_{12}	X_{13}	X_{14}	50
A_2	X_{21}	X_{22}	X_{23}	X_{24}	30
A_3	X_{31}	X_{32}	X_{33}	X_{34}	70
需求量/吨	30	60	20	40	150

(1) 以表 5-16 左上角的格子作为开端。

(2) 对这一格子可用的供应量与需求量作比较，安排两个值中较小的一个作为运量。然后，把这个用括弧括起来。这一格子可用的供应量(或需求量)减去安排的运量，就是剩余的供应量(或需求量)。表 5-16 中有 50 单位的供应量和 30 单位的运量到 X_{11} 格。

(3) 如果安排运量的格子正好是在运输表的右下角，就停止安排。这时，初始方案已找到。如果这一格不在最右下角，那么就进入到(4)。

(4) 根据以下规则，移到下一格。

如果已安排的这一格行和列比较，供应量超过需求量，下一格移到同一行相邻的格；如果需求量超过供应量，下一格移到同一列相邻的格子。

回到(2)。本例中，首先从 X_{11} 格开始，供大于求(50>30)，所以 X_{11} 格安排运量 30。销地 B_1 已满足，产地 A_1 尚余 20。然后，从 X_{11} 格移到同一行的 X_{12} 格，用需求量 60 与供应量 20 作比较，在 X_{12} 格安排运量 20。然后移到同一列的 X_{22} 格。X_{22} 格安排运量 30 后，以同样的方式移到 X_{32} 格，安排运量 10。然后，分别移到 X_{33}、X_{34} 安排运量 20 和 40。X_{34} 格安排好后，因为是表的最右下角，所以结束安排。这就是一个基本解，作为初始可行方案。具体过程见表 5-18～表 5-22。

表 5-18 运量安排表

产地＼销地	B_1	B_2	B_3	B_4	供应量/吨
A_1	15/(30)	18	19	13	(50)
A_2	20	14	15	17	30
A_3	25	12	17	22	70
需求量/吨	(30)0	60	20	40	150

表 5-19 运量安排表

产地＼销地	B_1	B_2	B_3	B_4	供应量/吨
A_1	15/(30)	18/(20)	19	13	(50)(20)0
A_2	20	14/(30)	15	17	(30)0
A_3	25	12	17	22	70
需求量/吨	(30)0	(60)(40)10	20	40	150

表 5-20 运量安排表

产地＼销地	B_1	B_2	B_3	B_4	供应量/吨
A_1	15/(30)	18/(20)	19	13	(50)(20)0
A_2	20	14/(30)	15	17	(30)0
A_3	25	12/(10)	17	22	(70)60
需求量/吨	(30)0	(60)(40)(10)	20	40	150

表 5-21 运量安排表

产地＼销地	B_1	B_2	B_3	B_4	供应量/吨
A_1	15/(30)	18/(20)	19	13	(50)(20)0
A_2	20	14/(30)	15	17	(30)0
A_3	25	12/(10)	17/(20)	22	(70)(60)40
需求量/吨	(30)0	(60)(40)(10)	(20)0	40	150

表 5-22 运量安排表

产地＼销地	B_1	B_2	B_3	B_4	供应量/吨
A_1	15/(30)	18/(20)	19	13	(50)(20)0
A_2	20	14/(30)	15	17	(30)0
A_3	25	12/(10)	17/(20)	22/(40)	(70)(60)(40)
需求量/吨	(30)0	(60)(40)(10)	(20)0	(40)0	150

根据表上作业法，求出运输初始方案后，为了进一步算出最优方案，需用霍撤克法(或闭回路法)进行优化。检验公式为

$$\begin{cases} d_{ij} = V_i + U_j & (1) \\ A_{ij} = C_{ij} - (V_i + U_j) & (2) \end{cases}$$

式中 (1) 式表示有运量的变量等于相应的行位势与列位势之和；

(2) 表示空格里的检验数等于原表相应格的运量减去相应格位势与列位势之和。

所得到的合理运量安排方案见表 5-23。

表 5-23 合理运量安排方案

销地 / 产地	B_1	B_2	B_3	B_4	供应量/吨
A_1	30	20			50
A_2		30			30
A_3		10	20	40	70
需求量/吨	30	60	20	40	150

从表 5-23 得到可行解为：$X_{11}=30$，$X_{12}=20$，$X_{22}=30$，$X_{32}=10$，$X_{33}=20$，$X_{34}=40$。

基变量个数为 $m+n-1=3+4-1=6$(个)，符合要求。

运输路线的制定受道路状况、停留时间等许多因素的影响，最终确定的调运方案还需要征求司机和现场工作人员的意见才可实施。

5.3.3 实施合理化运输

1. 减少运输事故损失

在运输途中，有可能发生货物丢失、货物变质，甚至出现事故，这些都造成了运输成本不必要的增加，因此，对运输事故的关注十分必要。

(1) 日常防范。在运输管理中，做好事故防范工作。例如，使用合格的司机，避免司机疲劳驾驶，定期检查、修理运输工具等。

(2) 购买保险。运输事故风险是客观存在的，它导致经济损失甚至是人身的伤亡。购买保险是风险转移的最佳途径。可以购买的运输保险有水上货物运输保险、陆上货物运输保险、航空货物运输保险和特种货物运输保险。一旦发生事故，可以得到保险公司的赔偿。

2. 合理选择运输工具

运输工具的评价尺度定为 4 项：经济性(F_1)、迅速性(F_2)、安全性(F_3)、便利性(F_4)。

选择运输工具，若各评价尺度标准值一样，则运输工具综合评价值(F)为

$$F=F_1+F_2+F_3+F_4$$

由于货物形状、价格、交货日期、运输批量和收货单位各不相同，所以这些运输工具的评价尺度标准也必然有差异。假设尺度标准分别是 W_1、W_2、W_3、W_4，则运输工具的综合评价值(F)可表示为

$$F=W_1F_1+W_2F_2+W_3F_3+W_4F_4$$

式中 $W_1+W_2+W_3+W_4=1$。

现在可供选择的运输工具有火车(R)、汽车(T)、船(S)，其各综合评价值分别用 $F(R)$、$F(T)$、$F(S)$表示，则

$$F(R)=W_1F_1(R)+W_2F_2(R)+W_3F_3(R)+W_4F_4(R)$$
$$F(T)=W_1F_1(T)+W_2F_2(T)+W_3F_3(T)+W_4F_4(T)$$
$$F(S)=W_4F_1(S)+W_2F_2(S)+W_3F_3(S)+W_4F_4(T)$$

选择其中具有最大值的运输工具为宜。

1) 经济性(F_1)的计量化

运输工具的经济性是由运费、包装费、保险等有关运输的费用合计表示的。费用越高，运输工具的经济性越低，这是不利因素。

设各运输工具所需成本为 $C(R)$、$C(T)$、$C(S)$，其平均值为

$$C=\frac{C(R)+C(T)+C(S)}{3}$$

运输工具经济性的相对值是

$$F_1(R)=C(R)/C$$
$$F_1(T)=C(T)/C$$
$$F_1(S)=C(S)/C$$

2) 迅速性(F_2)的计量化

运输工具的迅速性用从发货地到收货地所需时间(或天数)来表示。所需时间越多，则迅速性越低，这是不利因素。

设各运输工具所需时间数为 $H(R)$，其平均值为

$$H=\frac{H(R)+H(T)+H(S)}{3}$$

运输工具迅速性的相对值是

$$F_2(R)=H(R)/H$$
$$F_2(T)=H(T)/H$$
$$F_2(S)=H(S)/H$$

3) 安全性(F_3)的计量化

运输工具的安全性，要根据过去一段时间内货物的破损率(有时为实验数据)等，实行计量化较为合适。破损率越高，安全性越低，这是不利因素。

设各运输工具破损率为 $D(R)$、$D(T)$、$D(S)$，其平均值为

$$D=\frac{D(R)+D(T)+D(S)}{3}$$

运输工具安全性的相对值是

$$F_3(R)=D(R)/D$$
$$F_3(T)=D(T)/D$$
$$F_3(S)=D(S)/D$$

4) 便利性(F_4)的计量化

以便利性计量化作评价尺度是困难的。例如，在考虑货物运到代办运输点所需时间和距离等问题时，用代办运输点的经办时间与货物运到代办点的运输时间(或进货时间)之差来表示，可以看到这一时间差越大，便利性越高。因此，时间差大，则是有利因素。

设各运输工具的时间差为 $V(R)V(T)V(S)$，其平均值为

$$V=\frac{V(R)+V(T)+V(S)}{3}$$

运输工具便利性的相对值为

$$F_4(R)=V(R)/V$$

$$F_4(T)=V(T)/V$$

$$F_4(S)=V(S)/V$$

根据以上结果，得出各运输工具综合评价值应该是

$$F(R)=-W_1\frac{C(R)}{C}-W_2\frac{H(R)}{H}-W_3\frac{D(R)}{D}+W_4\frac{V(R)}{V}$$

$$F(T)=-W_1\frac{C(T)}{C}-W_2\frac{H(T)}{H}-W_3\frac{D(T)}{D}+W_4\frac{V(T)}{V}$$

$$F(S)=-W_1\frac{C(S)}{C}-W_2\frac{H(S)}{H}-W_3\frac{D(S)}{D}+W_4\frac{V(S)}{V}$$

因此，选择 $F(R)$、$F(T)$、$F(S)$中具有最大值的运输工具为宜。

3. 适当拥有车辆数

下面通过案例进行介绍。某企业配送中心过去一段时间必要车辆台数的实际情况见表5－24。

表 5－24　必要车辆台数的实际分布情况

必要台数/台	相对比率	累积比率
10	0.20%	0.20%
15	0.18%	0.38%
20	0.25%	0.63%
25	0.20%	0.83%
30	0.11%	0.94%
35	0.03%	0.97%
40	0.03%	1.00%

用于车辆的费用主要有以下几种：

(1) 自备用车费用 $C_1=200$ 元/(台·日)。

(2) 自备用车闲置费用 $C_2=160$ 元/(台·日)。

(3) 营业用车(租车)费用 $C_3=300$ 元/(台·日)。

以上述条件为前提，求该配送中心应拥有的适当车辆台数。

解析：设本企业车辆拥有台数为 X 台，必需车辆台数为 x 台。

(1) 当 $x\leqslant X$，即必需车辆台数不多于实际拥有台数的情况时，所需费用为

$$xC_1+(X-x)C_2 \qquad \text{(运行费＋闲置费)}$$

(2) 当 $x\geqslant X$，即必需车辆台数不少于实际拥有台数的情况时，所需费用为

$$XC_1+(z-X)C_3 \qquad \text{(运行费＋租车费)}$$

设 $p(x)$ 为必需车辆台数的相对比率，则目标费用为

$$C=\sum\{p(x)[xC_1+(X-x)C_2]\}+\sum\{p(x)[XC_1+(x-X)C_3]\}$$

此时费用最小的拥有台数，是使下式成立的 X 值，即

$$\sum p(x)=\frac{C_3-C_1}{C_2+C_3-C_1}(C_1<C_3)$$

对这个配送中心，则有

$$\sum p(x)=\frac{300-200}{160+300-200}\approx 0.385$$

从表 5-24 得知累计比率为 0.385 时，X 的值大约是 15 台，就是说适当拥有台数为 15 台。

只有在 $C_1<C_3$ 时，就是自备用车费用比营业用车(租车)费用高的情况下，才能用这个公式。如果营业车费用比自备车费用低($C_1<C_3$)，则应该尽量多使用营业车。

5.3.4 网络优化法

1. 网络优化法的概念

网络优化法又称统筹法、关键路线法或计划评审法，其基本原理是将组成系统的各项任务的各个阶段和先后顺序，通过网络形式统筹规划。

一项工程或任务，是由多道工序组成的。对整个计划中各道工序的先后次序、彼此衔接关系及所需时间等进行分析后，给出了各道工序所需时间，明确了先后次序，就可依照这个计划画出一个箭头图，标明时间，计算出并标明关键线路。这个箭头图就称为网络图，如图 5.1 所示。

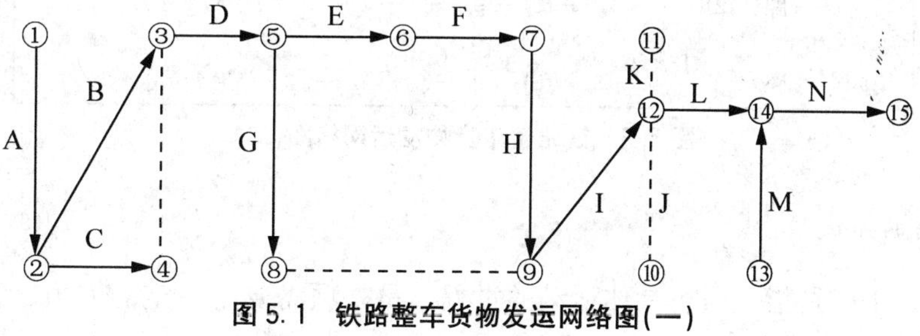

图 5.1 铁路整车货物发运网络图(一)

难点例解

一整车物资在火车站装车发运，这个系统作业程序共由 14 道工序组成。它们的名称、它们之间的先后次序及相互关系见表 5-25。

表 5-25 作业工序表

工序标号	工序名称	紧前工序	所需时间
A	见单组配	—	3
B	制运单	A	1
C	制交接单	B,	1
D	批单	B、C	3
E	制市内托运单	C	2
F	送货	D、E	2

续表

工序标号	工序名称	紧前工序	所需时间
G	见货组配	F	3
H	站台交接	F	2
I	装车	F、K	1
J	监装	I	0
K	送货	F、H	0
L	结算	J	1
M	预报	L	0
N	归档	M	1

把这个先后顺序的相互关系，由左向右排列起来并绘成图，用来表示工序流程。然后再把这个图在相邻工序交接地方画一个圆圈，在每一个圆圈中编上顺序号，箭尾表示工序的开始，箭头表示工序的完成，然后再把完成每一道工序所需的时间也标在相应的箭杆上，这就是一个网络图，如图 5.2 所示。

第一条线路：①—3—②—1—③—3—⑤—2—⑥—2—⑦—1—⑨—1—⑫—1—⑭—1—⑮=15天

第二条线路：①—3—②—1—④—0—③—3—⑤—2—⑥—2—⑦—2—⑨—1—⑫—1—⑭—1—⑮=16天

第三条线路：②—1—③—3—⑤—3—⑧—1—⑨—1—⑫—1—⑭—1—⑮=10天

第四条线路：②—1—④—0—③—3—⑤—3—⑧—0—⑨—1—⑫—1—⑭—1—⑮=10天

图 5.2 铁路整车货物发运网络图(二)

2. 网络图的组成

(1) 工序。工序是指一项有具体活动的过程，是一项需要有一定的人力、物力参加并在一定时间内完成的活动过程。

(2) 事项。事项是指工序的开工和完工事项。如“①—②”代表工序 A，“②—③”代表工序 B……其中②对于 A 来说是完工事项，对于工序 B 来说就是开工事项。

(3) 线路。线路是指从起点开始顺着箭头所指方向，连续不断地到达终点的一条通道。

路线花费时间计算公式为

$$T_s = \frac{a + 4m + b}{6}$$

式中 T_s—— 平均工作时间；

a —— 估计最快可能完成的时间；

b —— 估计最慢可能完成的时间；

m —— 估计最有可能完成的时间。

图 5.2 中计算的结果如图 5.3 所示。

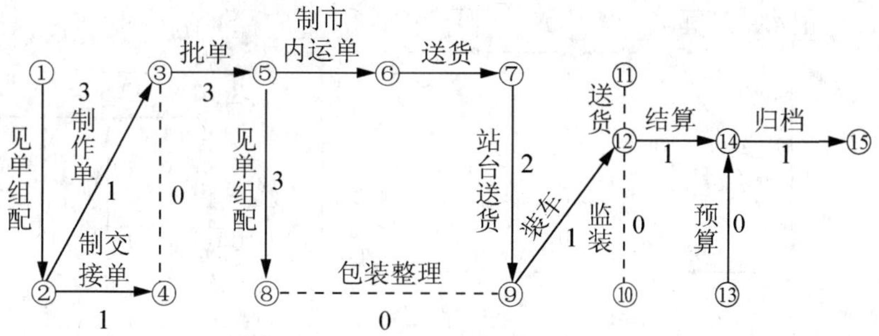

图 5.3 铁路整车货物发运网络图(三)

3. 找出关键线路

找关键线路，必须先分别算出各条线路的总需要时间。从上面计算的结果来看，各条线路需要的时间中，第二条线路需要的时间最长(16 天)，因此它是关键线路，整个物资发运时间的快慢，是由它来决定的。

为了定出这条关键线路，在网络图上要把这条线路用粗黑线或其他颜色的线来表示。例如，图 5.3 所示的“①—②—④—③—⑤—⑥—⑦—⑨—⑫—⑭—⑮”就是关键线路。

4. 计算各道工序的时间

1) 计算各道工序的最早开始时间

沿着箭头的方向逐个计算事项的最早日期，并记在事项的左上方“□”形符号内，从起点事项起，直到终点事项止。

箭头从一道工序到另一道工序可能有许多条线路，每条线路也有一个时间和，这些时间和也有一个最大值，要用关键线路的时间和减去这个最大值，差数就是这道工序的最早开始时间。

图 5.3 中“①—②”第②道工序只有一条线路，它的最早开始时间就在第三天，应在第②道工序左上方记上“3”。又如，图 5.1 中第③道工序有两条线路，其时间和的最大值是⓪—①—②—③=4(天)，应在第③道工序的左上方记上“4”。其他各道工序的最早开始时间也依此类推，逐道计算并标明。

2) 计算各道工序的最迟开始时间

沿着逆箭头的方向逐个计算事项的最迟日期，并记在事项的右上方“◇”形符号内，从终点事项起，直到起点事项止。

逆箭头从一道工序到另一道工序可能有许多条线路，每条线路也有一个时间和，这些时间和也有一个最大值，要用关键线路的时间和减去这个最大值，差就是这道工序的最迟开始时间。

例如，图 5.3 中，在第⑭道工序右上方记上“△15”。又如，图 5.3 中第⑤道工序，逆箭头有两条线路，其中从终止工序到第⑤道工序的每条线路时间总和是⑤—⑥—⑦—⑨—⑫—⑭—⑮=9(天)，为这条线路的最大值。所以第⑤道工序最迟开始时间应是 16－9=7(天)，应在第⑤道工序右上方记“△7”。其他各道工序的最迟开始时间也依此类推，逐道计算并标明。

经过计算后的网络图如图 5.4 所示。

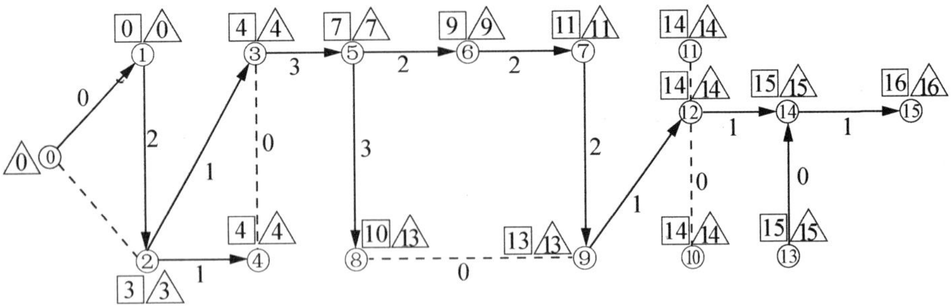

图 5.4　铁路整车货物发运网络图(四)

3）计算各道工序的机动时间

各道工序的机动时间，是以各道工序的最迟开始时间减去最早开始时间求得的。计算的目的是为了分析和提出改进措施。如在图 5.4 中，可以看出粗黑线的关键线路上各道工序的机动时间是零，也就是这条线路一点机动时间也没有，任何一道工序如果迟一天开始工作，整个发运工作就要延长一天，即不是 16 天，而是 17 天。再看一看第⑧道工序，有 3 天机动时间，即它可以在第 10 天开始工作，也可以延迟到第 13 天开始工作，只要③～⑧项作业在第 13 天能够完成，⑧～⑩项作业在第 13 天也能够开始，便不会影响整个工作进度。这样，可以了解到哪些工序能抽出多少时间做其他工作，或抽出多少人力集中到关键线路，使关键线路的时间缩短，提前完成任务。

计算出所有机动时间后，就可以把有回旋余地的工序稍缓考虑，重点放到关键线路上，进一步把关键线路进行分解，在网络图上寻求能缩短时间的合理线路。如图 5.3 中的“①—②”“见单组配”作业，可先把“⓪—②”和“②—①”提前作业，在人力和设备上作某些调整，分解为两组同样内容的平等作业。

$$\text{甲组：①}\frac{1.5}{\text{见单组配}}\text{②}\frac{0.5}{\text{制运单}}\text{③}\frac{0.5}{\text{制交接单}}\text{④}=2.5\text{ 天}$$

$$\text{乙组：①}\frac{1.5}{\text{见单组配}}\text{②}\frac{0.5}{\text{制运单}}\text{③}\frac{0.5}{\text{制交接单}}\text{④}=2.5\text{ 天}$$

这样，就可以把图 5.3 中“⓪—①—②—③—④”的 4 天压缩为 2.5 天，发运工作的总时间可以由 16 天减少为 14.5 天。

5.3.5　运输定价与运价结构

1. 运价

运输行业的成本经济特征表明服务成本与运输批量有关，运价反映了这些经济特征，运价定得合理，使企业利润提高，否则会使成本增加。运价是运输价值的货币表现，即受雇承运人对所提供服务收取的费用。运输劳务不同于有形的物质产品，但是它也有价值，其价值用货币表现出来，就是运价。

1）单一运价

最简单的莫过于单一运价结构，即对不同的起讫点距离只适用一种运输运价，如图 5.5(a)所示，如邮政快件的邮费。邮政中使用单一运价结构是合理的，因为邮政服务总成本的绝大部分是处理费用，而处理费用与运量有关，与运距无关。另外，在卡车运输中线路费用占总成本的 50%以上，如果在卡车运输中也使用单一运价，就会造成严重的运价歧视问题。

注意：当运价在没有接受质疑的情况下，制定的服务成本，就认为发生了歧视。

2）比例运价

如果线路成本所占的比例很大(卡车运输和更低程度上的航空运输)，就要用比例运价来协调简单的运价结构和服务成本之间的矛盾［图 5.5(b)］。只要知道两个运价，就可以绘出直线得到该商品的其他运价。虽然这种简单的运价结构有许多明显的优势，但这种运价却只对短途运输的托运人有利，对长途运输的托运人不利。在短途运输中，端点费用无法得到弥补。而整车运输由于装卸成本极低，所以可以采用这种运价。

3）递减运价

常用的运价是建立在递减原则的基础上。由于端点费用经常被包含在线路费用中，所以根据成本变化得出的运价结构就如图 5.5(c)所示，随运距增加而增加，但增加的速度呈递减趋势。出现该形状的主要原因是随着运距的增加，端点成本和其他固定开支会分摊在更多的里程上。运价增加量递减的程度取决于承运人的固定成本水平和线路营运中规模经济的大小。因此，只要考虑运价结构中的经济性，那么就有理由认为铁路运输、水运和管道运输比卡车运输和航空运输中的运价递减幅度要大。

4）分段统一运价

承运人希望向竞争对手的运价看齐，希望简化运价，简化管理，因此建立了分段统一运价。所谓分段统一运价，就是适用于一个广阔范围内的起讫点之间的单一运价。其运价结构如图 5.5(d)所示，曲线的平稳段就是运价归并或统一段。分段统一运价在那些长途运输的产品和生产商或市场集中在特定区域的产品中最常见。邮政包裹和联合包裹服务公司对自起点开始到呈辐射状的广阔区域所报的运输价格就是其中一种形式的分段统一运价。

分段统一运价是一种歧视性运价，但对承运人和托运人来讲，运价简洁带来的好处超过了歧视带来的不利影响。同时，分段统一运价也向运输服务的客户提供了更多的选择。有时，竞争压力会迫使某段运输的运价低于根据一般运价结构和成本特点所预计的正常运价值。这一过程被称做分段统一过程。需求(或服务的价值)也会决定运价水平，且该运价与提供运输服务的成本很少一致。

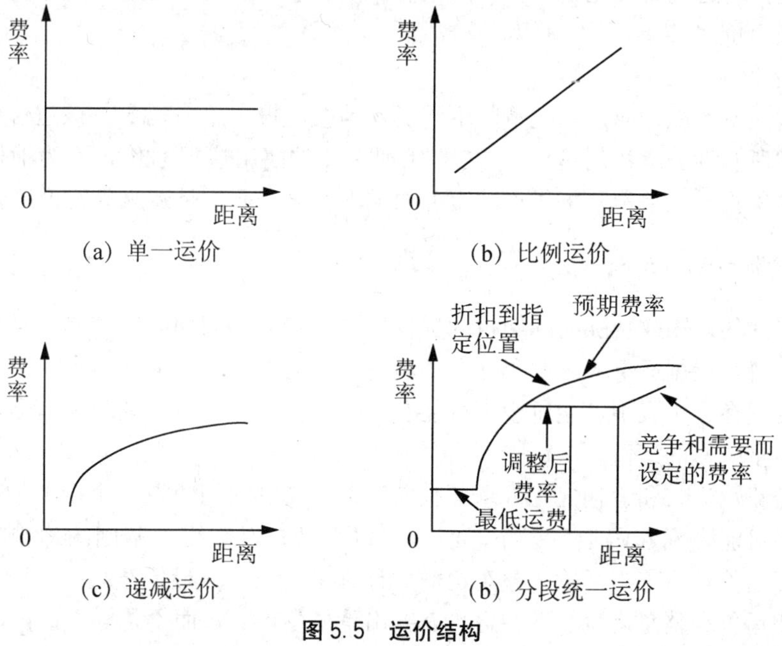

图 5.5　运价结构

2. 按货物种类划分运价

按货物不同种类划分，定价可分为普通货物运价、危险货物运价、冷藏货物运价和集装箱货物运价等。其中，在普通货物运价中，一般又按其不同的运输条件和货物本身价值高低等因素划分若干等级。例如，我国沿海、长江等航区将货物划分为 10 个等级；铁路《货物运价分类表》中将货物分为 23 类 146 项，共规定 17 个运价号等。

在美国，自 20 世纪 50 年代中期以来，许多铁路、公路、水运承运人纷纷采用了《统一货运分级表》作为唯一的分级标准。汽车运输公司也使用了《全国公路货运分级表》之类的分级标准。水运承运人或者使用重量—体积的计算方法，或者根据铁路运输和卡车运输承运人对产品的分级确定运价。货运代理人也使用铁路—卡车运输的分级表。管道运输出于其产品的单一性而不需要对产品分级。空运货物的产品分级使用并不广泛，还没有全国性的产品分级体系。

1）等级运价

与货运分级表相呼应的就是税则或运价表。一旦知道产品的货运等级，就可以确定线路运价。等级运价是起运地到目的地的运距及其他因素的函数。运价的基础——运距可以通过标准运距表或其他托运人和承运人都接受的里程规章获得。这些规章经常使用邮政编码来指示起运地和目的地。因此，就可以将许多分散的地址集中成几个参照点以便于管理，同时也有较高的准确度。

2）协议运价

尽管等级运价结构为许多种商品提供了确定运价的一般方法，但还是有很多承运人对托运人报出特殊运价。这些运价反应了某批次运输或某托运人的一些情况，如运输的批量、运输方向和客户的价值。但这些运价不一定建立在系统分析的基础上。协议运价意味着要比一般的等级运价更加优惠。这些运价非常特殊，可能是一次性的，反映了某次运输的具体情况。另一种常见做法是以等级运价为基础，随后给予特定托运人一定的折扣。

在一个地区的运输就使用这种特殊的报价，但多数小件货物运输承运人为简化报价，使用一般的等级运价。

3）综合运价

如果承运人不考虑构成运输批量的不同货物等级，报出单一运价。该运价就被称做“综合运价”或“所有种类货物的运价”。货运代理人经常使用这类运价，因为他们多数情况下处理的是混装货物。该运价随提供运输服务的成本变化，而不是随服务的价值变化。

3. 按运输批量划分运价

运价和实际的运输收费随实际交付的货量(即运量)的不同而有所差异。运价是按单位重量价格进行报价，根据运价表中起码运费和运输批量的关系的不同而有所不同。任何一种最低运量都会出现在运价表中。运价表中可能有多个最低运量，也可能对所有运量只有单一运价，即所有运量统一的运价。

铁路、公路承运人和运输经纪人据此收取运费，或者他们收取一个统一的起码运费，这样实际收费不可能降到起码运费以下。经常可以看到，以等级为基础的运输报价和起码运费。因为等级运价针对零担运输、整车运输，且有一个统一的最低车载量，所以在起码运费之外还有零担运价和整车运价。某些运价表突出重量分界点，而不是等级运价。

除上述种类的运价外，企业还使用其他运价来鼓励大批量运输，其中之一就是超量运价。超量运价比整车运价要低，仅适用于超过整车最低运量的部分。该运价鼓励托运人加大运输批量，使承运人能够更充分地利用其运输设备。

承运人还通过多车运价，甚至是专列运价来进一步鼓励托运人，促使其运输的批量超过整车的最低运量。运输批量越大，承运人可享受到的规模经济效益就越多，然后他们就可以利用上述优惠运价将某些收益转移给托运人。

这些优惠运价也是企业与其他承运人竞争的利器。铁路部门利用单一产品列车(单元列车)运送煤炭，适用于专列运价，因而有效地抵制了管道运输的竞争。

某些承运人还制定了时间—运量运价。如果托运人在某特定时段运送货物，且货量超过最低运量就可以享受更低的运价。煤炭运输中通常会有这种鼓励措施。

4. 其他运价

一般将一些不适用于前述分类方法的运价简单地归为其他运价类，下面介绍的就是从众多特殊运价中选出来的某些运价。

1) 体积运价

等级运价体系平衡考虑了许多不同产品的特征。如果货物很轻，体积很大，等级运价就不能充分弥补承运人为运输货物所支出的成本，因而需要使用体积运价。体积运价根据货物所占用的空间，而不是根据货物的重量报价。

2) 迟延运价

有时为了换取更低的运价，托运人愿意接受可能比正常服务时间更长的运输延迟。此时，承运人往往向托运人承诺货物不会晚于某指定日期运送。借助这种方法，承运人可以利用这些货物填满运载工具的富余空间。迟延运价在空运和水运中用得最多。

3) 保值运价

公共承运人在保有货物运输过程中，对货物的价值承担责任。如果货物灭失或损坏，托运人最多可以索赔货物的全部价值。在正常情况下，运价的制定就基于这种无限责任。与此不同的是，法律也允许公共承运人基于有限责任制定运价，称做保值运价。利用保值运价，承运人的责任就限制在一定金额之内。例如，家用商品运输公司通常将灭失和损坏的索赔限制在一定的金额(以美元/磅表示)内。当货物的实际价值很难估算时，保值运价尤其有用。

5.3.6 海运运价

国际海上运输与国内货物运输有很大差异，运价也与国内运输的等级体系不太一致。下面介绍国际海运的几个主要价格术语。

1. FOB

FOB是Free On Board的缩写，意为装运港船上交货。它是指卖方负责办理出口清关手续，将货物在指定的装运港越过船舷后，就算完成了交货任务。这意味着买方必须从该点起承担货物灭失或损坏的一切风险。该术语仅适用于海运或者内河运输。

卖方承担的基本义务如下：

(1) 办理出口清关手续，并负担货物到装运港船舷为止的一切费用与风险。

(2) 在约定的装运期和装运港，把货物装到买方指定的船上，并向买方发出已装船的通知，同时向买方提交约定的各项单证或相等的 EDI 单证。

(3) 在买方要求并由买方承担风险和费用的情况下，给予买方一切协助。

买方承担的基本义务如下：

(1) 负责租船订舱，支付运费，并将船名和到港装货日期及时通知给卖方。

(2) 承担货物越过装运港船舷后的各种费用及货物灭失或损坏的一切风险。

(3) 自负风险和费用，取得进口许可证或其他官方证件，并办理货物进口或必要时经由另一国家过境运输的一切海关手续。

(4) 按合同规定，受领交货凭证和货物并支付货款。

2. CFR

CFR 是 Cost and Freight 的缩写，意为成本加运费。它是指卖方在装运港将货物越过船舷，并支付将货物运至指定目的港所需的运费后，就算完成交货义务；买方则承担交货后货物灭失或损坏的风险，以及由于各种事件造成的任何额外费用。该术语仅适用于海运或内河运输，在船舷无实际意义时，则应使用 CPT 术语。

卖方承担的基本义务如下：

(1) 负责租船订舱和支付运费，按时在装运港将货物装船，并及时通知买方。

(2) 办理出口结关手续，并且承担货物在装运港到达船舷为止的一切风险，以及在装运港将货物交至船上的费用。

(3) 及时向买方提交约定的各项单证或相等的 EDI 单证。

买方承担的基本义务如下：

(1) 承担货物在装运港越过船舷后的一切风险和费用。

(2) 自负风险和费用，取得进口许可证或其他官方证件。

(3) 按合同规定，受领交货凭证和货物并支付货款。

3. CIF

CIF 是 Cost Insuranceand Freight 的缩写，意为成本加保险费和运费。它是指卖方在指定装运港将货物装上船，支付货物自装运港至指定目的港的运费和保险费，但风险自货物在装运港越过船舷时即由卖方转移给买方。该术语仅适用于海运或内河运输，在船舷无实际意义时，则应使用 CIP 术语。

卖方承担的基本义务如下：

(1) 负责办理货物运输保险，支付保险费。

(2) 租船订舱，在合同规定的装运日期或期间内，在装运港将货物装上船，支付至目的港的运费。

(3) 向买方发出一个装船通知。

(4) 负责办理货物出口手续，提供出口许可证，支付出口关税和费用。

(5) 负责货物在装运港越过船舷以前的风险。

(6) 负责提供商业发票，清洁的已装船提单。

买方承担的基本义务如下：

(1) 责除运费和保险费以外的货物在海运途中发生的一切费用。

(2) 担货物越过船舷以后的一切风险。

(3) 指定目的港收取货物，自负风险和费用来取得进口许可证或其他官方证件理货物进口或必要时经由另一国家过境运输的一切海关手续。

(4) 按合同规定，受领交货凭证和货物并支付货款。

项 目 小 结

运输成本管理是物流系统设计和管理中的关键环节。本项目讨论了最常见的运输成本问题，包括运输方式的选择、承运人的路线制定等。运输成本管理决策被视为物流管理人员面临的最重要的决策问题。这些决策问题都可以适当利用数学分析得到结果，本项目举例说明了其中的某些方法，如线性规划法、图表分析作业法等。

运价是运输价值的货币表现，即受雇承运人对所提供服务收取的费用。运输劳务不同于有形的物质产品，但是它也有价值，其价值用货币表现出来就是运价。如果线路成本所占的比例很大，就要用比例运价来协调简单的运价结构和服务成本之间的矛盾。

复习思考题

一、简答题

1. 什么是运输成本？
2. 运输成本由哪些费用构成？
3. 影响运输成本的基本因素有哪些？
4. 简述降低运输成本的方法及措施。
5. 列出表上作业法的步骤。
6. 网络分析法的操作步骤是怎样的？
7. 简述运价的结构。

二、单选题

1. 运输总成本包括货运、车队、燃料、(　　)、劳动力、保险、装卸、税收和跨国费用等。

A. 设备维护　　B. 采购费用　　C. 固定成本　　D. 风险成本

2. 影响运输成本的因素有输送距离、(　　)和市场因素。

A. 设备维护　　B. 产品特征　　C. 固定成本　　D. 风险成本

3. 运输成本计算内容包括人工费、(　　)和一般经费。

A. 产品数量　　B. 产品特征　　C. 维护费　　D. 风险成本

4. 降低运输成本的方法有优化运输系统、减少不必要的运输环节、(　　)直拨运输、组织轻重配装、实行解体运输和拼装整车运输、高效的堆码方法等。

A. “一就”　　B. “二就”　　C. “三就”　　D. “四就”

5. 优化运输方法有线性规划法、匈牙利法和(　　)。

A. 表上作业法　　B. 对角法　　C. 会计法　　D. 统计法

项目实训

1. 案例分析

某外商独资食品制造企业A在中国投资有6个工厂(不包括在建和OEM的工厂)，旗下主要有四大品牌，年销售额达到近10亿。该公司目前主要的销售区域仍集中于南方，南北大致销售比例为7∶3(以长江划分南北)。由于生产的是属于低附加值的玻璃罐装食品，所以该公司对物流成本一直比较注重。目前，该公司主要是通过每年与供应商的价格谈判降低价格。

该公司每天运输数量在300～500吨。省内配送主要使用汽运，而省外港口城市多使用海运集装箱再转运至客户。省内配送也使用过一段时间的自由车辆，但考虑到成本较高最终也改用第三方物流车辆。在运输管理方面主要做监控运作质量、管理合同价格(价格谈判)、提供发货的信息给其他相关部门等工作。在运费结算方面，汽车运输价格设定为按不同吨位不同标准(例如，同一目的地1～3吨、3～8吨、8～10吨、10吨以上，计价单位：元/吨)乞取，每天客服将订单告知车队(运输供应商)，由供应商根据订单情况派出车辆到工厂装货，具体车辆调度(例如，某辆车装哪几票货物，或者每票货装多少)由供应商完成。供应商根据每月发货情况与客服部对账确认运费。

问题：该公司如果想降低运输费用可以从哪些方面考虑?

2. 技能训练

加拿大最大的煤矿坐落在西部省份阿尔伯达，但是对煤的最大需求来自3 000千米之外的安大略南部人口密集的发电站。煤在发电站的主要竞争者为石油、天然气、核动力及水力。由于石油及天然气昂贵，核动力在长期内有安全隐患，水力能力有限制，所以煤成为现在是最优的选择。阿尔伯达煤的琉含量低，降低了烟尘排放控制设备的费用然而运输存在明显的问题。每年大约有300万吨煤从阿尔伯达运往安大略，每吨的运输成本约为45美元。阿尔伯达煤矿运输线路图如图5.6所示。

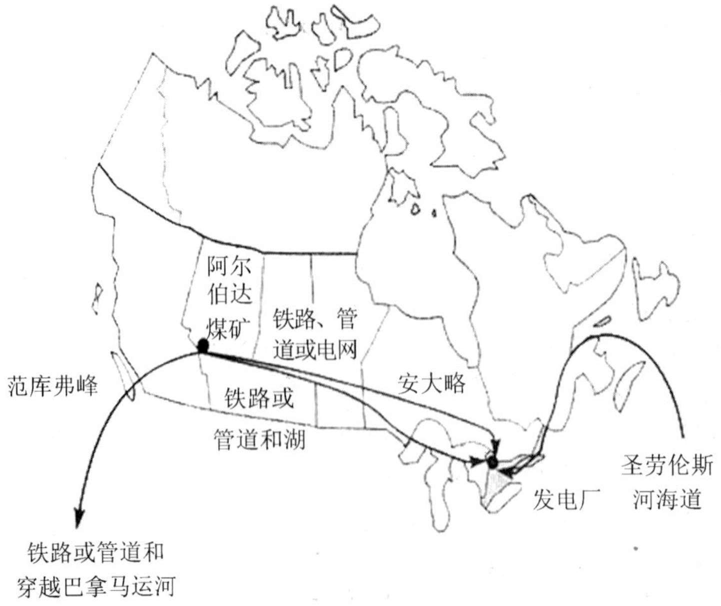

图5.6　阿尔伯达煤矿运输线路图

煤炭行业正在寻求降低成本的方法，考虑的方案归纳如下：

(1) 铁路和船运。这是现行办法，用铁路将煤从煤矿运往在北美五大湖的终点站(通常在桑德湾)，然后用船运往湖边的电厂。

(2) 直接铁路运输。用铁路直接将煤从煤矿运往电厂的货场，这样避免了转运，但要有相当长的一段铁路代替海路运输。

(3) 高效铁路。利用新设计的轨道车可以提高最大装载量，降低单位成本。通过合理的投资，高效的火车可以用来把石油运往加拿大东部和美国的市场。

(4) 煤/石油混合。向西除了混合物送往范库弗峰后被分离外，与前一个方法类似。煤装船后通过巴拿马运河和圣劳路伦斯河海道，而石油送往加拿大西部和美国市场。

(5) 高压线路。通过在煤矿附近发电，避免了煤的运输，然后利用省内电网送到安大略配电。

请从成本角度评价这些运输方案的优劣。

项目 6　库存成本管理

学习目标

掌握物流库存成本的构成、库存成本的核算方法、存货数量的盘存方法、库存成本分析与控制方法。

能力目标

(1) 能够处理库存过程成本管理的问题。

(2) 能够根据库存成本核算要求进行对象确定和账户设置。

(3) 能够独立进行库存成本项目设置。

引导案例

1. 案例介绍

某光电科技有限公司是一家专业照明器与电气装置产品制造商，它是行业的龙头企业。凭借优异的产品品质、卓越的服务精神，获得了客户的广泛认可与赞誉。为了适应新形势下的战略发展需要，公司对现有的客户关系网络进行了整合，在全国各地成立了35个运营中心，完善了公司供应链系统、物流仓储与配送系统以及客户服务系统。

该公司总部共有成品仓库3个，分别是成品一组仓库、成品二组仓库和成品三组仓库。他们是按产品的型号不同而将产品分放在不同的仓库：其中成品一组仓库位于一楼，目的是方便进出货，所以它那里存放的货物相对种类比较多一点，如筒灯、灯盘等，并且所有的外销品也存放在一组；成品二组仓库储存的主要是路轨灯、金卤灯、T4灯、T5灯以及光源，并且公司的几大光源都存放在成品二组仓库；成品三组仓库主要存放特定的格栅灯、吸顶灯、导轨灯以及别的公司的一些产品。

仓库储存空间分析

仓库仓储系统的主要构成要素包括储存空间、货品、人员及设备等要素。储存是仓库的核心功能和关键环节，储存区域规划合理与否直接影响到仓库的作业效率和储存能力。

因此，储存空间的有效利用成为仓库管理好坏的重要影响因素之一。该公司的产品销量很好。仓库的出入库频率大，货品流量也就很大。该公司的仓库空间布局是上货架存放货物，立体的空间利用率不高，所以它的仓库机械化程度也不是很高，仓库内只有叉车，包括手动叉车和电动叉车。仓库的作业方法，一般都用叉车，很少用人力的。对于货物的收发，这里用的是物资收发卡，每一次的收发货都会在物资收发卡上做登记，这样就很方便平时查货等的一些后续工作，从目前的工作结果来看效率还是比较高，作业还是比较方便的。所以整体上看该公司仓库的作业方法还是比较合理的。但仓库平时经常会因为储存空间不够用而将货物存放在作业空间的位置上。特别是在产品的销售旺季，仓库产品存放特别拥挤，在里面工作起来让人觉得有一点压抑的感觉，所以仓库的作业环境不怎么合理。该公司仓库的储存成本据统计的数据来看还算合理的，因为它的设备费用很少，固定保管费用也不是很高，而储存成本就是由该类费用构成，所以储存成本也就不是很高了。

储存空间即仓库中以保管商品为功能的空间，其计算公式为

储存空间＝物理空间＋潜在利用空间＋作业空间＋无用空间

物理空间即是指货品实际上占有的空间。在该公司仓库中，它的物理F空间占了整个仓库的75%以上；潜在利用空间占10%左右；作业空间占10%左右，因为该公司的仓库机械化并不高，所以作业空间小点并没有什么影响，它的安全间歇还基本符合要求；无用空间占5%左右。从整体上看该仓库的空间利用率很高，但还有一点拥挤的现象。分析认为：应该相对的减少一些物理空间的使用，增加一些作业空间中安全间歇等空间的使用。另外，从平面空间和垂直空间看，水平空间得到了很好的利用，但垂直空间的利用率不高，因此可考虑采用高层货架或高层自动立体货架，以更好地利用垂直空间。

货位管理的分析

货位管理就是指货品进入仓库之后，对货品如何处理、如何放置、放置在何处等进行合理有效的规划和管理。而货品如何处置、如何放置，主要由所采取的储存策略决定，货品的具体的存放位置，则要结合相关的货位分配原则来决定。该公司的仓库货位管理的储存方式是采用定位储存原则。定位储存是指每一类或每一个储存货品都有固定货位，货品不能互用货位。因此，在规划货位时，每一项货品的货位容量不得小于其可能的最大在库量。但在实际的操作中，定位储存一般会按照情况不同而做适当的调整，它会根据实际情况而做改变。在该仓库的货位管理中，经该公司有关工作人员研究，把理论与实际相结合，实行了定位、定点、定量管理的原则，因此，它的货位容量不是全部按照最大在库量进行定位的。因为该公司的产品是属于季节性差异比较大的产品，如果按照最大在库量设定就会使仓库的空间利用率下降，从而出现浪费资源的情况。

由于该公司仓库的所有库位都是用的定位储存原则，所以按照该公司的仓库现状来看，全部使用定位储存原则是不太合理的，而是应该按照产品不同特点与存储要求，将产品进行分类，对于重要的产品、数量少品种多的产品使用定位储存。而由于公司的产品特性几乎都一样，所以它们的特性是不会相互排斥的，从产品特性上看是可以把它们随机放在一起的。

另外，该公司在仓储管理的货位分配上也有一些原则：一是先进先出原则，即先入库的货品先出库的原则，该原则一般适用于寿命周期短的货品；二是面对通道原则，即将货品的标志、名称面对通道摆放，以便让作业员容易简单地辨识，这样可以使货品的存取能够容易且有效率地进行，这也是使仓库内能流畅作业的基本原则；三是重量特性原则，即按照货品重量的不同来决定货品在保管场所的高低位置。一般而言，重物应该保管于地面上或货架的下层位置，轻的货品则保管于货架的上层位置。如果是以人工进行搬运作业的时候，人的腰部以下的高度用于保管重物或大型货品，而腰部以上的高度则用来保管轻的货物或小型货品。这个原则，对于采用货架的安全性及人工搬运的作业有很大的意义。根据这个原则，该公司的仓库备货就采用了摘果式。这种方式对于该公司对仓储要求的现状来说是非常合理的，而且对于工作人员来说也是很方便的。

在具体的货位管理过程中，通过以上的介绍可以看出，他们使用了较多的现代管理方法和原则。而这些方法和原则，对于大多数较为传统的仓储业务管理来说还是比较科学合理的。当然，在管理的过程中也会有问题，如在实际的操作中，有些操作人员的不注意、不仔细、不小心也使得一些原则执行得不够好。在公司产品的销售旺季，仓库的货位管理会出现混乱局面，有些产品还会存放在作业通道和安全通道上，这样不利于作业，特别影响仓库作业人员的安全，存在安全隐患。因为这些问题往往是在销售旺季的时候特别突出，所以针对这些问题，建议将一些货物存放在露天货场，但在存放的时候要做好保护措施。

建议应用产品ABC分类管理法

要想对库存进行有效的管理和控制，首先就要对存货进行分类，只有这样才能对货物进行更好的管理和控制。因此，笔者分析后认为，在原仓储设施条件不变的情况下，采用对货品进行ABC分类的办法实施

管理，这样可有效地利用原仓库的空间和货位，即通过对货品的分析，找出主次，分类排队。根据巴雷特曲线所揭示的“关键的少数和次要的多数”的规律在管理中加以应用。因此，可按照产品价值、销售量、缺货成本或订货提前期等指标来对产品进行分类。

（资料来源：供应链管理系统案例库）

2. 案例分析

由这个案例分析可知，仓储作业中“空间”、“货位”及其科学合理的管理方法是仓储管理的一个重要内容，同时也是影响仓储成本、费用的重要因素。

3. 思考·讨论·训练

(1) 上述案例中某光电科技有限公司仓库储存空间、货位管理存在什么问题？

(2) 你认为上述案例中涉及的这家公司还可以采用什么样的库存管理方法？

任务1 认知库存成本

库存频繁出现在仓库、堆场、商店库房、运输设备和零售商店的货架上。持有这些库存每年耗费的成本约合其价值的20%～40%。因此，对物流中的库存控制已成为企业成本管理的重要内容之一，也是企业降低物流成本的一个重要方面。企业通过控制库存来降低资金占用、资金成本、存储费用，这对增加盈利有着重要的作用。

6.1.1 库存成本概述

为了维持企业的正常生产经营活动，企业必须储备一定数量的库存，但是库存过多也会影响企业的经济效益。因为采购、储存要发生各种费用支出，所以这些费用支出就构成了企业库存的成本。库存决策的准则是用最低的费用获取最经济性的订货批量，这最低的费用取决于库存成本。而库存成本是与库存系统经营有关的成本，它是建立任何库存控制模型的基本参数。

在介绍库存成本管理控制方法之前，首先需要了解与管理库存相关的成本。

库存系统是企业物流系统中的一个重要组成部分，库存成本管理的目标是受企业的总目标约束的，有时为了追求企业总成本最小而会增加库存。如果适当增加部分库存能减少其他形式的成本，并且其节约额超过了库存成本的增加额，那么企业就会选择增加库存。

库存管理的任务就是用最低的费用在适当的时间和适当的地点取得适当数量的原材料、消耗品和最终产品。在许多企业中，库存成本是物流总成本的一个重要组成部分，物流成本的高低常常取决于库存管理水平的高低，而且企业物流系统所保持的库存水平对于企业提供的客户服务水平起着重要作用。

有四大类成本对库存决策起到重要作用，即库存持有成本、订货或生产准备成本、缺货成本和在途库存持有成本。这些成本之间互相冲突或存在悖反关系，要确定订货量补足某种产品的库存，就需对其相关成本进行权衡，如图6.1所示。

6.1.2 库存持有成本

所谓库存持有成本，就是与存储的库存数量有关的成本，它可以分为固定成本和变动成

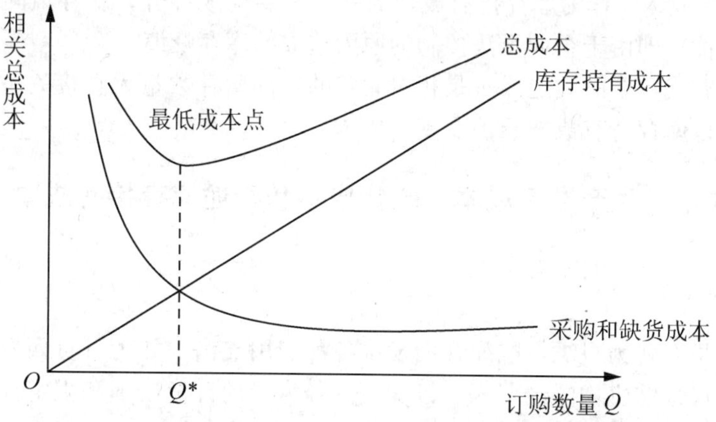

图 6.1　订购量与相关库存成本之间的悖反关系

本。固定成本与库存数量的多少无关，如仓库折旧、仓库员工的固定月工资等；变动成本与商品数量的多少有关，如商品资金的应计利息、商品的破损和变质损失、商品的保险费用等。当库存占企业资产的比例过大、库存过多时，会降低企业的盈利性，这是因为：一方面，因持有库存而必须支付的相关现金成本(如保险、税收、报废、损坏和利息支出)，会降低企业的净利润；另一方面，总资产随库存量的增加而增加，但库存过多会降低资产周转率，还有可能造成其他更好的投资机会流失，从而影响企业的盈利能力。

变动成本主要包括以下 4 项：资金占用成本、存储空间成本、库存服务成本、库存风险成本。

(1) 资金占用成本。资金占用成本有时也称为利息成本或机会成本，是库存资本的隐含价值。资金占用成本反映失去的盈利能力。如果资金投入其他方面，就会要求取得投资回报，资金占用成本就是这种尚未获得的回报的费用。一般来说，资金占用成本是库存持有成本的一个最大组成部分，通常用持有库存的货币价值的百分比来表示，也有用确定企业新投资最低回报率来计算资金占用成本的。

(2) 存储空间成本。这项成本包括与出入库有关的搬运成本以及储存成本，如租赁、取暖、照明等，即实物存储与搬运成本。这项成本将随情况不同而有很大变化。存储空间成本仅随库存水平的提高而增大。如果利用公共仓库，有关搬运及存储的所需成本将直接随库存的数量而变化，在做库存决策时，这些成本都要考虑；如果利用自有仓库，大部分存储空间成本是固定的，如建筑物的折旧。

(3) 库存服务成本。库存服务成本主要指保险及税金。根据商品的价值和类型，商品灭失或损坏的风险高，就需要较高的风险金。另外，许多国家将库存列入应税的财产，高水平库存导致高税费。保险及税金将随产品不同而有很大变化，但在核算库存储存成本时，必须要考虑它们。例如在美国，国家向企业征收的税金会随库存存放地点的不同而不同，这主要是因为在美国不同的州向企业征收的库存税率是有差别的，有的州对库存免税，有的州征收的税率高达 20%。库存税金等于库存产品的价值与税率的乘积，因此，它直接随库存水平而变化。保险费率通常并不与库存水平保持严格的比例。这主要是由于购买保险的主要目的是为了在一定时期内保护一定价值的库存产品，所以当库存发生小幅度变化时，保险的金额并不立即随之变动。但是，当库存水平未来会发生较大变化时，保险政策就会根据预期的库存水平变化做出调整。因此，从总体上来看，保险和库存水平之间还是有十分密切的关系的。

(4) 库存风险成本。作为库存持有成本的一个主要组成部分，库存风险成本反映了一种非常现实的可能性，即由于企业无法控制的原因造成的库存贬值。

由于库存持有成本中的固定成本是相对固定的，与库存数量无直接关系，它不影响库存控制的决策，所以库存持有成本只涉及变动成本。

6.1.3 订货成本、生产准备成本、缺货成本和在途库存持有成本

1. 订货成本

订货成本是指企业为组织订购库存而发生各种费用支出，如为订货而发生的差旅费、邮资、通讯费、专设采购机构的经费等。订货成本分为变动订货成本和固定性订货成本。变动订货成本与订货次数成正比，而与每次订货数量关系不大，订货次数越多，变动订货成本越高，如采购人员的差旅费、通讯费等。固定性订货成本与订货次数无关，如专设采购机构的经费支出等。

订货成本与仓储持有成本随着订货次数或订货规模的变化呈反方向变化。起初随着订货批量的增加，订货成本的下降比持有成本的增加要快，即订货成本的边际节约额比持有成本的边际增加额要多，使得总成本下降。当订货批量增加到某一临界点时，订货成本的边际节约额与持有成本的边际增加额相等，这时总成本最小。此后，随着订货批量的不断增加，订货成本的边际节约额比持有成本的边际增加额要小，导致总成本不断增加，如图 6.2 所示。由图 6.2 可见，总成本呈 U 形变化。

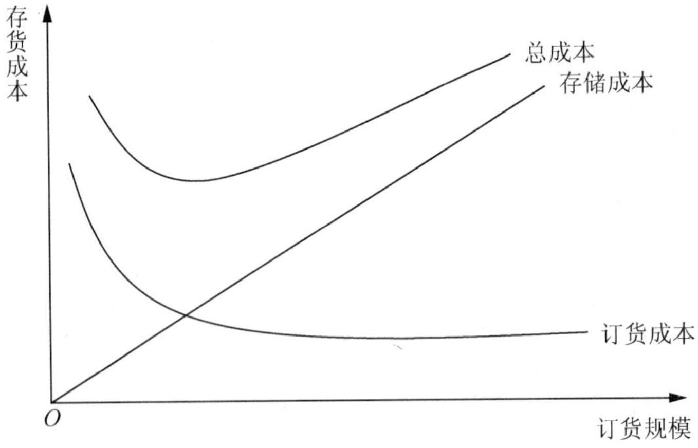

图 6.2　存货成本与订货规模的关系

2. 生产准备成本

生产准备成本是指当库存的某些产品不由外部供应而是由公司自己生产时，企业为生产一批货物而进行改线准备的成本，实质上这也可以看成是一种“采购”，只不过是采购部门与企业生产部门间的采购而已。其中更换模、夹具需要的工时或购置某些专用设备等属于固定成本，与生产产品的数量有关的费用如材料费、加工费等属于变动成本。

假定每次采购的成本是固定的，每次生产准备的成本也是固定的，则每天的总采购成本受到一年中采购次数或生产准备次数的影响，也就是受到每次采购规模或每次生产数量的影响。随着采购次数的减少(即规模和生产数量的增加)，年总采购成本会下降，而采购成本和

维持成本随着采购次数或采购规模的变化而呈反方向变化。起初随着采购批量的增加，采购成本的下降比储存成本的增加要快，即采购成本的边际节约额比维持成本的边际增加额要多，使得总成本下降，当采购批量增加到某一点时，采购成本的边际节约额与维持成本的边际增加额相等，这时总成本达到最小。此后，随着采购批量的不断增加，采购成本的边际节约额比维持成本的边际增加额要小，导致总成本不断增加。

总之，随着采购规模(或生产数量)的增加，维持成本增加，而采购(或生产准备)成本降低，使成本线呈V形，其关系如图6.3所示。

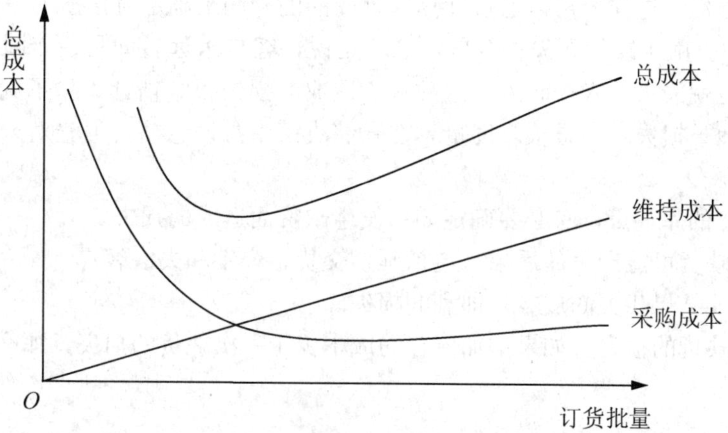

图6.3　总成本与订货批量的关系

3. 缺货成本

缺货成本是指由于库存储备不足而给企业造成的经济损失。例如，由于原材料储备不足造成的停工损失，由于商品储备不足造成销售中断的损失，还包括延迟发货损失和丧失销售机会的损失(还应包括商品损失)。如果损失客户，还可能为企业造成间接或长期损失。库存的短缺成本与库存的储备数量呈反向变化，储存库存的数量越多，发生缺货的可能性就越小，短缺成本当然就越小。

1) 保险库存的持有成本

许多企业都会考虑保持一定数量的保险库存及缓冲库存，以防在需求方面的不确定性。但是，确定在什么时间需要保持多少保险库存是很难在做到的，保险库存太多意味着多余的库存而占用资金，而保险库存不足则意味着缺货或失销。因而需要找到一个最佳的保险库存水平，在这一水平上，达到储存额外数量的存货成本加上期望缺货成本的和最小。

2) 缺货成本

缺货成本是由外部和内部中断供应所产生的。当企业的客户得不到全部订货时，叫做外部缺货；而当企业内部某个部门得不到全部订货时，叫做内部缺货。如果发生外部缺货，将导致以下情况的发生。

(1) 延期交货。延期交货可以有两种形式，或者缺货商品可以在下次规定订货时得到补充，或者利用快递延期交货。如果客户愿意等到下一个规定订货，那么企业实际上没有什么损失；但如果经常缺货，客户可能就会转向其他供应商。

如果缺货商品延期交货，那么就会发生特殊订单处理和运输费用，延期交货的特殊订单处理费用要比普通订单处理费用高。由于延期交货经常是小规模装运，运输费率相对较高，而且延期交货的商品可能需要从一地区的一个工厂仓库供货，进行长距离运输，另外可能需要利用速度快、收费较高的运输方式运送延期交货商品，所以延期交货成本可根据额外订单处理费用的额外运费来计算。

(2) 失销。尽管一些客户可以允许延期交货，但是仍有一些客户会转向其他供应商，也就是说，许多公司都有生产替代产品的竞争者。当一个供应商没有客户所需的商品时，客户就会从其他供应商那里订货，在这些情况下，缺货导致失销。对于企业来说，直接损失就是这种商品的利润损失。这样，可以通过计算这批商品的利润来确定直接损失。

(3) 失去客户。由于缺货而失去客户，也就是说，客户永远转向另一个供应商。如果失去了客户，企业也就失去了未来收入，这种缺货造成的损失很难估计。除了利润损失，还有由于缺货造成的商誉损失。商誉很难度量，在仓储决策中常被忽略，但它对未来销售及企业经营活动非常重要。

为了确定必要的库存量，有必要确定如果发生缺货而造成的损失。

① 分析发生缺货可能产生的后果，包括延期交货、失销和失去客户。

② 计算与可能结果相关的成本，即利润损失。

③ 计算一次缺货的损失。如果增加库存的成本少于一次缺货的损失，那么就应增加库存以避免缺货。

难点例解

假如缺货80%的可能导致延期交货，延期交货成本是30元，10%的可能导致失销，失销成本是100元，10%的可能导致失去客户，成本是200元，计算总的缺货损失。

解析：

延期交货损失 $30\times80\%=24$(元)

失销损失 $100\times10\%=10$(元)

失去客户损失 $200\times10\%=20$(元)

合计每次缺货的期望损失 $24+10+20=54$(元)

由于一次缺货造成的损失是54元，所以公司只要增加库存的成本少于54元，就应增加库存，避免缺货损失。

4. 在途库存持有成本

如果企业以目的地交货价销售商品，就意味着企业要负责将商品运达客户，当客户收到订货商品时，商品的所有权才转移。从财务的角度来看，商品仍是销售方的库存。因为这种在途商品在交给客户之前仍然属于企业所有，而运货方式及所需的时间是储存成本的一部分，企业应该对运输成本与在途库存持有成本进行分析。在途库存持有成本虽然不如其他库存持有成本那么明显，然而在某些情况下，企业必须考虑这项成本。一个重要的问题是如何核算在途库存持有成本。以上介绍的是库存持有成本的4个方面，即资金占用成本、存储空间成本、库存服务成本及库存风险成本，这些成本对于在途库存来说是有所变化。

(1) 在途库存的资金占用成本一般等于仓库中库存的资金占用成本，假定在运输过程中对所讨论的库存只有所有权，那么资金占用成本就要考虑。

(2) 存储空间成本一般与在途库存无相关，为运输服务部门提供设备及必要的装卸、搬运活动，其费用已计入运价。

(3) 对于库存服务成本，一些国家不对在途货物征税，但对保险的要求还要认真分析。例如，当使用承运人运输时，货物的责任相当明确，没有必要考虑附加保险；当使用自有车队或使用出租运输工具时，那么就需要考虑保险。

(4) 由于运输服务具有短暂性，货物过时或变质的风险些小一些，所以库存风险成本可以认为不存在。

一般来说，在途库存持有成本要比仓库中的库存持有成本小。在实际中，需要对每一项成本进行仔细分析，才能难确核算出实际成本。

任务2　库存成本管理策略

6.2.1　库存成本管理策略的目标

一个企业的存货需求取决于物流网络结构和顾客服务期望的水平。从理论上讲，企业会在实施中储备每一种销售产品，以致力于为每一位顾客服务。但是，因为这种存储会增加总成本，且对企业来说也有一定的风险，所以很少有哪种经营作业能承担得起如此耗资的存货义务。存货的目的是要以始终与最低的总成本相一致的最低限度的存货义务来实现所期望的顾客服务。虽然过度的存货可以用来弥补物流网络的基本设计中的不足，但在某种程度上却降低了物流管理的质量，而且把过度的存货用作向顾客提供的服务，将最终导致更高的物流总成本。

物流成本管理目标要求以尽可能最低的金融资产维持存货，在满足对顾客所承担的交付货物义务的同时实现最大限度的流通量。良好的存货管理政策是基于5项选择性的策略之上的，即顾客细分化、产品要求、运输一体化、时间要求和竞争表现。

(1) 顾客细分化。每一个将产品出售给各种顾客的企业都会面临一定范围的交易收益率。从有些顾客中可以获得高额利润并有发展潜力，而从另外一些顾客那里却不一定能得到收益。与顾客做生意的收益率取决于顾客所购买的产品、销售量、价格、所需的增值服务，以及为发展和维持一种正在进展的关系而必须追加的活动。而库存成本管理就需要把精力集中在满足这类核心顾客的需求上，有效的物流细分化的关键就在于优先安排支持这些核心顾客的存货。

(2) 产品要求。绝大多数的企业都在其生产线上经历着产量和收益率的重大变化。如果不加限制的话，也许企业会发现，全部的上市产品中不足20%的产品占全部利润的80%以上。虽然这种所谓的80/20法则(或帕雷托原则)的现象很普通，但管理者可以避免为执行物流战略和维持良好品种的生产线而产生的过度成本。避免过度成本的关键是要对产品进行现实的评估，区分出哪些产品可获得利润但却是低产量的。显然，一个企业会想方设法地对更有利可图的产品提供高度可得性和一致性的货物交付。然而，对于低盈利性产品给予高水平支持，以便向核心顾客提供全方位的服务也是必要的。在此要避免的是，对于那些由次要的或非核心顾客购买的低盈利性产品承担高水平的服务责任。因此，在展开一项选择性的库存成本管理策略时，必须考虑生产线的利润率。

(3) 运输一体化。在特定的设施中选择哪些种类的产品进行储备，会直接影响到运输表现。绝大多数的运输费率是以具体的装运数量和规模为基础的，因此，在一个仓库里储备充足的产品，以便向某个顾客或地理区域安排统一的装运也许是良好的策略。这是因为，运输中相应节省的费用往往会抵消，甚至超过为维持存货而增加的费用。

许多企业认为，在中心配送仓库里维持慢运输或低利润的产品项目是比较经济的，而实际的交付表现则可以在收到订单时再根据顾客的重要性程度做出适当的安排。对于核心顾客，可以通过可靠的航空运输提供快速服务，而对于其他的次要顾客的订单，则可以通过较便宜的地面运输交付货物。

(4) 时间要求。承担快速交付产品的义务以满足顾客的需要，是物流服务的重要驱动力。按时间的需求做出的安排，是想通过提高针对制造或零售顾客的明确需求迅速做出反应的能力，来减少总的存货。如果产品和材料能够迅速交付，就没有必要在制造工厂维持存货。同样地，如果零售店能够迅速得到补给，那么就可以减少在供应链中必须维持的安全储备量。维持安全储备的方法是要在所需要的时候获悉存货的准确数量。虽然这种按时间需求做出的规划可以将为满足顾客需求而储备的货物减少到绝对小的程度，但是必须将这种节省的费用与其他在对时间敏感的物流过程中所发生的各种费用进行平衡。例如，如果按时间的需求做出的规划趋向于缩小装运的规模，将会使装运的次数、频率和费用增加，这自然会导致更高的运输成本。因此，要有效和高效地做出物流安排，就必须实现交易平衡，在最低的总成本条件下提供所期望的顾客服务。

(5) 竞争表现。在一个与市场竞争隔绝的空间里是无法产生存货管理策略的。实际上，企业更期望去做的业务是它能否承诺和履行迅速而又一致的交付。因此，即使这种承担将增加总成本，它也有必要在一个特定的仓库中进行存货定位，以提供物流服务。良好的存货管理策略可以获得顾客服务优势或抵消其竞争对手当前所形成的压力。

6.2.2 库存合理化

库存合理化是用最经济的办法实现库存的功能。库存的功能集中体现为对需要的满足，实现被储物的“时间价值”，这是库存合理化的前提或本质。如果不能保证库存功能的实现，其他问题便无从谈起了。但是，库存的不合理又往往表现在对库存功能实现的过分强调，因而是由过分投入储存力量和其他储存劳动所造成的，所以合理库存的实质是在保证库存功能实现前提下的尽量少的投入，也是一个投入产出的关系问题。

库存合理化的主要标志包括以下几个：

(1) 质量标志。保证被储存物的质量是实现库存功能的基本要求。只有这样，商品的使用价值才能通过物流之后得以最终实现。在库存中增加了多少时间价值或是得到了多少利润，都是以保证质量为前提的。因此，在库存合理化的主要标志中，为首的应当是反映使用价值的质量。

现代物流系统已经拥有很有效的维护物资质量、保证物资价值的技术手段和管理手段，许多企业也正在探索物流系统的全面质量管理问题，即通过对物流过程的控制和工作质量来保证被储存物的质量。

(2) 数量标志。在保证库存功能实现的前提下要有一个合理的数量范围。目前管理科学的方法已能在各种约束条件的情况下，对库存合理数量范围做出决策。

(3) 时间标志。在保证库存功能实现的前提下寻求一个合理的储存时间。这是和数量有关的问题，库存量越大而消耗速率越慢，则储存的时间必然长，相反则必然短。在具体衡量时往往用周转速度指标来反映时间标志，如周转天数、周转次数等。

在总时间一定的前提下，个别被储存物的储存时间也能反映库存合理程度。如果少量被储存物长期储存，成了呆滞物或储存期过长，虽反映不到总周转指标中去，但说明库存管理存在不合理。

(4) 结构标志。结构标志是从被储存物不同品种、不同规格、不同花色的储存数量的比例关系对库存合理与否的判断。尤其是相关性很强的各种物品之间的比例关系更能反映库存合理与否，由于物品之间相关性很强，所以只要有一种物品出现耗尽，即使其他种物品仍有一定数量，也会无法投入使用。因此，不合理的结构影响面并不仅局限在某一种库存物品上，而是有扩展性的，结构标志的重要性也可由此确定。

(5) 分布标志。分布标志指不同地区库存数量的比例关系，以此判断和当地需求相比，对需求的保障程度，也可以此判断对整个物流的影响。

(6) 费用标志。如仓租费、维护费、保管费、损失费和资金占用利息支出等，都能从实际费用上判断储存的合理与否。

6.2.3 影响库存管理方法选择的因素

传统库存控制的任务是用最小的储备量保证供应，不缺货，谋求“保证供应而又最小的储备量”。而现代库存控制的任务是通过适量的库存达到合理的供应，实现总成本最低的目标。其关键性的突破在于放弃了保证供应，而允许缺货，利用总成本最低来进行决策。

库存管理要遵循经济性原则，管理成本不能超过由此带来的库存成本节约。库存管理需要在库存成本和客户服务水平之间寻找平衡点，100%的客户服务水平往往不是最佳选择，企业总是寻找维持系统完整运行所需的最小库存或达到满意的客户服务水平基础上的最低库存。因此，在选择库存管理方法要考虑以下因素：

(1) 需求性态。这一因素对于选择合适的库存管理方法非常重要。对于制造业来说，原材料、零部件的需求量是由最终产品的需求量决定的，是一种从属需求，多数最终产品则是独立需求。

在对独立需求的产品进行管理时，应该依据准确的需求预测；对于从属需求的产品，则不需进行专门的需求预测，只要依据对它产生影响的产品需求预测就可以了。

(2) 企业运作反应方式。拉动方式是以客户需求为动力，通过整个分销系统逐级拉动，直至生产者。生产者和分销商的库存以既定的订货量为基础，有时也会随现有库存量、额定最大库存的变化而变化。在这种方式下，每次的订货量是预先确定的，但直到客户需要时才进行订货。推动方式则是预先对库存水平进行计划，使用这种方式必须对最终客户的需求情况有清楚的了解，并估计各个时期的需求量，制订一个总体计划，及时向分销系统推出产品，直到最终客户。

拉动方式中生产企业对现实客户需求作出反应，而推动方式中生产企业是根据需求预测和计划来安排生产的，这是两者的根本区别。在拉动方式中，企业必须对客户的突发需求作出迅速而准确的反应。推动方式的优势在于，企业对市场进行准确的预测以后，统筹考虑，制订详细计划，稳定地满足客户需求，它可以将各种相似的需求统一考虑来降低成本，拉动方式则很难做到这一点。一般来说，拉动方式对于独立需求的产品比较有效，推动方式适用于从属需求的产品。拉动方式注重由需求者向供应者的信息流通，推动方式需要双向的交流。

当产品的需求水平、订货周期不稳定且难以预测、仓库和分销中心容量有限时，使用拉动方式比较合适。当产品利润较高、需求是从属需求、存在规模经济性、供给不稳定或供应能力有限、存在季节性供应时，推动方式可以降低成本。许多企业把这两种方式结合起来使用，例如，企业不仅预先制订系统化的计划，而且可以对需求的突发变化作出快速反应。企业也可以在不同时期使用不同方式，在销售旺季使用拉动方式，在销售淡季使用推动方式。

6.2.4 库存控制系统

库存成本控制系统是物流大系统中重要的子系统，是物流管理活动中的一个重要领域。把库存量控制到最佳数量，尽量少用人力、物力、财力把库存管理好，使有限的资源获取最大的供给保障，是企业追求的目标，甚至是企业之间竞争生存的重要一环。

1. 库存控制要素

在一般的库存控制系统中，起决定作用或较大作用的要素主要是以下几个：

(1) 企业的选地和选产。这是库存控制系统中决定库存控制结果的最基础的要素。在规划一个企业时，企业的选地与未来控制库存水平的关系极大，如果这个企业远离原材料产地而运输条件又差，则库存水平便很难控制到低水平，库存的稳定性也很难控制。

同样，企业产品的决策本身便已是库存控制的一个影响要素，有的产品决策脱离了该地库存控制的能力，这可能导致产品在市场销售上的失败。

企业选地和选产在一定意义上是对库存对象物的供应条件的选择，即该供应条件是否能保证或满足某种方式的控制。

(2) 订货。订货批次和订货数量是决定库存水平的非常重要的要素。对于一个企业而言，库存控制是建立在一定要求的输出前提下，因此需要调整的是输入。而输入的调整是依赖于订货，因此订货与库存控制关系十分密切，乃至不少企业将库存控制转化为订货控制，以此解决库存问题。

(3) 运输。订货只是商流问题，而是否能按订货意图的批量和批次以实现控制便取决于运输的保障。运输是库存控制的一个外部影响要素。有时候库存控制不能达到预期目标并不是控制本身或订货的问题，而是运输的提前或延误，提前则一下子增大了库存水平，延误则使库存水平下降甚至会出现失控状态。

(4) 信息。在库存控制中信息要素的作用尤其重要。在库存控制系统中，监控信息的采集、传递、反馈是控制的一个关键，这可以说是信息要素在这个系统中的突出点。

(5) 管理。管理和信息一样，也是重要要素，库存控制系统并不靠一条流水线、一种高新技术工艺等硬件系统支持，而是靠管理，因此管理要素的作用可能更大一些。

2. 影响库存控制的因素

库存控制是受许多环境条件制约的，除了受到价格和成本的制约外，库存控制系统内部也存在“交替损益”现象，这些制约因素可以影响控制效果，乃至决定控制的成败。

(1) 需求的不确定性。在许多因素影响下，需求可能是不确定的，如突发的热销造成的需求突增等会使控制受到制约。

(2) 订货周期。由于通讯、差旅或其他自然的、生理的因素使订货周期不确定，所以会制约库存控制。

（3）运输。运输的不稳定和不确定性必然会制约库存控制。

（4）资金。资金的暂缺、资金周转不灵等会使预想的控制方法落空，因而也是一个制约因素。

（5）管理水平。管理水平达不到控制的要求，则必然使控制无法实现。

任务3　降低库存成本的方法

6.3.1　定量订货与定期订货方法

1. 定量订货方法

定量订购是指预先规定一个订货点，当实际储备量降到订货点时，就按固定的订货数量(每次订货数量一般用经济批量法确定)提出订货。运用这种方法，每次订货的数量不变，而订货时间由材料物资需要量来决定。

定量库存控制的关键是正确确定订货点，即提出订货时的储备量标准。如果订货点偏高，将会增加材料物资储备及其储存费用；如果订货点偏低，则容易发生供应中断。确定订货点时需要考虑4个因素：经济订货批量的大小、订货提前量、超常耗用量和保险储备量。

相关计算公式如下：

订货点量＝订货时间×平均每日耗用量＋保险储备量　　(1)

保险储备量＝(预计日最大耗用量－每天正常耗用量)×订货提前期日数　　(2)

式(1)中的订货时间是指提出订货到物资进厂所需的时间。

难点例解

某企业乙种物资的经济订货批量为950吨，订货间隔期为30天，订货时间为10天，平均每日正常需用量为50吨，预计日最大耗用量为70吨，订货日的实际库存量为800吨，保险储备量为200吨，订货余额为零，则订货点库存量为

订货点库存量＝10×50＋(70－50)×10＝700(吨)

也就是说，当实际库存量超过700吨时，不考虑订货；而降低到700吨时，就应及时按规定的经济订货批量950吨提出订货。

这种方法的优点是手续简单，管理方便，而缺点是物资储备控制不够严格。因此，它一般适用于企业的耗用量较少、用途固定、价值较低、订货时间较短的物资。

2. 定期订货方法

定期订货是指预先定一个订货时间，按照固定的时间间隔检查储备量，并随即提出订货，补充至一定数量。因此，这种方法订货时间固定，而每次订货数量不确定，按照实际储备量情况而定。

相关计算公式如下：

订货量＝平均每日需用量×(订货时间＋订货间隔)＋保险储备量－实际库存量－订货余额

订货时间间隔是指相邻两次订货日之间的时间间隔；实际库存量为订货日的实际库存数量，订货余额是过去已经订货但尚未到货的数量。

这种订货方式的优点是对物资储备量控制严格，它既能保证生产需要，又能避免货物超储；其缺点是手续麻烦，每次订货都得去检查库存量和订货合同，并计算出订货量，它一般适用于企业必须严格管理的重要货物。

6.3.2 库存管理分类方法——ABC 分类管理

所谓 ABC 分类管理，就是按照 A、B、C 这 3 类，分别实行分品种重点管理方法，因为库存品种繁多，尤其是大中型企业的库存往往多达上万种甚至十几万种。实际上，有的库存尽管品种数量很少，但金额巨大，如果管理不善，将给企业造成极大的损失；相反，有的库存虽然品种繁多，但金额较小，即使管理中出现一些问题，也不至于对企业产生较大影响。因此，无论是从能力还是从经济角度，企业均不可能、也没有必要对所有库存不分主次，严加管理。ABC 分类管理法正是基于这一考虑而提出的，其目的在于使企业分清层次，突出重点，提高企业管理库存资金的整体效果。

1. 库存 ABC 的分类标准

ABC 分类的标准主要有两个：一是金额标准，二是品种数量标准。其中金额标准是最基本的，品种数量标准仅作为参考。A 类库存的特点是金额巨大，但品种数量较少；B 类库存的金额一般，品种数量相对较多；C 类库存的品种数量相对较多，但金额却很小。

一般而言，3 类库存的金额比重大致为 A∶B∶C＝0.7∶0.2∶0.1，而品种数量比重大致为 A∶B∶C＝0.1∶0.2∶0.7。可见，由于 A 类库存占用企业绝大部分资金，只要能够控制好 A 类库存，基本上也就不会出现较大的问题；

由于 A 类库存品种相对较少，企业完全有能力按照每一个品种进行管理，而 B 类库存金额相对较小，企业不必像对待 A 类库存那样花费太多的精力；由于 B、C 类库存的品种远远大于 A 类库存，企业通常没有能力对每一品种进行具体控制，所以可以通过划分类别的方式进行管理。

资料

ABC 分类法在日本被称为“二八理论”，也称为“20/80 法则”。其来源是按一般的经验，20%的商品的销售额往往要占整个销售额的 80%。

发现这一规律的是意大利的经济学家帕累托。他研究了 19 世纪英国的所有人口资产的分布后，发现存在着 20%的收益阶层拥有 80%的财富的不平衡现象，其他经济活动也有类似情况。

2. ABC 分类法在库存管理中的应用

通过对库存进行 A、B、C 分类，可以使企业分清主次，采取相应的对策进行有效的管理控制。企业在组织经济订货批量、储存期分析时，对 A、B 类库存可以分别按品种、类别进行；对 C 类库存只需要加以灵活掌握即可，一般不必进行上述各方面的测算与分析。此外，企业还可以运用 ABC 分类法将库存区分为 A、B、C 这 3 类，通过研究各类消费品的消费档次、倾向等，对各档次的库存需要进行估算，并购进相应的库存，从而使企业的采购与销售建立在市场调查的基础上，以提高库存的管理水平。

6.3.3 JIT库存控制法

1. JIT库存控制概述

JIT(Just In Time)也叫准时制，它的基本思想是："只有需要的时候，按需要的量，生产所需的产品。"其核心是追求一种无库存生产系统，或使库存达到最小，它是出发点是减少或消除从原材料投入到产成品的产出全过程中的库存及各种浪费，建立起平滑而更有效的生产过程。

JIT是20世纪80年代中期由日本丰田汽车公司首创，并在日本工业企业中得到广泛推行的关于库存优化管理的一种新理念和管理方法。现在这一方式与源自日本的其他生产、流通方式一起被西方企业称为"日本化模式"，其中，日本生产、流通企业的物流模式对欧美的物流产生了重要影响。近年来，JIT不仅作为一种生产方式，而且作为一种物流模式在物流界得到推行。准时制的优点是可以避免库存积压，减少资金占用利息，还可以节省仓库建设投资和仓库管理费用。其基本原理如下：

(1) 产品生产按照生产流程，各工序之间紧密配合，严格按生产进度时间表规定的生产节拍进行。

(2) 根据市场需要，以最终产品的生产数量为基础，推动各有关工序的生产活动，按生产流程相反方向，计算各工序每天需要的零部件和材料的品名与数量。

(3) 各道工序严格按下道工序的需要进行生产，并准时将完成的在制品交下道工序。因此，在各道工序上，最多有一天的在制品库存，或甚至几乎等于零。

(4) 外购零部件和材料严格按各工序需用数量由协作厂和供应商在每天开工前准时送达指定的生产钱。因此，在各道工序，外购零部件和材料最多有一天的库存，甚至等于零。

实行JIT，厂内物资流通与产品生产流程在时间和数量上同步进行，密切配合，使原材料、零部件、在制品和产品的库存减少到最低限度，几乎接近于零。

2. JIT生产系统与传统物流系统的区别

1) 生产流程化

生产流程化是按生产汽车所需的工序从最后一个工序开始往前推，确定前面一道工序的类别，并依次地恰当安排生产流程，根据流程与每个环节所需库存数量和时间先后来安排库存和组织物流。尽量减少物资在生产现场的停滞与搬运，让物资在生产流程上毫无阻碍地流动。

"在需要的时候，按需要的量生产所需的产品"。对于企业来说，各种产品的产量必须能够灵活地适应市场需要量的变化。众所周知，生产过剩会引起人员、设备、库存费用等一系列的浪费。避免这些浪费的手段就是实施适时适量生产，只在市场需要的时候生产市场需要的产品。

2) 生产均衡化

生产均衡化是实现适时适量生产的前提条件。所谓生产的均衡化，是指总装配线在向前道工序领取零部件时应均衡地使用各种零部件，生产各种产品。为此在制订生产计划时就必须加以考虑，然后将其体现于产品生产顺序计划之中。在制造阶段，均衡化通过专用设备通用化和制定标准作业来实现。所谓专用设备通用化，是指通过在专用设备上增加一些工夹具的方法使之能够加工多种不同的产品。标准作业是指将作业节拍内一个作业人员所应担当的一系列作业内容标准化。

生产中将一周或一日的生产量按分秒时间进行平均，所有生产流程都按此来组织生产，这样流水线上每个作业环节上单位时间必须完成多少何种作业就有了标准定额，所在环节都按标准定额组织生产，因此，要按此生产定额均衡地组织物质的供应和安排物品的流动。因为 JIT 生产方式的生产是按周或按日平均，所以与传统的大生产、按批量生产的方式不同，JIT 的均衡化生产中无批次生产的概念。

标准化作业是实现均衡化生产和单件生产单件传送的又一重要前提。例如，丰田公司的标准化作业主要是指每一位多技能作业员所操作的多种不同机床的作业程序，是指在标准周期时间内，把每一位多技能作业员所承担的一系列的多种作业标准化。丰田公司的标准化作业主要包括 3 个内容，即标准周期时间、标准作业顺序、标准在制品存量，它们均用“标准作业组合表”来表示。

3）资源配置合理化

资源配置的合理化是实现降低成本目标的最终途径，具体指在生产线内外，所有的设备、人员和零部件都得到最合理的调配和分派，在最需要的时候以最及时的方式到位。

从设备而言，设备包括相关模具实现快速装换调整。例如，丰田公司发明并采用的设备快速装换调整的方法即 SMED 法，使得丰田公司所有大中型设备的装换调整操作均能够在 10 分钟之内完成，这为“多品种、小批量”的均衡化生产奠定了基础。

在生产区间，需要设备和原材料的合理放置。快速装换调整为满足后工序频繁领取零部件制品的生产要求和“多品种、小批量”的均衡化生产提供了重要的基础。但是，这种频繁领取制品的方式必然增加运输作业量和运输成本，特别是如果运输不便，将会影响准时化生产的顺利进行。合理布置设备，特别是 U 形单元联结而成的“组合 U 形生产线”，可以大大简化运输作业，使得单位时间内零部件制品运输次数增加，但运输费用并不增加或增加很少，为小批量频繁运输和单件生产单件传送提供了基础。

3. JIT 生产方式消除库存、改善物流的关键做法

JIT 生产方式的主要目的是使生产过程中物品（零部件、半成品及制成品）有秩序地流动并且不产生物品库存积压、短缺和浪费。

1）生产准备耗费与储存成本控制

传统观念认为生产准备耗费或订货成本与储存成本是必然存在且既定的，因而控制的方法是找到一个理想的储量，使其成本之和为最低。与此相反的观点认为，这两种成本并不是既定的，可以寻求方法和采取措施使之下降，或者趋于零。它的实现主要通过以下方法：

（1）引进先进的机器设备，计算机化的控制与操作可使生产准备阶段所耗费时间变得很短，从而使准备耗费大幅度降低。

（2）仅仅选择几个可靠的供应商，且与他们建立起长期的订货关系，采购业务仅以电话或传真的方式进行，由此采购费用大量下降。

（3）改革生产过程的布局方式，由部门型或智能型转化为以产品为中心的生产方式，由此缩短了由“原材料—零部件—产成品”转移过程的路途。

（4）库存方式由集中型转变为小而分散式，减少了库存空间和资金占用。

2）保证交货期

能否按期交货是衡量企业是否有能力满足顾客需求的关键标准之一，传统处理方式是由储存一定量的产成品来达到。然而，JIT 却采用改善企业内部机制，大幅度缩短“提前期”的方式来实现的。JIT 在这方面的改革包括：

(1) 降低生产准备时间以缩短“提前期”。

(2) 提高材料、零部件和产成品的质量，消除生产废品及事后检验的时间耗费。

(3) 库存方式由集中型转变为小而分散式，减少了库存空间和资金的占用。

3）消化价格的影响

为消化价格的影响，JIT 的做法如下：

(1) 选择较近的供应商，降低运输成本。

(2) 选择能按时、保质保量提供货物的供应商，保证 JIT 生产的有效运行。

(3) 与供应商建立良好的关系，利用分享且相互信赖，以此减少由于价格的变化对企业带来的压力。

项 目 小 结

库存成本是指与取得与库存有关的一切成本的总和。它是物流作业成本中的一个主要成分。对于一般的制造企业来说，库存成本占有物流总成本的比例接近 37%。库存成本一般是由库存持有成本、订货或生产准备成本、缺货成本和在途库存持有成本所构成的，不同性质的企业其库存成本中各组成部分的比例也有所不同。物流管理人员需要根据企业的具体情况来选择合适的库存管理方法以提高企业物流系统的效率，无论企业选择什么样的库存管理方法，总成本最小永远是库存物流管理的关键目标。

复习思考题

一、简答题

1. 简述库存在物流运作中的作用。
2. 什么是库存管理？其作用是什么？
3. 简述库存管理的主要任务和原则。
4. 简述 ABC 分类控制法的原理和主要步骤。
5. 什么是 JIT？其消除库存、改善物流的关键做法是什么？

二、单选题

1. 库存变动成本主要包括资金占用成本、存储空间成本、(　　)和库存风险成本。

A. 库存服务成本　　B. 运输服务成本　　C. 配送服务成本　　D. 客户服务成本

2. 导致缺货成本原因有(　　)、失销和失去客户。

A. 提前交货　　B. 延期交货　　C. 生产延迟　　D. 准时制

3. 订购点量＝订购时间(　　)平均每日耗用量＋保险储备量。

A. ＋　　B. －　　C. ×　　D. ÷

4.(　　)＝平均每日需用量×（订购时间＋订购间隔）＋保险储备量－实际库存量－订购余额。

A. 定量订购量　　B. 延期交货　　C. 生产延迟　　D. 定期订购量

5. ABC 分类的标准主要有金额标准和(　　)。

A. 金额标准　　B. 品种数量标准　　C. 两者都不是　　D. 无法确定

项 目 实 训

1. 案例分析

前几年还很少有人关注汽车物流，可现在它俨然成了汽车业的香饽饽，很多公司都希望通过降低物流成本来提高竞争力。作为国内最大的中美合资汽车企业，上海通用是如何降低物流成本的？

秘诀一：精益生产及时供货

随着汽车市场竞争越来越激烈，很多汽车制造厂商采取了以价格竞争的方式来应战。在这个背景下，大家都不得不降低成本。而要降低成本，很多厂家都从物流这个被视作“第三利润源”的源泉入手。

有资料显示，我国汽车工业企业，一般的物流成本起码占整个生产成本的 20%以上，差的公司基本在 30%～40%，而国际上物流做得比较好的公司，物流的成本都控制在 15%以内。上海通用在合资当初就决定，要用一种新的模式，建立一个在“精益生产”方式指导下的全新理念的工厂，而不想再重复建造一个中国式的汽车厂，也不想重复建造一个美国式的汽车厂。

精益生产的思想内涵很丰富，最重要的一条就是像丰田一样——JIT，即时供货的外延就是缩短交货期。所以上海通用在成立初期，就在现代信息技术的平台支撑下，运用现代的物流观念做到交货期短、柔性化和敏捷化。

从这几年的生产实践来说，上海通用每年都有一个或一个以上新产品下线上市，这是敏捷化的一个反映。而物流最根本的思想就是怎样缩短供货周期来达到低成本、高效率。这个交货周期包括从原材料到零部件，再从零部件到整车，每一段都有一个交货期，这是敏捷化至关重要的一个方面。

秘诀二：循环取货驱除库存“魔鬼”

上海通用目前有 4 种车型，不包括其中一种刚刚上市的车型在内，另外 3 种车型零部件总量有 5 400 多种。上海通用在国内外还拥有 180 家供应商，拥有北美和巴西两大进口零部件基地。那么，上海通用是怎么提高供应链效率、减少新产品的导入和上市时间并降低库存成本的呢？

为了把库存这个“魔鬼”赶出自己的供应链，上海通用的部分零部件例如有些是本地供应商所生产的，会根据生产的要求在指定的时间直接送到生产线上去生产。这样，因为不进入原材料库，所以保持了很低或接近于“零”的库存，省去大量的资金占用。有些用量很少的零部件，为了不浪费运输车辆的运能，充分节约运输成本，上海通用使用了叫做“牛奶圈”的小技巧：每天早晨，上海通用的汽车从厂家出发，到第一个供应商那里装上准备好的原材料，然后到第二家、第三家，依次类推，直到装上所有的材料，然后再返回。这样做的好处是，省去了所有供应商空车返回的浪费。传统的汽车厂以前的做法是或者成立自己的运输队，或者找运输公司把零部件送到公司，都不是根据需要来供给，因此存在些缺陷。有的零部件根据体积或数量的不同，并不一定能装满一卡车，但为了节省物流成本，它们经常装满一卡车配送，容易造成了库存高、占地面积大。

而且，不同供应商的送货缺乏统一的标准化管理，在信息交流、运输安全等方面，都会带来各种各样的问题。如果要想管好它，必须花费很多的时间和很大的人力资源，所以上海通用改变了这种做法。上海通用聘请一家第三方物流供应商，由他们来设计配送路线，然后到不同的供应商处取货，再直接送到上海通用，利用“牛奶取货”或者叫“循环取货”的方式解决了这些难题。通过“循环取货”，上海通用的零部件运输成本下降了 30%以上。这种做法体现了上海通用的一贯思想：把低附加价值的东西外包出去，集中精力做好制造、销售汽车的主营业务，即精干主业。

秘笈三：建立供应链预警机制追求共赢

上海通用所有的车型国产化都达到了40%以上，有些车型已达到60%甚至更高。这样可以充分利用国际国内的资源优势，在短时间内形成自己的核心竞争力。因此，上海通用也非常注意协调与供应商之间的关系。

上海通用采取的是“柔性化生产”，即一条生产流水线可以生产不同平台多个型号的产品，如同时生产别克标准型、较大的别克商务旅行型和较小的赛欧。这种生产方式对供应商的要求极高，即供应商必须处于“即时供货”的状态，会产生很高的存货成本。而供应商一般不愿意独自承担这些成本，就会把部分成本打在给上海通用供货的价格中。如此一来，最多也就是把这部分成本转嫁到了上游供应商那里，并没有真正降低整条供应链的成本。

为克服这个问题，上海通用与供应商时刻保持着信息沟通。公司有一年的生产预测，也有半年的生产预测，生产计划是滚动式的，基本上每星期都有一次滚动，在此前提下不断调整产能。这个运行机制的核心是要让供应商也看到公司的计划，让他们能根据上海通用的生产计划安排自己的存货和生产计划，减少对存货资金的占用。

如果供应商在原材料、零部件方面出现问题，也要给上海通用提供预警，这是一种双向的信息沟通。万一某个零部件预测出现了问题，在什么时候跟不上需求了，公司就会利用上海通用的资源甚至全球的资源来做出响应。新产品的推出涉及整个供应链，需要国内所涉及的零部件供应商能同时提供新的零部件，而不仅仅是整车厂家推出一个产品这么简单。作为整车生产的龙头企业，上海通用建立了供应商联合发展中心，在物流方面也制作了很多标准流程，使供应商随着上海通用产量的调整来调整他们的产品。

目前市场上的产品变化很大，某一产品现在很热销，但几个月后就可能需求量不大了。上海通用敏捷化的要求就是在柔性化共线生产前提下能够及时进行调整。但这种调整不是整车厂自己调整，而是让零部件供应商一起来做调整。

市场千变万化，供应链也是千变万化的，对突发事件的应变也是如此。某段时间上海通用在北美的进口零部件出现了问题，就启动了“应急计划”，不用海运而改用空运。再比如，考虑到世界某个地区存在战争爆发的可能性，将对供应链产生影响，上海通用就尽可能增加零部件的库存，而且也预警所有的供应商，让他们对有可能受影响的原材料进行库存。供应链归根结底就是要贯彻一个共赢的概念。

（资料来源：供应链管理系统案例库）

问题：

(1) 结合案例，思考上海通用公司是如何降低物流成本的？

(2) 本案例中上海通用公司是如何控制库存成本的？

2. 技能训练

试就下列现象进行分析，提出解决的措施。

现象1：企业里经常会出现计划外采购的情况，一般都是因为出现了临时的意外情况，这时一般需要领导的特批。可是有一个真实的例子就是，有一个厂的厂长在偶然一次进仓库时发现了一种配件是几个月前他特批过的，因为当时情况特别紧急，所以他的印象特别深刻，但是在他发现的时候，那些配件还是原封不动地躺在仓库里睡大觉。

现象2：许多企业的老板都有这样一个体会，就是在审批签字的时候，没有任何依据，只能被动地签字，除了极个别的情况外，一般不会出现拒签的情况，以致于一个企业的老板甚至说：“我就是大家的奴隶。”

现象3：众所周知，企业之间的竞争最后其实是成本的竞争，而在现在生产设备自动化程度越来越高的时候，压缩产品在流通过程中的成本空间越来越小，而库存成本却大有文章可做。但是，库存成本居高不下却一直是许多企业的顽疾之一。

项目7 装卸搬运成本管理

学习目标

了解装卸搬运成本项目及其内容构成；掌握装卸搬运成本的计算及其分析控制方法。

能力目标

(1) 能够处理装卸搬运过程成本管理的问题。

(2) 能够根据装卸搬运成本核算要求进行对象确定和账户设置。

(3) 能够独立进行装卸搬运成本项目设置。

引导案例

1. 案例介绍

联华公司是上海首家发展连锁经营的商业公司。经过十几年的发展，已成为中国最大的连锁商业企业。联华公司2001年销售额突破140亿元，连续三年位居全国零售业第一。联华公司的快速发展，离不开高效便捷的物流中心的大力支持。目前，联华共有4个配送中心，总面积7万余平方米。

联华便利物流中心总面积8 000平方米，由4层楼的复式结构组成。为实现货物的装卸搬运，配置的主要装卸搬运机械设备为电动叉车8辆、手动托盘搬运车20辆、垂直升降机2台、笼车1 000辆、辊道输送机5条、数字拣选设备2 400套。在装卸搬运时，其操作过程是：对来货卸下后，把其装在托盘上，由手动叉车将货物运至入库运载处，入库运载装置上升，将货物送上入库输送带；当接到向第一层搬送指示的托盘在经过升降机平台时，不再需要上下搬运，而直接从当前位置经过一层的入库输送带自动分配到一层入库区等待入库；接到向二至四层搬送指示的托盘，将由托盘垂直升降机自动传输到所需楼层；当升降机到达指定楼层时，由各层的入库输送带自动搬送货物至入库区；当货物下平台时，由叉车从输送带上取下托盘入库。当出库时，根据订单进行拣选配货，拣选后的货物用笼车装载，由各层平台通过笼车垂直输送机送至一层的出货区，装入相应的运输车上。

2. 案例分析

先进实用的装卸搬运系统，为联华便利店的发展提供了强大的支持，使联华便利物流运作能力和效率大大提高。

3. 思考·讨论·实训

试分析该物流配送中心先进的自动化装卸搬运系统是如何实现装卸搬运作业的。

任务1 认知装卸搬运成本

7.1.1 装卸搬运概述

1. 装卸搬运的概念

装卸搬运成本指一定时期内，企业为完成货物装卸搬运业务而发生的全部费用，其具体包括人工费、维护费和一般经费3部分内容。

(1) 人工费。主要指从事装卸搬运业务的人员的费用，其具体包括装卸搬运业务人员的工资、福利、奖金、津贴、补贴、住房公积金、职工劳动保护费、人员保险费、按规定提取的福利费、职工教育培训费和其他一切用于装卸搬运业务人员的费用等。

(2) 维护费。在装卸搬运过程中需要使用一些起重搬运设备和输送设备等，维护费是指这些装卸搬运设备的折旧费、维修费以及能源消耗费等。

(3) 一般经费。指在物品装卸搬运过程中，除了上述人工费和设备维护费外，发生的其他与装卸搬运业务有关的费用，如分拣费、整理费等。

就装卸搬运业务发生的场所而言，包括车间装卸搬运、站台装卸搬运和仓库装卸搬运等，因此，装卸搬运成本存在于供应物流、企业内物流、销售物流、回收物流和废弃物物流整个物流活动的全程。

2. 装卸搬运的意义

装卸搬运活动所消耗的人力、物力较多，所以装卸搬运费用在物流成本中所占的比重也较高。以我国为例，铁路运输的始发和到达的装卸搬运作业费约占运费的20%，航运约占40%。因此，降低装卸搬运成本，对于加强物流成本管理具有重要意义。

装卸搬运活动是物流各项活动中出现频率最高的一项作业活动，装卸搬运活动效率的高低，直接会影响到物流整体效率。虽然装卸搬运活动本身并不产生效用和价值，但是由于装卸搬运活动对劳动力的需求量大，需要使用装卸搬运设备，所以物流成本中装卸搬运费用所占的比重较大。此外，进行装卸搬运操作时往往需要接触货物，因此，这是在物流过程中造成货物破损、散失、损耗、混合等损失的主要环节。例如，袋装水泥纸袋破损和水泥散失主要发生在装卸搬运过程中，玻璃、机械、器皿、煤炭等产品在装卸搬运时最容易造成损失。由此可见，装卸搬运活动是影响物流效率、决定物流技术经济效果的重要环节。

据我国统计，火车货运以500千米为分界点。运距超过500千米，运输在途时间多于起止的装卸时间；运距低于500千米，装卸时间则超过实际运输时间。

例如，美国与日本之间的远洋船运，一个往返需25天，其中运输时间为13天，装卸搬运时间为12天。据我国对生产物流的统计，机械工厂每生产1吨成品，需进行252吨次的装卸搬运，其成本为加工成本的15.5%。

7.1.2 装卸搬运作业形式

1. 按作业场所分类

(1) 车间装卸搬运。指在车间内部工序间进行的各种装卸搬运活动，如原材料，在制品、半成品、零部件、产成品等的取放、分拣、包装、堆码和输送等作业。

(2) 站台装卸搬运。指在企业车间或仓库外的站台进行的各种装卸搬运活动，如装车、卸车、集装箱装箱与掏箱和搬运等作业。

(3) 仓库装卸搬运。指在仓库、堆场、物流中心等处的装卸搬运活动，如移位等作业。

2. 按操作特点分类

(1) 堆码取拆作业。包括在车间内、仓库内。

(2) 分拣配货作业。按拣货单拣货，直至配齐。

(3) 挪动移位作业。指单纯地改变货物的水平空间位置的作业。

3. 按作业方式分类

(1) 吊装吊卸法(垂直装卸法)。主要是以使用各种起重机械来改变货物的铅垂方向的位置为主要特征的方法，这种方法应用面最广。

(2) 水平装卸法。是以改变货物的水平方向的位置为主要特征的方法，如各种轮式、履带式车辆通过站台、波板开上开下装卸货物，用叉车装卸单件货物或集装箱和托盘等。

4. 按作业对象分类

(1) 单件作业法。单件、逐件装卸搬运的方法。

(2) 集装作业法。这是以人力作业为主的作业方法，是指先将货物集零为整，再进行装卸搬运的方法，其主要有集装箱作业法、托盘作业法、货捆作业法和滑板作业法和网装作业法等。

(3) 散装作业法。是指对煤炭、矿石、粮食、化肥等块、粒、粉状物资，采用重力法(通过筒仓、溜槽、隧洞等方法)、倾翻法(铁路的翻车机)、机械法(抓、舀等)和气力输送法(用风机在管道内形成气流，利用压差来输送)等方法进行装卸。

7.1.3 装卸搬运成本项目及其内容

1. 确认资源动因，分配资源耗费至作业成本库

装卸搬运成本是指在装卸搬运过程中所支出各项费用的总和。装卸搬运业务成本项目包括装卸搬运直接费用和营运间接费用两类。这两类费用的归集是根据资源动因来区分的。

资源动因是指资源被各项作业消耗的方式和原因，它反映了作业对资源的消耗情况，是把资源库价值分配到各作业成本库的依据。

在作业成本法下，如果某一项资源耗费能直观地确定为某一特定产品或劳务即最终成本核算对象所耗费，则直接计入最终成本核算对象，这时不需要确认资源动因和成本动因，这项资源耗费对最终成本核算对象而言，通常是直接成本，如装卸搬运材料费支出。

在作业成本法下，如果某项资源耗费从发生领域看，可确定为某项作业所耗费，则可以直接计入该作业成本库，这时不需要确认资源动因，这项资源耗费对该项作业而言，通常是直接成本。

根据资源动因分配资源耗费。在将各项资源按资源动因分配至作业成本时，应首先确定资源动因分配率，然后确定各项作业所耗费的资源，其具体计算公式为

资源动因分配率＝某项资源耗费÷该项资源耗费的动因量

某项作业应分配的资源耗费＝该项作业所耗费的资源动因量×资源动因分配率

某项资源耗费＝耗费该项资源的作业成本之和

2. 确定成本动因，分配作业成本至成本核算对象

成本动因是指作业被各种产品或劳务即最终成本核算对象消耗的方式和原因，它是作业成本库成本分配到成本核算对象中去的标准。确定成本动因，即选择驱动成本发生的因素。

任务2　装卸搬运成本核算*

7.2.1　装卸搬运成本项核算概述

进行装卸搬运成本核算，有些项目用直接计入法，如装卸搬运作业过程中发生的各项费用，包括燃料、动力轮胎、折旧和大修理费用等。这些费用在发生和支付时，根据各种凭证汇总表、分配表、计算表及有关原始凭证计入装卸搬运成本。有些项目通过分配计入，如装卸搬运基层单位在组织经营管理方面发生的各项费用，按一定的分配办法计入装卸搬运成本。物流费用归集，可以按委托运输成本和委托装卸搬运成本，可根据会计明细账中的“主营业务成本——运费”、“主营业务成本——装卸费”进行管理。物流费用管理示例如图7.1所示。

图7.1　物流费用管理示例

* 本书相关成本项目的计算涉及“物流成本管理系统”，该系统由本书编者自主研发，有需要请与编者联系。

7.2.2 装卸搬运成本核算项目

1. 工资及职工福利费

工资及职工福利费根据“工资汇总表”和“职工福利费汇总表”的有关数字，直接计入各类装卸搬运成本。

【例7-1】 某物流公司装卸队2007年12月发生工资如下：机械装修队司机及装卸工20 000元，维修工人8 000元，人工装卸队40 000元，维修工人3 000元，队部管理人员9 000元。工资汇总表及福利费(福利费按照工作总额的14%计提)汇总表分别见表7-1和表7-2。

表7-1 某物流公司装卸队2007年12月工资汇总表 单位：元

成本核算对象	直接人工	制造费用
机械装卸组	20 000+8 000	
人工装卸组	40 000+3 000	
队部费用		10 000
合计	71 000	10 000

表7-2 某物流公司装卸队2007年12月职工福利费汇总表 单位：元

成本核算对象	直接人工	制造费用
机械装卸组	2 800+1 120	
人工装卸组	5 600+420	
队部费用		1 400
合计	9 940	1 400

在实行计件工资制的企业，应付工人的计件工资等于员工完成的装卸搬运数量乘以计件单价。如果工人在同一月份内从事多种作业，作业计件单价相同，就需逐加。应付计件工资计算公式为

应付计件工资=(装卸数量×装卸该种货物的单价)

【例7-2】 工人张力装卸A产品100件，计件单价1元；装卸B产品50件，计件单价2元，则该工人的工资为100×1+50×2=200(元)。

也可以采用另一种方法计算工人的计件工资，即将月份内包装完成的各种产品折合为完成定额工时数，乘以小时工资率，用公式表示为

完成定额工时数=各种包装产品数量×该种包装产品单位工时定额

计件工资=完成定额工时数×小时工资率

【例7-3】 车工王林本月加工包装A产品200个，每件定额工时30分钟，包装B产品300件，每件定额工时20分钟，该车工小时工资率1.50元。应得计件工资计算如下：

完成定额工时数=200×30÷60+300×20÷60=200(工时)

应得计件工资=200×1.50=300(元)

2. 燃料和动力

每月终了根据油库转来的装卸机械领用燃料凭证，计算实际消耗数量与金额，计入成

本。电力可根据供电部门的收费凭证或企业的分配凭证直接计入装卸成本。

【例 7-4】 某物流公司装卸队 2007 年 12 月领用装卸过程中的燃料 54 468，其中：机械装卸队 48 960 元，人工装卸队 5 508 元；另公司机械装卸队机械操作耗用电力的电费 2 000 元。燃料和动力汇总情见表 7-3。

表 7-3 某物流公司装卸队 2007 年 12 月燃料和动力汇总表 单位：元

成本核算对象	燃料费	电费	合计
机械装卸组	48 960	2 000	50 960
人工装卸组	5 508		5 508
合计	54 468	2 000	56 468

3. 修理费

由专职装卸搬运机械维修工或维修班组进行维修的工料费，应直接计入装卸搬运成本；由维修车间进行维修的工料费，通过“辅助营运费用”账户归集和分配计入装卸搬运成本。

装卸搬运机械在运行和装卸搬运操作过程中耗用的机油、润滑油以及装卸搬运机械保修领用低值易耗品的价值，月终根据油料库的材料凭证直接计入装卸搬运成本。

装卸搬运机械的大修理预提费用，分别可按预定的计提方法(如按操作量计提)计算并计入装卸搬运成本。

由于装卸搬运机械的轮胎磨损与行驶里程无明显关系，故其费用不宜采用按公里数分摊的方法处理，应在领用新胎时将其价值直接计入成本。如果一次领换轮胎数量较大时，可作为待摊费用或预提费用按月分摊计入装卸搬运成本。

【例 7-5】 某物流公司装卸队 2007 年 12 月领用外胎 4 000 元，另用内胎、垫带 700 元，分配修补费用 300 元，机械装卸队委托外单位翻新轮胎，支付翻新费用 1 500 元。轮胎费用汇总表见表 7-4。

表 7-4 某物流公司装卸队 2007 年 12 月轮胎费用汇总表 单位：元

成本核算对象	轮胎费用			合计
	外胎、内胎	修补轮胎	翻新轮胎	
机械装卸组	4 000+700	300	1 500	6 500
人工装卸组				
合计	4 700	300	1 500	6 500

4. 折旧费

折旧是指装卸搬运机械由于在使用过程中发生损耗，而定期逐渐转移到装卸搬运成本中那一部分价值。装卸搬运机械的损耗，分为有形损耗和无形损耗两种。有形损耗是指装卸搬运机械在使用过程中，由于使用和自然力影响而引起的使用价值和价值上的损失；无形损耗是指装卸搬运机械由于技术进步而引起的价值的损失。物流企业装卸搬运机械的折旧按规定的分类方法和折旧率计算，根据固定资产折旧计算表直接计入装卸搬运成本。影响折旧的因素主要有装卸搬运机械折旧期限、原值、固定资产净残值率和计提折旧的起止时间。

折旧的计算方法有平均年限法、工作量法、双倍余额递减法和年数总和法，下面主要介绍平均年限法和工作量法。

(1) 平均年限法。平均年限法又称直线法，是指按固定资产使用年限平均计算折旧的一种方法，其计算公式为

年折旧率＝(1－预计净残值率)÷折旧年限×100％

月折旧率＝年折旧率÷12

月折旧额＝固定资产原值×月折旧率

【例 7-6】 某公司一台装卸搬运机械原值为 100 000 元，使用年限 10 年，净残值率为该机械原值的 4％。按月计提的折旧额计算如下

年折旧率＝(1－4％)÷10×100％＝9.6％

月折旧率＝9.6％÷12＝0.8％

月折旧额＝100 000×0.8％＝800(元)

(2) 工作量法。工作量法是按固定资产预计作业总量计提折旧的方法，其计算公式为

单位作业量折旧额＝固定资产原值×(1－预计净残值率)÷预计作业总量

各期折旧额＝单位作业量折旧额×各期实际作业量

【例 7-7】 某公司一台装卸搬运机械原值 100 000 元，预计全部工作小时为 95 500 小时，预计净残值率为原值的 4.5％，本月统计表明该机器工作小时为 300 小时。本月该机器的折旧额计算如下：

每工作小时折旧额＝100 000×(1－4.5％)÷95 500＝1(元)

本月应提折旧额＝1×300＝300(元)

物流企业机械设备折旧适宜采用工作量法，一般按其工作时间计提。

5. 机具、劳动保护费

装卸搬运机械领用的随车工具、劳保用品和耗用的工具，在领用时可将其价值一次计入成本。

6. 租赁费

按照合同规定将本期成本应负担的租金计入本期成本。

7. 外付装卸费用

在费用发生和支付时直接计入成本。

8. 营运间接费用

装卸队直接开支的管理费和业务费，可在发生和支付时直接列入装卸搬运成本，当按照机械装卸和人工装卸分别核算成本时，可先通过“营运间接费用”账户汇集，再按直接费用比例分配计入各类装卸搬运成本。

【例 7-8】 某物流公司装卸队 2007 年 12 月发生管理费和业务招待费明细：办公费、差旅费 1 400 元、管理人员工资福利费 10 000 元，合计 11 400 元，已归结的机械装卸费用与人工装卸的费用分别为 158 000 元和 72 000 元。营运间接费用分配表见表 7-5。

表 7-5 某物流公司装卸队 2007 年 12 月营运间接费用分配表 单位：元

成本核算对象	分配标准	分配率	分配额
机械装卸组	158 000		7 900
人工装卸组	72 000		3 600
合计	230 000	0.05	11 500

通常，进行成本分析时，是根据会计明细账发生额分析。例如，对于物流企业来说，可根据会计明细账“装卸搬运——材料费”来具体分析其中有哪几项多少数额是用于装卸搬运材料费的，根据会计明细账“装卸搬运——保险费”来具体分析其中有哪几项多少数额是用于装卸搬运保险费的，从而获取和核算装卸搬运成本的有关信息，最后将与装卸搬运成本有关的信息汇总。物流费用分析示例如图 7.2 所示。

物流相关	相关说明	相关金额	物流成本科目	乘数说明	乘数比例	乘数因子
☑	现场调度提	19,880.00	X6NR	现场调度管理人员内部物流工作时间比	4800/16000	0.3000
☑	现场调度提	19,880.00	X6XR	现场调度管理人员销售物流工作时间比	6400/16000	0.4000
☑	油库管理提	3,040.00	X2NR		1	
☑	油罐车司机提	7,500.00	X1GR	油罐车供应物流所占比例	15000/30000	0.5000
☑	油罐车司机提	7,500.00	X1XR	油罐车销售物流所占比例	15000/30000	0.5000
☑	船舶驾驶员提	3,750.00	X1XR	船舶主要用于成品油销售	1	1.0000
☑	现场调度提	14,000.00	X6GR	现场调度管理人员供应物流工作时间比	4800/16000	0.3000
☑	现场调度提	14,000.00	X6NR	现场调度管理人员内部物流工作时间比	4800/16000	0.3000
☑	现场调度提	14,000.00	X6XR	现场调度管理人员销售物流工作时间比	6400/16000	0.4000
☑	油库管理人员	18,000.00	X2NZ		1	
☑	油站工作人员	24,000.00	X2XZ		1	
☑	油库管理人员	351.42	X2NR		1	
☑	油罐车司机	2,427.60	X1GR	油罐车供应物流所占比例	15000/30000	0.5000
☑	油罐车司机	2,427.60	X1XR	油罐车销售物流所占比例	15000/30000	0.5000

图 7.2　物流费用分析

任务 3　装卸搬运成本分析

7.3.1　装卸搬运成本分析方法

1. 人工费用的标准成本

装卸搬运人工费用的标准成本是指装卸搬运单位产品所需的标准工时乘以标准工资率。

标准工时是指在现有技术条件下装卸搬运产品所必须消耗的时间，包括直接装卸所用工时、必要的间歇和停工时间等。另外，还要考虑机器设备的故障及劳动组织工作等因素。

标准工资率是指按单位产品或单位标准工时支付的直接人工的工资，一般按现行的工资制度规定的工资水平计算确定。如果采用计件工资制，就是单位产品应支付的计件工资额；如果采用计时工资，就是单位标准工时应分配的工资额。其计算公式为

小时标准工资率＝预计支付直接人工标准工资总额÷标准总工时

标准总工时是指企业在现有的生产技术条件下能够完成的最大装卸搬运能力，通常用直

接人工工时数和机器小时数表示。人工标准工资由劳动部门制定。根据以上两个标准，可以按下列公式计算确定直接人工标准成本：

直接人工标准成本＝单位产品标准工时×小时标准工资率

2. 装卸搬运机械费用的标准成本

装卸搬运机械费用的标准成本是指装卸搬运单位产品所需的标准工时乘以标准分配率。

标准工时可采用装卸搬运人工工时，标准分配率是根据事先制定的装卸搬运机械预算费用计算确定的。其计算公式为

机械费用标准分配率＝装卸搬运机械费用预算额÷装卸搬运人工标准总工时

装卸搬运机械标准成本＝装卸搬运单位产品人工工时×机械费用标准分配率

7.3.2　标准成本差异分析

标准成本在某种意义上是一种目标成本。由于实际生产经营中各种因素的影响，所以产品的实际成本往往与目标不符。也就是说，与标准成本不符，实际成本与标准成本之间的差额，称为标准成本差异。成本差异的大小反映实际成本脱离预定目标的程度，当实际成本大于标准成本，称为超支差异，或叫不利差异；当实际成本小于标准成本，称为节约差，或叫有利差异。为了消除或减少不利差异，应对差异进行分析，找出原因，寻找决策，以便采取措施加以纠正。

1. 装卸搬运人工成本差异的分析

装卸搬运人工成本差异是指直接人工实际成本与标准成本之间的差额。它可以分为价差和量差两部分。价差是指实际工资率脱离标准工资率而形成的人工成本差异，其差额按实际工时计算确定，又称工资率差异；量差是指实际使用工时脱离标准工时而造成的人工成本差异，其差异额是按标准工资率计算确定金额，又称人工效率差异。

工资率差异＝实际工时×(实际工资率－标准工资率)

人工效率差异＝(实际工时－标准工时)×标准工资率

【例 7－9】 某公司本期装卸工产品 200 件，实际耗用 4 800 工时，实际支付工资 43 200，标准工时每件为 20 工时，标准工资率为 8.5 元。其工资率差异与人工效率差异计算如下：

直接人工成本差异＝实际人工成本－标准人工成本＝32 300－200×20×8＝300(元)

其中：

工资率差异＝4 800×(43 200÷4 800－8.5)＝4 800×0.5＝1 900(元)

人工效率差异＝(4 800－200×20)×8＝800×8＝6 400(元)

工资率差异的形成原因主要有工资的调整、出勤率的变化、加班和使用临时工等，原因复杂而且难以控制。直接人工效率差异的形成原因包括工作环境不良、工人经验不足、新岗工人增多、装卸设备的完好程度、作业计划安排周密程度、动力供应情况等。工人效率差异的责任主要由装卸部门负责，但也可能有一部分应由其他部门负责。例如，因材料质量不好而影响生产效率，从而生产的人工效率差异，就应由供应部门负责。

2. 装卸搬运机械费用成本差异的分析

装卸搬运机械费用成本差异是指实际装卸搬运机械费用与标准装卸搬运机械费用之间的差额。

装卸搬运机械费用在企业中属于固定费用，它经企业选定固定资产折旧方法后计算确定，一般无特殊原因不再变动，与企业装卸搬运业务量多少无直接关系。固定费用与变动费用不同，差异分析时不考虑装卸搬运量的变化。装卸搬运机械费用成本差异可分为耗费差异和能量差异。

耗费差异是指装卸搬运机械费用的实际发生金额与预算金额之间的差异，其计算公式为

耗费差异＝装卸搬运机械费用实际发生数－装卸搬运机械费用预算数

能量差异是指装卸搬运机械费用预算成本与装卸搬运机械费用标准成本的差额，或者说是实际装卸搬运量的标准工时与装卸搬运能力的差额用标准分配率计算的金额。它反映未能充分使用现有装卸搬运能力而造成的损失。其计算公式为

能量差异＝装卸搬运机械费用预算数－装卸搬运机械费用标准成本

＝固定费用标准分配率×生产能量－固定费用标准分配率×实际产量

【例 7-10】 某公司本月装卸 A 产品 600 件，发生机械费用 1 800 元，实际工时 1 200 小时；企业预算机械费用 1 980 元，预算工时为 1 200 小时；每件产品标准工时为 2.5 小时，标准分配率为 1 元/小时。其耗费差异与能量成本差异计算如下：

装卸搬运机械费用成本差异＝装卸搬运机械费用实际发生数－装卸搬运机械费用标准成本

＝1 800－600×1×2.5＝300(元)

耗费差异＝装卸搬运机械费用实际发生数－装卸搬运机械费用预算数

＝1 800－1 980＝－180(元)

能量差异＝装卸搬运机械费用预算数－装卸搬运机械费用标准成本

＝1 980－600×1×2.5＝480(元)

装卸搬运机械费用耗费差异是实际支出费用超过预算而造成的，多数情况下应从企业内部寻找原因，能量差异主要是由生产能力利用不充分造成的。

3. 核算装卸成本时资源的选取

资源是价值耗费。无论是生产、流通还是物流企业，不管企业采用的是传统成本核算制度还是作业成本制度，资源都是明确的，是客观发生的耗费。因此，核算装卸成本选取资源时，仍旧要从成本费用类科目入手，包括管理费用、装卸搬运机械费用、财务费用、人工成本和其他业务成本等科目入手，找出最原始的费用支付形态，如人工费、机械费、折旧费、维修费、办公费和通信费等，这些最原始的费用支付就是资源及其耗费。

7.3.3 支付形态分析

1. 装卸搬运成本支付形态

正确核算物流成本是有效降低物流成本的基础，目前的物流成本核算方式主要有按支付形态核算、按功能核算和按适用对象核算等 3 种，下面着重介绍前两种。按支付形态核算是把物流成本分别按运费、保管费、包装材料费、企业内部配送费、人事费、物流管理费和物流利息等支付形态记账。从中可以了解物流成本总额，也可以了解什么经费项目花费最多。这对认识物流成本合理化的重要性以及考虑在物流成本管理上应以什么为重点，十分有效。按功能核算是指分别按包装、配送、保管、搬运、信息和物流管理等功能核算

物流费用。从这种方法可以看出哪种功能更耗费成本，比按形态核算成本的方法能更进一步找出实现物流合理化的症结，而且可以核算出标准物流成本(单位个数、重量、容器的成本)，进行作业管理，设定合理化目标。按功能核算物流成本，可以从功能的角度掌握。按形态核算出来的物流成本，在将物流部门费用按不同的功能详细划分时，其分配基准比例由于行业和企业情况的不同而不同。因此，根据本企业的实际情况找出分配基准是很重要的。

这里以D公司装卸搬运成本按支付形态计算为例，说明装卸搬运成本支付。D公司物流成本支付形态中的成本项目一维构成内容与企业物流成本主表的构成内容完全一致，其支付形态中的成本项目一维构成内容主要包括材料费、人工费、维护费、一般经费和特别经费内容。D公司物流成本支付形态如图7.3所示。

分类	成本项目	代码	内部支付材料费	内部支付人工费	内部支付维护费	内部支付一般经费	内部支付特别经费	内部:
功能	装卸搬运成本	04						
成本	流通加工成本	05						
	装卸搬运信息成本	06		43,952.00	66,857.87	122,510.56		0.43
	装卸搬运管理成本	07		467,358.40	1,250.01	55,796.88		5.29
	合计	08	64,600.00	1,279,303.72	2,101,507.88	204,307.44		9.04
存货	流动资金占用成本	09					1,026,310.00	0.00
相关	存货风险成本	10					10,500.00	0.00
成本	存货保险成本	11					10,725.00	5.00
	合计	12					1,047,535.00	5.00
	其他成本	13						
	物流总成本	14	64,600.00	1,279,303.72	2,101,507.88	204,307.44	1,047,535.00	4.04

图7.3 D公司物流成本支付形态

2. 装卸搬运成本支付形态管理分析

D公司是一成品油销售公司，主要负责成品油的销售工作。截至2005年12月底，资产总额19 800万元，负债总额7 300万元。该公司共有员212 960人，设有人力资源部、综合部、财务部、信息部、物流管理部和市场营销部6个管理部门，共有管理人员96人，其中物流管理部有15名员工从事物流管理工作，信息部有16名员工从事软硬件系统开发及维护工作，另在全国各省市设有40个经销处，主要负责成品油的营销工作。该公司成品油的运输方式包括铁路、水路、公路和管道运输4种方式，自有油罐车60辆，船舶8只，主要用于成品油的运输，同时也采取委托运输方式。该公司自有油库5个，租赁油库10个，另在全国各地设有加油站10个，主要用于成品油的储存和销售。D公司2005年12月利润表见表7-6。

表 7-6　D 公司 2005 年 12 月利润表

项目	本月数
一、主营业务收入	328 000 000
减：折扣与折让	9 840 000
主营业务净收入	318 160 000
减：主营业务成本	180 400 000
主营业务税金及附加	8 642 000
二、主营业务利润	129 118 000
加：其他业务利润	400 000
减：销售费用	34 810 250
管理费用	948 455
财务费用	116 660
三、营业利润	93 642 635
加：投资收益	−60 000
补贴收入	
营业外收入	
减：营业外支出	
四、利润总额	93 582 635
减：所得税	30 882 270
五、净利润	62 700 365

3. 成本管理业务数据

D 公司成本管理业务数据引入物流成本主表，其主表界面如图 7.4 所示。该界面列出了企业物流成本业务需求的主要数据，这些数据是按成本项目、物流范围和成本支付形态三维形式反映企业一定期间各项物流成本的信息。其主要是根据物流成本的三维构成，按一定的标准和顺序，把企业一定期间的项目物流成本、范围物流成本和支付形态物流成本在日常工作中形成的大量成本费用数据进行整理而成的。

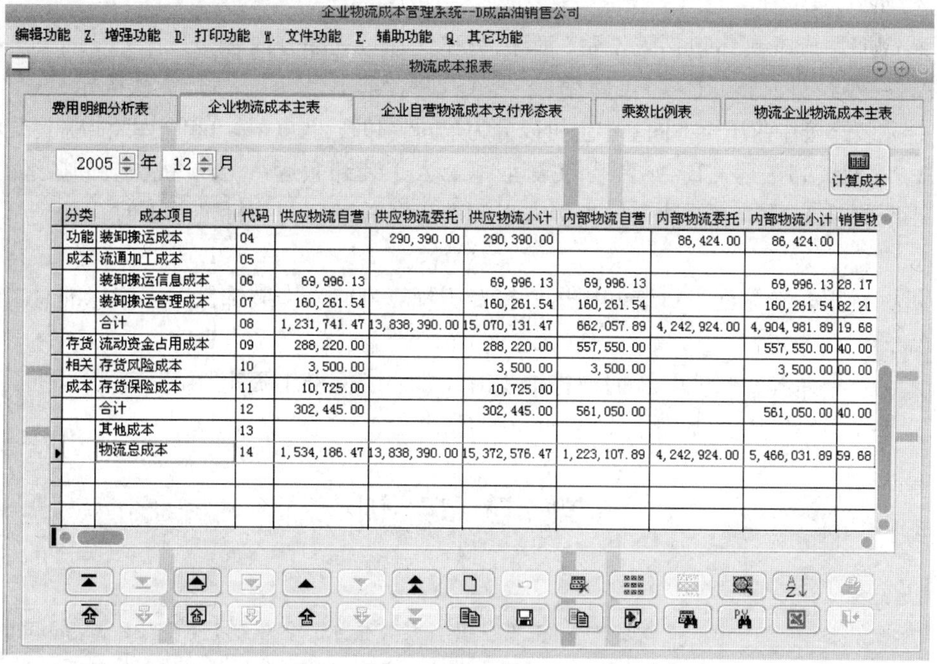

图 7.4　D 公司物流成本主表界面

4. 物流成本核算科目及账户设置

D公司显性物流成本核算需选取的会计科目有人工费、维护费和一般经费。

根据分析，可以用系统自动进行D公司物流成本明细分析核算、支付形态分析核算、各项费用比例核算。

项目小结

装却搬运活动所消耗的人力、物力较多，所以装卸搬运费用在物流成本中所占的比重也较高。本项目从装卸搬运成本构成及分析控制策略的角度阐述了降低装卸搬运成本，对于加强物流成本管理的重要意义。

使用物流成本信息系统，可以将物流成本各要素信息集成，它可以快速进行物流成本费用核算、物流成本支付形态管理、物流成本性态分析、变动趋势分析。物流成本项目很多，人工管理容易出错，效率也低，物流管理信息系统可以使整个物流成本管理系统化，从而达到效益化。

复习思考题

一、简答题

1. 如何确定装卸搬运成本核算对象？
2. 装卸成本项目有哪些内容？
3. 如何计算装卸搬运成本？
4. 装卸搬运成本分析的基本方法是什么？

二、单选题

1. 装卸搬运成本具体包括人工费、维护费和(　　)三部分内容。
   A. 一般经费　　B. 各类费用　　C. 两者都不是　　D. 无法确定
2. 企业装卸按作业场所不同基本上可以分为车间装卸搬运、(　　)和仓库装卸搬运几种。
   A. 货架装卸搬运　B. 站台装卸搬运　C. 人工装卸搬运　D. 机械装卸搬运
3. 小时标准工资率＝预计支付直接人工标准工资总额(　　)标准总工时。
   A. ＋　　B. －　　C. ×　　D. ÷
4. 机械费用标准分配率＝装卸搬运机械费用预算额(　　)装卸搬运人工标准总工时。
   A. ＋　　B. －　　C. ×　　D. ÷
5. 人工效率差异＝（实际工时－标准工时）(　　)标准工资率。
   A. ＋　　B. －　　C. ×　　D. ÷

项目实训

1. 案例分析

东方药业有限公司是一个以市场为核心、现代医药科技为先导、金融支持为框架的新型公司，是西南地区经营药品品种较多、较全的医药专业公司。东方药业有着庞大的销售网络，该网络以昆明为中心，辐射整个云南省乃至全国，包括医疗单位网络、商业调拨网络和零售连锁网络。但面对目前市场竞争越演越烈，东方药业要顺利完成预定“销售4个亿，利润400万元”的目标又谈何容易呢？

东方药业物流管理中面临的主要问题

目前，东方药业虽已形成规模化的产品生产和网络化的市场销售，但其流通过程中物流管理严重滞后，造成物流成本居高不下，不能形成价格优势。这严重阻碍了物流服务的开拓与发展，成为公司业务发展的“瓶颈”，其主要表现在以下几方面：

(1) 装卸搬运费用过高。装卸搬运活动是衔接物流各环节活动正常进行的关键，它渗透到物流各个领域，控制点在于管理好储存物品、减少装卸搬运过程中商品的损耗率、装卸搬运时间等。而东方药业恰好忽视了这一点，由于搬运设备的现代化程度较低，只有几个小型货架和手推车，大多数作业仍处于人工作业为主的原始状态，所以工作效率低，且易损坏物品。另外仓库设计的不合理，造成长距离的搬运，并且库内作业流程混乱，形成重复搬运，大约有70%的无效搬运，这种过多的搬运次数，损坏了商品，也浪费了时间。

(2) 储存费用过高。目前，东方药业的仓库的平面布置区域安排不合理，只强调充分利用空间，没有考虑前后工序的衔接和商品内的存放，混合堆码的现象严重，造成出入库的复杂性和长期存放，甚至一些已过有效期发生质变和退回的商品没能得到及时处理，占据库存空间，增大了库存成本。

(3) 运输费用没有得到有效控制。运输费用占物流费用比重较大，据日本通产省六大类货物物流成本的调查结果表明，运输成本占物流总成本的40%左右，是影响物流费用的重要因素。东方药业拥有庞大的运输队伍，但由于物流管理缺乏力度，没有独立的运输成本核算方法，该企业只单纯的追求及时送货，因此不可能做到批量配送，形成不必要的迂回，造成人力、物力上不必要的浪费。而且由于部分员工的工作作风败坏，乘送货之机办自己的私事，所以影响了工作效率，也增大了运输费用。

(4)物流管理系统不完备。在企业中物流信息的传递依然采用“批条式”或“跑腿式”方式进行，电脑、网络等先进设备与软件基本上处于初级应用或根本不用，使得各环节间严重脱离甚至停滞，形成不必要的损失。

综上所述，可以看出，物流成本控制着重在对运输和储存费用的控制。在运输中可以加强运输的经济核算，合理选择运输路线，有效调配运输车辆和人员，严格监控运输中的差错事故，就可以大幅度的降低运输费用。而在储存中，有些费用好比海中的一座冰山，人们只能看到露出水面的那一部分，虽有很大的潜力可挖，却又不容易找到切入点，那么企业现有仓储系统如何进行合理化改造？

东方药业仓储系统的合理化改造

(1) 企业现有仓储系统的现状和产生的原因。

① 仓库的现代化程度低，设备陈旧落后，不少仍处于人工作业为主的原始状态，人抬肩扛，工作效率低。货物进不来出不去，在库滞留时间过长，或保管不善而破损、霉变、损失严重，加大了物流成本。这与企业的经济实力及远景规划有关。企业建立仓库仅把它作为存放货物的地方，因此对设备现代化的要求很低，而且廉价的劳动力使得企业放弃改造设备的打算，大量的手工作业使得人员不至于闲置，“不怕慢，只怕站”的思想在人们的心中根深蒂固，降低了工作效率。

② 仓库的布局不合理。由于企业业务的不确定性，导致不同品种的零散物品占据很大的仓库面积，大大降低仓库的利用率；而且堆码、分区都很混乱，给出入库、盘点等带来诸多不便，往往是提货员拿着一张提货单在仓库里来回寻找，影响了工作效率和配送，也降低了服务质量。

③ 库存成本过大。企业目前没有一套库存控制策略，这些控制策略包括经济订货批量、订货间隔期、订货点、安全或保险库存等。当某些物品的供大于求时就造成积压，浪费人力、物力和财力；当供小于求，发生缺货时，妨碍了企业的正常生产和销售，不仅带来经济损失，也使企业失去信誉。外是破损、质变及退回商品没能及时处理所形成的库存。企业的仓储部与质检科联系不紧密，信息传递缓慢，对破损、质变等商品的单据处理及层层上报批复的过程复杂，甚至是责任不明确形成的互相推卸，这一切造成了库存的增大和库存成本的提高。

④ 仓库管理信息系统不完备，其信息化和网络化的程度低。这是受企业的经济实力、人员素质及现代化意识等因素的影响。现在，企业的储运部只有一台计算机，接收订单、入账、退货单处理、报损、退厂、

查询等工作都只能由它完成，工作量大而繁，易出错，同时也影响了整个管理链条中的信息传递和库存管理控制。

针对这些现状，企业如何在广泛的空间充分发挥自己的潜力，以不被淘汰呢？企业除了引进先进技术和人才，整合营销，树立全球竞争观念，开拓国际市场，走国际化经营之路外，更重要的是根据企业的特色优势，实行内部改革。在完善管理和引进技术的同时，加强企业的文化建设，这样才能推进东方药业的快速发展。

(2) 企业仓储系统合理化改造的建议和方法。

① 重视对原有仓库的技术改造，加快实现仓储的现代化。目前医药行业的仓库类型主要分为生产物流中的制药原料及成品库和销售物流中的战略仓库，大多数的企业比较倾向于采用高位货架结合窄通道高位驾驶三向堆垛叉车的立体仓库模式，如通化东宝、奇化顿制药、中美史克等。在此基础上，根据实际需要，尽可能引进国外先进的仓储管理经验和现代化物流技术，有效地提高仓库的储存、配送效率和服务质量。

② 完善仓库功能逐步实现仓库的社会化。加快实现仓库功能多元化是市场经济发展的客观要求，也是仓库增加服务功能、提高服务水平、增强竞争力、实现仓库社会化的重要途径。在市场经济条件下，仓库不应该再仅仅是存储商品的场所，更要承担商品分类、挑选、整理、加工、包装、代理销售等职能，还应成为集商流、物流、信息流于一身的商品配送中心、流通中心。现在在美国、日本等发达国家，基本上都把原来的仓库改成商品的流通加工配送中心。基于东方药业目前的规模及企业实力，企业应实现由现有仓库向共同配送的库存型配送中心转化。商品进入配送中心后，先是分类储存，再根据客户的订货要求进行分拣、验货，最后配送到各连锁店和医疗单位。这种配送中心作业简单，只需将进货商品解捆后，每个库区都与托盘为单位进行存放即可。

③ 建立完备的仓库管理系统。美国凯玛特的破产再一次警示那些在库存管理上有问题的公司最终难以避免破产的命运。东方药业收购的众多子公司也同样存在程度不等的库存管理不善问题，各种过期和滞销存货以及应收款项使得这些国有商业公司步履维艰。因此，东方药业物流管理的建设必须解决库存管理的低效率现状，降低库存成本和存货滞销风险，解决它在整个管理链条中信息传递问题。

④ 减少作业环节。每一个作业环节都需要一定的活劳动和物化劳动消耗，采用现代技术手段和实行科学管理的方法，尽可能地减少一些作业环节，既有利于加速作业的进度，又利于降低成本。

a. 采用“二就直拨”的方法：就厂直拨，企业可以根据订单要求，直接到制药厂提货，验收后不经过仓库就将商品直接调运到各店铺或销售单位；就车直拨，对外地运来的商品，企业可事先安排好短途运输工具，在原车边即行分拨，装上其他车辆，转运收货单位，省去入库后再外运的手续。

以上这两种方法既减少了入库中的一切作业环节，又降低了储存成本。

b. 减少装卸搬运环节。改善装卸搬运作业，即要设法提高装卸搬运作业的机械化程度，还必须尽可能地实现作业的连续化，从而提高装卸搬运效率，缩短装卸搬运时间，降低物流成本，其合理化措施有以下几个：

其一，防止和消除无效作业。尽量减少装卸搬运次数，努力提高被装卸搬运物品的纯度，选择最短的作业路线等都可以防止和消除无效作业。

其二，提高物品的装卸搬运活性指数。企业在堆码物品时事先应考虑装卸搬运作业的方便性，把分类好的物品集中放在托盘上，以托盘为单元进行存放，既方便装卸搬运，又能妥善保管好物品。

其三，积极而慎重地利用重力原则，实现装卸搬运作业的省力化。装卸搬运使物品发生垂直和水平位移，必须通过做功才能完成。由于我国目前装卸搬运机械化水平还不高，许多尚需人工作业，劳动强度大，所以必须在有条件的情况下利用重力进行装卸搬运，将设有动力的小型运输带(板)斜放在货车、卡车上进行装卸搬运，使物品在倾斜的输送带(板)上移动，这样就能减轻劳动强度和能量的消耗。

其四，进行正确的设施布置。采用“L”形和“U”形布局，以保证物品单一的流向，既避免了物品的迂回和倒流，又减少了装卸搬运环节。

⑤ 减少退货成本。随着退货会产生一系列的物流费、退货商品损伤或滞销而产生的费用以及处理退货商品所需的人员费等各种事务性费用，而且由于退回的商品数量小，品种繁多，所以使配送费用有增高的

趋势，处理业务也很复杂，这些费用构成企业物流成本中的重要部分，必须加以控制。控制退货成本首先要分析退货的原因，一般来讲，只要掌握本企业商品在店铺的销售状况及客户的订货情况，做出短期的销售预测，调整企业的商品数量和种类就能从根本上解决由客户引起的退货现象。另外，应从本企业的角度找出退货的原因，企业往往为了追求最大的销售目标，一味将商品推销给最终客户，而不管商品实际的销售状况和销售中可能出现的问题，结果造成流通在库增加、销售不振，退货成本高昂，因此应改变企业片面追求销售额的目标战略，在追踪最终需求动向和流通在库的同时，为实现最终需求增加而实施销售促进策略。

与上述问题相关联，要根本防止退货成本，企业还必须改变员工绩效评价制度，即不是以员工每月的销售额作为奖惩的依据，而是在考察客户在库状况的同时，以员工年度月平均销售额作为激励的标准，这样才能在防止退货出现的情况下，提高经营效率。当然，在制度上还必须明确划分产生退货的责任，端正员工的工作态度，按客户要求准确无误的发货。

问题：

(1) 东方药业是如何改进装卸搬运环节的?

(2) 结合案例谈谈装卸搬运合理化的重要性。

2. 技能训练

根据本项目学习内容，对下列情况进行成本分析与计算。

(1) 物流公司搬运工人在月份内搬运甲产品 300 件，其工时定额为每件 20 分钟，搬运乙产品 200 件，其工时定额为每件 30 分钟，其中甲、乙产品各有一件由于搬运工过失而造成损害(甲、乙两种产品的单价分别为 80 元、100 元)。该工人小时工资标准为 8 元。试分析计算该工人当月应得工资。

(2) 某企业本期装卸搬运产品 200 件，实际耗用 3 800 小时，实际支付工资 32 300 元，标准工时为每件 20 小时，标准工资率为 8 元。试分析计算其工资率差异与人工效率差异。

项目8 配送成本管理

学习目标

掌握配送成本的概念、特点、构成要素、配送成本核算方法以及配送成本的分析与控制方法；掌握配送成本归集、计算、分析。

能力目标

(1) 能够处理配送过程成本管理的问题。

(2) 能够根据配送成本核算要求进行对象确定和账户设置。

(3) 能够独立进行配送成本项目设置。

引导案例

1. 案例介绍

加拿大大都市公司的食品杂货配送中心是加拿大魁北克省最大的商品配送中心，M-R配送中心坐落在一幢庞大的单层建筑里，总面积达5.5万平方米，层高近9米。M-R配送中心的固定配货对象有320家零售商、18家区域批发商。配送服务供应半径为300千米，每日配送发货量超过10万箱，从接到客户要货指令，到配送发货，再到商品到达客户，一般不超过8个小时，实现“日配”。

(1) 计算机管理。M-R配送中心对进货、存货、配送、发货进行全过程的计算机控制。进货、仓位、货架、配送运输线、发往何处、发多少货、库存等，都借助计算机有条不紊地进行。M-R配送中心还与部分零售商的POS系统联网，随时了解商店的销售动态，做到商店尚未提出要货，就已把缺货的商品主动送货上门。

(2) 条形码。进出M-R配送中心的商品，除了商品条形码标记以外，商品的包装箱外还贴有区位码和物流码。有的区位码是由计算机处理信息后，由配送中心通知供应商贴上的，所以货物由供应商送到配送中心后，可以很快送到指定的仓位、货架存储。物流码则主要用于配送过程，一般在配送发货前贴上，部分在进货时就已贴上。借助于物流码，自动分拣系统可以方便地进行分拣配送商品。

(3) 自动分拣系统。自动分拣系统是M-R配送中心的关键设备，整个系统有控制室、现场监视器。操作员坐在控制室内，从监视器屏幕上，可以选择看到不同部位商品配送的情景。纵横交错的辊道运输线则将各个仓位、货架连成一体，便于进行自动配送。除了主运线外，M-R配送中心设有12条分支线，直接通往12个发货出口。发往同一供货对象的不同商品，或者发往不同供货对象的同一商品，在主运送线上移动时，激光扫描仪会自动“阅读”商品箱的物流码，将信息传送到“道口”，商品箱移动到“道口”时，便会被自动传入到指定的分支线，送达指定的出口处打包发货。

(4) 自动打包机。M-R配送中心的12个出口处都装有一台大型自动打包机。发往同一供货对象的商品，由辊道运输线送到打包平台上，自动打包机便将小型分散的不同商品箱组合打包成一个标准箱，送上卡车运往要货单位。

2. 案例分析

加拿大大都市公司的食品杂货配送中心作为物流中心的一个主要类型之一，不仅具有先进的硬件系统，而且具有良好的软件系统。可以在合理的区域范围内，按照顾客的需求，高效快捷地把货物送到顾客手里，充分发挥了物流配送中心的功能。

3. 思考・讨论・训练

(1) 从案例中，你对物流中心有哪些初步认识？

(2) 加拿大大都市公司的食品杂货配送中心实现“日配”的主要手段是什么？

任务1　认知配送成本

8.1.1　配送成本概述

1. 配送的定义

配送是在经济合理区域范围内，根据客户要求，对物品进行拣选、加工、包装、分割、组配等作业，并按时送达指定地点的物流活动。

2. 配送与物流的关系

配送作为一种特殊的物流活动方式，几乎涵盖了物流中所有的要素和功能，是物流的一个缩影或某一范围内物流全部活动的体现。配送不同于一般的物流要素。配送的区域与物流区域存在着较大的差异。从与客户关系的要素来看，配送与客户的关系更紧密，是“最终配置”。

3. 配送过程

配送过程是指配送的工作过程。在实际运作过程中，虽然配送由于产品形态、企业状况及客户要求存在差异，但其一般过程为“集货→分拣→配货→配送加工→配装→配送运输→送达服务”。

4. 配送成本的定义

从物流角度来说，配送几乎包括了物流的所有功能要素，是物流的一个缩影或在较大范围中全部物流活动的体现。因此，配送成本(Distribution Costs)就是指配送活动中所消耗的物化劳动和活劳动的货币表现。具体来说，它是指直接或间接用于收货、存储保管、拣货配货、流通加工、客户服务、库存管理、运输、订货、信息处理和配送作业费用的总和。其计算公式为

$$\text{配送成本比率}=\frac{\text{自备车配送成本}+\text{外雇车配送成本}}{\text{配送总费用}}$$

$$\text{单元货品配送成本}=\frac{\text{自备车配送成本}+\text{外雇车配送成本}}{\text{配送总货量}}$$

5. 配送成本的一般特征

(1) 配送成本与服务水平密切相关。提高配送服务水平会使配送成本大幅度增加。

(2) 配送成本中有不少是配送部门不能控制的，而受商品交易市场、交通运输条件的直接影响。

(3) 配送成本中不同的功能成本之间存在二律背反现象，即一种功能成本的削减会使另一种功能成本增加，因此，配送管理的目标是追求总成本的最小化，而不是个别成本的优化。

(4) 配送成本削减的乘法效应。如果配送成本占销售额的1%，那么当配送成本降低1元，相当于使销售额增加100元。可见，配送成本的下降对企业经营影响巨大。

(5) 一些专业的配送需要特殊的专业设备，投入巨大，且没有通用性。

(6) 配送往往单向进行。

配送是集货、分拣、配载、包装、组配及加工等一系列活动的集合。通过配送，物流活动才得以最终实现，但完成配送活动是需要付出代价的，即需配送成本。配送成本是配送过程中所支付费用总和。

根据配送流程及配送环节，配送成本实际上包含配送运输费用、分拣费用、配装及流通加工费用等。

8.1.2 配送成本核算

配送成本费用的核算是多环节的核算，是各个配送环节或活动的集成，在实际核算时，涉及哪一个活动，应当对哪一个配送活动进行核算。配送各个环节的成本费用核算都具有各自的特点，如流通加工的费用核算与配送运输费用的核算具有明显的区别，其对成本核算的对象及核算单位都不同。

配送成本费用的核算由于涉及多环节的成本核算，所以对每个环节应当核算各个成本对象的总成本。总成本是指成本核算期内成本核算对象的成本总额，即各个成本项目金额之和。

需要指出的是，在进行配送成本费用核算时，要避免配送成本费用重复交叉，夸大或减小费用支出，使配送成本费用不真实，不利于配送成本费用核算。

任务2 配送运输成本的构成与核算

8.2.1 配送运输成本的构成

配送运输成本是指配送车辆在完成配送货物过程中，所发生的各种车辆费用和配送间接费用。配送成本费用总额是由各个环节的总成本组成的，具体公式为

配送成本＝配送运输成本＋分拣成本＋配装成本＋流通加工成本

1. 车辆费用

车辆费用指从事配送运输生产而发生的各项费用，其具体包括驾驶员及助手等工资及福利费、燃料、轮胎、修理费、折旧费、养路费和车船使用税等项目。其计算公式为

$$\text{运费}=\text{基本运费}+\text{附加费}=\text{运费吨}\times\text{基本运费}\times(1+\text{基本费率})$$

2. 工资及职工福利费

根据“工资汇总表”和“职工福利费汇总表”中分配给各分类成本的金额计入成本。对于有固定车辆的司机及其随车人员的工资、行车津贴，应由有关车型的运输成本负担，将其实际发生数直接计入运输成本的工资项目。

按照工资负担对象和金额计算应计提的职工福利费，直接计入各分类运输成本的“职工福利费”项目。

没有固定车辆的后备司机的工资及津贴，应按营运车吨位或营运车日，分配计入有关车辆的分类运输成本。其分配计算公式为

$$\begin{array}{c}\text{每运营车吨日工资}\\\text{分配额(元/车吨日)}\end{array}=\frac{\text{应分配的司机工资总额}}{\text{总运营车吨日}}$$

$$\text{某车型应分摊的司机工资额(元)}=\text{该车型实际总运营车吨日}\times\text{每运营车吨日工资分配额}$$

3. 燃料

营运车辆消耗的燃料，应根据行车路单或其他有关燃料消耗报告所列实际消耗量核算计入成本。燃料消耗核算的范围与期间，应与车辆运行情况相一致，以保证燃料实际消耗量与当月车辆行驶总车公里和所完成的运输周转量相对应。

实际满油箱制的运输企业，在月初、月末油箱加满的前提下，车辆当月加油的累计数，即为当月燃料实际消耗数。企业根据行车路单领油记录核实的燃料消耗统计表，即可计算当月燃料实耗数。

实行实地盘存制的企业，应在月底实地测量车辆油箱存油数，并根据行车路单加油记录，计算各车当月实际耗用的燃料数。其计算公式为

$$\text{当月实耗数}=\text{月初车存数}+\text{本月领用数}-\text{月末车存数}$$

营运车辆在本企业以外的油库加油，其领发数量不作为购入和发出处理的企业，应在发生时按照分类成本领用的数量和金额，直接计入各分类运输成本。

4. 轮胎

营运车辆领用的内胎、垫胎以及轮胎零星修补费用和轮胎翻新费用，按实际领用数和发生数计入各分类运输成本。外胎可以按领用轮胎实际成本计入当月运输成本，但在一次领用轮胎较多时，可以在一年内分月摊入各月运输成本。

国有汽车运输企业，一般按每胎公里摊销额和月度内实际行驶胎公里数计算列入成本。其计算公式为

$$\begin{array}{c}\text{千胎公里摊提额}\\\text{(元/千胎公里)}\end{array}=\frac{\text{外胎计划价格}-\text{计划残值}}{\text{新胎到报废行驶里程定额}\div 1\,000}$$

外胎的轮胎摊提费用，应按月计入运输成本。其计算公式为

$$\text{外胎应计摊提费用(元)}=\text{千胎公里摊提额}\times\text{该车型外胎实际使用胎公里}\div 1\ 000$$

报废的外胎，应按照新胎到报废的里程定额计算其超亏里程，并按月分车型来计算其超亏驶里程差异，调整运输成本。其计算公式为

$$\begin{array}{c}\text{某车型外胎亏里程}\\\text{应调整成本差异(元)}\end{array}=\text{千胎公里摊提额}\times\begin{array}{c}\text{该车型报废外}\\\text{胎超亏胎公里}\end{array}\times 1\ 000$$

5. 修理费

营运车辆因维护和修理而领用的各种材料、配件费，直接计入各分类成本的修理费项目；预提的车辆大修理费用，可根据“预提大修理费用计算表”计入本项目。

营运车辆的大修理费用，按实际行驶里程计算预提，特种车按使用年限计算预提。

(1) 按使用年限计提修理费的计算公式为

$$\begin{array}{c}\text{某车型运营车月大}\\\text{修理费用提存率(\%)}\end{array}=\frac{\text{预计大修理次数}\times\text{每次大修理费用}}{\text{该车型平均原值}\times\text{预计使用年限}\times 12}\times 100\%$$

(2) 按实际行驶里程计提修理费的计算公式为

$$\begin{array}{c}\text{某车型运营车千公里大修理}\\\text{费用预提额(元/千车公里)}\end{array}=\frac{\text{预计大修理次数}\times\text{每次大修理费用}}{\text{该车型新至报废行驶里程定额}\div 1\ 000}$$

$$\begin{array}{c}\text{其车型运营车月大}\\\text{修理费用提存额(元)}\end{array}=\frac{\text{该车型营运车千公里大修}}{\text{费用预提额(元/千车公里)}}\times\frac{\text{该车型营运车当月实际}}{\text{行驶里程(车公里)}}\div 1\ 000$$

实际大修间隔里程与大修间隔里程定额比较，所发生的超亏里程造成的多提或少提费用差异以及大修后实际大修费用与预提每次大修理费用的差额，应调增或调减本项目。

6. 车辆折旧

营运车辆的折旧，按实际行驶里程计算，特种车、大型车按年限法计算列入本项目。不采取预提大修费的企业，可不分大修和小修，所发生的修理费用，直接计入本项目。

(1) 按使用年限法计提折旧的计算公式为

$$\begin{array}{c}\text{某车型营运车}\\\text{月折旧率(\%)}\end{array}=\frac{1-\text{残值率}}{\text{该车型预计使用年限}\times 12}\times 100\%$$

$$\begin{array}{c}\text{某车型营运车}\\\text{月折旧率(\%)}\end{array}=\text{该营运车月初原值}\times\text{该车型营运车月折旧率}$$

(2) 按行驶车公里计提折旧的计算公式为

$$\begin{array}{c}\text{某车型营运车千公里}\\\text{折旧额(元/千车公里)}\end{array}=\frac{\text{车辆原值}-(\text{预计残值}-\text{清理费用})}{\text{该车型折旧里程定额}\div 1\ 000}$$

$$\begin{array}{c}\text{某车型营运车}\\\text{折旧费用(元)}\end{array}=\frac{\text{该车型营运车当月实}}{\text{际行使里程(车公里)}}\times\frac{\text{该车型营运千车公里}}{\text{折旧额(元/千车公里)}}$$

月终，根据固定资产折旧计算表，将提取的营运车辆折旧额计入各分类运输成本的本项目内。

7. 养路费及运输管理费

按运输收入的一定比例计算交纳的企业，应按不同车型分别计算应交纳的养路费和运输管理费，计入各分类成本。例如，按车辆吨位于月初或季初预先交纳养路费或运输管理费的

企业，应根据实际交纳数分摊计入各分类运输成本的本项目内。

8. 车辆保险费

按实际支付的投保费用和投保期，并按月份分车型分摊计入各分类成本的本项目内。

9. 事故费

营运车辆在运营过程中因碰撞、翻车、碾压、落水、失火和机械故障等原因而造成的人员死亡、牲畜死伤、车辆损失和物资毁损等行车事故所发生的修理费、救援费和赔偿费以及支付给外单位人员的医药费、丧葬费、抚恤费和生活补助费等事故损失，在扣除向保险公司收回的赔偿收入以及事故对方或过失人的赔偿金额后，计入有关分类成本的本项目内。在事故发生时，可预估事故损失。在预估事故费用时，通过预提费用账户进行核算。当年结案事故的实际损失与预提数的差额，调整本年度有关业务成本。因车站责任发生货损、货差等事故损失，应计入“营运间接费用”账户，不列入本项目。

10. 车队管理费

车队管理费应分配计入本车队各类车型的运营成本。为方便起见，其分配方法通常先按车队发生的营运车辆的车辆费用和其他业务的直接费用比例，由运输业务和其他业务分摊，然后再按各类车辆的直接费用比例或营运车日比例，由各类运输成本分摊。

车队管理费初次分配的计算公式为

$$\text{车队费用分配率}(\%)=\frac{\text{当月车队费用总额}}{\text{运输业务直接费用}+\text{其他业务直接费用}}\times 100\%$$

$$\begin{matrix}\text{运输业务应分摊}\\\text{车队费用(元)}\end{matrix}=\begin{matrix}\text{当月运输业务}\\\text{直接费用总额}\end{matrix}\times\begin{matrix}\text{车队费用}\\\text{分配率}\end{matrix}$$

车队管理费按各种车辆的直接费用比例分配的计算公式为

$$\begin{matrix}\text{车队费用按车型}\\\text{分摊的分配率}(\%)\end{matrix}=\frac{\text{运输业务应分摊的车队费用}}{\text{该车队各车型营运车的直接费用}}\times 100\%$$

$$\begin{matrix}\text{某车型的营运车应}\\\text{分摊的车队费用(元)}\end{matrix}=\begin{matrix}\text{当月该车型营运车}\\\text{直接费用总额}\end{matrix}\times\begin{matrix}\text{车对费用按车型}\\\text{分摊的分配率}(\%)\end{matrix}$$

11. 营运间接费用

营运间接费用是指在营运过程中发生的不能直接计入各成本核算对象的站、队经费，包括站、队人员的工资及福利费、办公费、水电费和折旧费等内容，但不包括管理费用。

8.2.2 配送分拣成本

1. 分拣人工费用

分拣人工费用是指从事分拣工作的作业人员及有关人员的工资、奖金、补贴等费用的总和。

2. 分拣成本核算

分拣成本是指分拣机械及人工在完成货物分拣过程中所发生的各种费用。拣货作业是配送中心最复杂的作业，其所耗费占成本的比例较大是管理的重点，其计算公式为

$$每订单投入拣货成本=\frac{拣货投入成本}{订单数量}$$

$$每件商品投入拣货成本=\frac{拣货投入成本}{拣货单位累计件数}$$

$$拣误率=\frac{拣取错误笔数}{订单总笔数}$$

3. 分拣成本项目

(1) 分拣直接费用。

① 工资。指按规定支付给分拣作业工人的标准工资、奖金、津贴等。

② 职工福利费。指按规定的工资总额和提取标准计提的职工福利费。

③ 修理费。指分拣机械进行保养和修理所发生的工料费用。

④ 折旧。指分拣机械按规定计提的折旧费。

⑤ 其他。指不属于以上各项的费用。

(2) 分拣间接费用。

① 分拣间接费用。指配送分拣管理部门为管理和组织分拣生产，需要由分拣成本负担的各项管理费用和业务费用。

② 分拣设备费用。指分拣机械设备的折旧费用及修理费用。

上述分拣直接费用和间接费用则构成了配送环节的分拣成本。

4. 分拣成本核算方法

配送环节分拣成本的核算方法，是指分拣过程所发生的费用，按照规定的成本核算对象和成本项目，计入分拣成本的方法。

(1) 工资及职工福利费。根据“工资汇总表”和“职工福利费汇总表”中分配的金额计入分拣成本。

(2) 修理费。辅助生产部门对分拣机械进行保养和修理的费用，根据“辅助生产费用分配表”中分配的分拣成本金额计入成本。

(3) 折旧。根据“固定资产折旧计算表”中按照分拣机械提取的折旧金额计入成本。

(4) 其他。根据“低值易耗品发出凭证汇总表”中分拣成本领用的金额。

(5) 分拣间接费用。根据“配送管理费用分配表”计入分拣成本。

5. 分拣成本核算表

物流配送企业月末应编制配送分拣成本核算表，以反映配送分拣总成本。配送总成本是指成本核算期内成本核算对象的成本总额，即各个成本项目总和和金额之和。分拣成本的核算可按表 8－1 进行计算。

表8-1 分拣成本核算表

编制单位： 年 月 单位：元

项目	计算依据	合计	分拣品种				
			货物甲	货物乙	货物丙	货物丁	…
一、分拣直接费用							
工资							
职工福利费							
修理费							
折旧							
其他							
二、分拣间接费用							
分拣总成本							

8.2.3 配送流通加工成本

1. 配送流通加工成本

(1) 配送流通加工设备费用。购置加工设备所支出的费用以流通加工费的形式转移到被加工的产品中去。

(2) 配送流通加工材料费用。在流通加工过程中，投入到加工过程中的一些材料(如包装加工要投入的包装材料、天然气的液化加工所需要的容器等)消耗所需要的费用，即流通加工材料费用。

(3) 配送流通加工劳务费用。在流通加工过程中从事加工活动的管理人员、工人及有关人员工资、奖金等费用的总和。

2. 配送流通加工成本核算表

物流配送企业月末应编制流通加工成本核算表，以反映配送总成本和单位成本。

配送环节的流通加工是指成本核算期内成本核算对象的成本总额，即各个成本项目金额之和。配送流通加工成本核算表见表8-2。

表8-2 流通加工成本核算表

编制单位： 年 月 单位：元

项目	计算依据	合计	流通加工品种				
			产品甲	产品乙	产品丙	产品丁	…
直接材料							
直接人工							
制造费用							
合计							

8.2.4 配送配装成本

1. 配送配装成本的构成

配送配装成本是指在完成配送配装货物过程中所发生的各种费用。

(1) 配装材料费用。常见的配装材料有木材、纸、自然纤维和合成纤塑料等，而这些包装材料功能不同，成本相差很大。

(2) 包装辅助费用。除上述费用外，还有一些辅助性费用，如包装标记、标记的印刷，栓挂物费用的支出等。

(3) 配装人工费用。它指从事包装工作的工人及有关人员的工资、奖金。

2. 配装成本项目

(1) 配装直接费用。

① 工资。指按规定支付的配装作业工人的标准工资、奖金、津贴。

② 职工福利费。指按规定的工资总额和提取标准计提的职工福利费。

③ 材料。指配装过程中消耗的各种材料，如包装纸、箱、塑料等。

④ 辅助材料。指配装过程中耗用的辅助材料，如标志、标签等。

⑤ 其他。指不属于以上各项费用，如配装工人的劳保用品费等。

(2) 配装间接费用。指配送配装管理部门为管理和组织配装生产所发生的各项费用，由配装成本负担的各项管理费用和业务费用。

上述配装直接费用和配装间接费用则构成了配装成本。

3. 配装成本核算方法

配送环节的配装活动是配送的独特要求，其成本的核算方法，是指配装过程中所发生的费用，按照规定的成本核算对象和成本项目，进行核算的方法。

(1) 工资及职工福利费。根据“工资汇总表”和“职工福利费汇总”中分配的配装成本的金额计入成本。计入产品成本中的直接人工费用的数额，是根据当期“工资结算汇总表”和“职工福利费汇总表”来确定的。

“工资结算汇总表”是进行工资结算和分配的原始依据。它是根据“工资结算单”按人员类别(工资用途)汇总编制的。“工资结算单”应当依据职工工作卡片、考勤记录、工作量记录等工资计算的原始记录编制。

“职工福利费汇总表”是依据“工资结算汇总表”确定的各类人员工资总额，按照规定的提取比例计算后编制的。

(2) 材料费用。根据“材料发出凭证汇总表”、“领料单”及“领料登记表”等原始凭证，将配装成本耗用的金额计入成本。

在直接材料费用中，材料费用数额是根据全部领料凭证汇总编制“耗用材料汇总表”确定的；在归集直接材料费用时，凡能分清某一成本核算对象的费用，应单独列出，以便直接计入该配装对象的产品成本核算单中；属于几个配装成本核算对象共同耗用的直接材料费用，应当选择适当的方法，分配计入各配装成本核算对象的成本核算单中。

(3) 辅助材料费用。根据“材料发出凭证表”、“领料单”中的金额计入成本。

(4) 其他费用。根据“材料发出凭证汇总表”、“低值易耗品发出凭证”中配装成本领用的金额计入成本。

(5) 配装间接费用。根据“配送间接费用分配表”计入配装成本。

4. 配装成本核算表

物流配送企业月末应编制配送环节配装成本核算表，以反映配装总成本。配装作业是配送的独特要求，只有进行有效的配装，才能提高送货水平降低送货成本。配装成本核算表见表8-3。

表8-3 配装成本核算表

编制单位： 年 月 单位：元

项目	计算依据	合计	配装品种				
			货物甲	货物乙	货物丙	货物丁	…
一、配装直接费用							
工资							
职工福利费							
材料费							
辅助材料费							
其他							
二、配装间接费用							
配装总成本							

任务3 配送成本分析

8.3.1 配送成本差异分析

配送是物流系统中一种特殊的、综合的活动形式。从物流角度来说，配送几乎包含了所有的物流功能要素，是物流的一个缩影或在较小范围内物流全部活动的体现。一般的配送集运输、仓储、包装和装卸搬运于一身，特殊的配送还包括流通加工。

正因为配送是一个“小物流”的概念，集若干物流功能于一身，所以配送成本包括在配送物流范围内的运输、仓储、包装、装卸搬运和流通加工成本中，其具体的费用支付形态包括人工费、材料费、维护费和一般经费。就物流范围而言，配送成本存在于企业内供应物流和销售物流阶段。这里配送成本不作为物流功能成本的构成内容，而将与配送成本有关的费用支出在其他物流功能成本中进行分配。

配送成本差异是标准成本同实际成本的差额。实际成本低于标准成本的差异为节约差异，实际成本高于标准成本差异为超支差异。由于标准成本是根据消耗数量与价格两个基本因素核算而成的，所以差异的分析也要从消耗数量与价格两个因素入手。

1. 直接材料成本差异分析

直接材料成本差异分析分为直接材料数量差异和直接材料价格差异。

直接材料数量差异是直接材料实际耗用量同标准用量之间的差异。其计算公式为

直接材料数量差异=(实际数量－标准数量)×标准价格

出现差异之后要进行差异分析，并及时采取纠偏措施。造成直接材料数量差异的主要原因有用料上的浪费和质量事故造成的材损等，同时要考虑采购部门购入材料的质量及仓储保管质量。

直接材料价格差异是指直接材料的实际价格同标准价格之间的差异。其计算公式为

直接材料价格差异=(实际价格－标准价格)×实际数量

直接材料价格差异由采购部门负责。造成价格差异的原因一般是市场价格的变化、采购批量的增减、采购费用的升降等。

2. 直接人工差异分析

直接人工差异分析分为直接人工效率差异和直接人工工资率差异分析。

直接人工效率差异是指直接人下实际工作时间数同其标准工作时间数之间的差异。其计算公式为

直接人工效率差异=(实际工时－标准工时)×标准工资率

直接人工工资率差异是指直接人工实际工资率与标准工资率之间的差异。其计算公式为

直接人工工资率差异=(实际工资率－标准工资率)×实际工时

造成直接人工成本差异的原因主要有工资水平的提高、工艺改进引起工时的变化、劳动生产率的升降等。

8.3.2 配送服务与成本之间的二律背反

在物流功能之间，一种功能成本的削减会使另一种功能的成本增多，因为各种费用互相关联，必须考虑整体的最佳成本。

一般的来讲，高质量的商品一定是与较高的价格相关联，提高质量要求，价格随之上升；优质配送服务与配送成本相关联，提高配送服务水平，配送成本随之上升。

配送服务质量是配送服务效果的集中反映，可以用配送时间、配送费用、配送效率来衡量，其变化突出表现在减少配送时间、降低配送成本、提高配送效率等方面。

配送服务的目标是以尽可能低的配送成本来实现较高的配送服务。一般来说，配送服务与成本的关系有4种形式：

(1) 在配送服务水平不变的前提下，考虑降低成本，如图8.1所示。它是通过改变配送系统的方法，在保持既定的服务水平前提下，来寻求降低成本的途径，即追求效益的提高。

(2) 在成本不变的前提下提高配送服务水平，如图8.2所示。这是在现有的成本水平下，通过有效地利用所投入的成本来改善配送诸功能，提高服务水平，体现的是一种追求成本绩效的做法。

(3) 为了提高服务水平，不惜增加成本，如图8.3所示。这是大多数企业在提高服务水平时的状态，也是企业在特定顾客或特定商品面临竞争时所采取的战略措施，它主要是通过增值物流服务来实现。

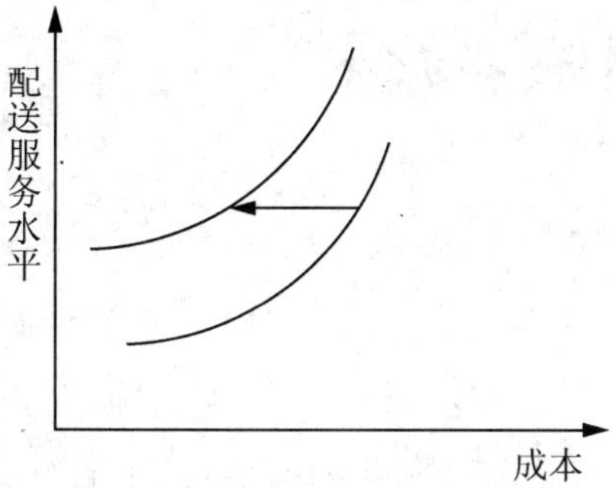

图 8.1 形式一

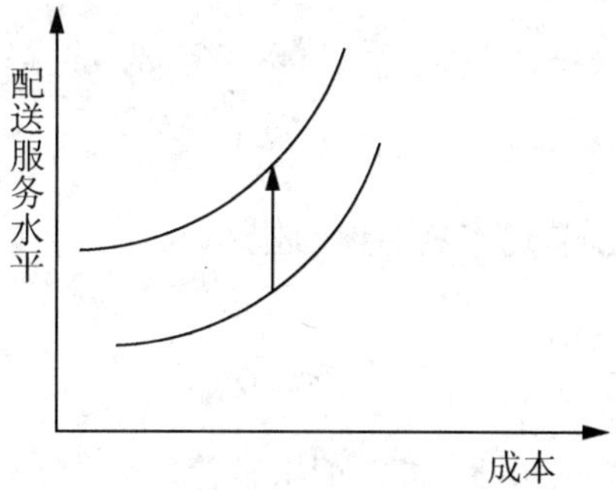

图 8.2 形式二

(4) 用较低的成本来实现较高的配送服务水平。这是一种双赢的措施。通过对企业物流系统的流程再造，实现一种新的企业物流模式，达到降低成本、提高服务水平的目的。图 8.4 成本降低，服务水平提高。

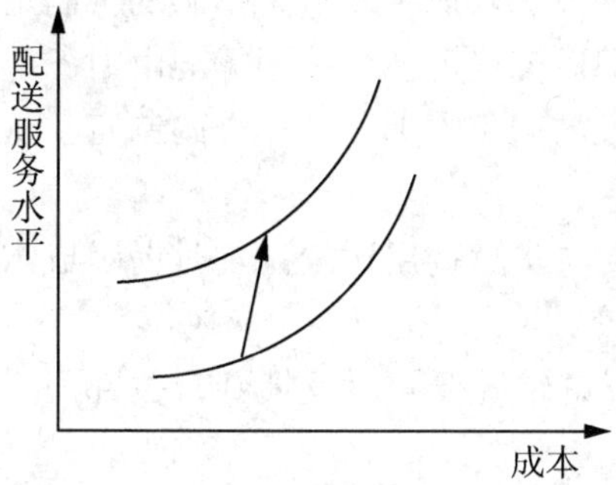

图 8.3 形式三

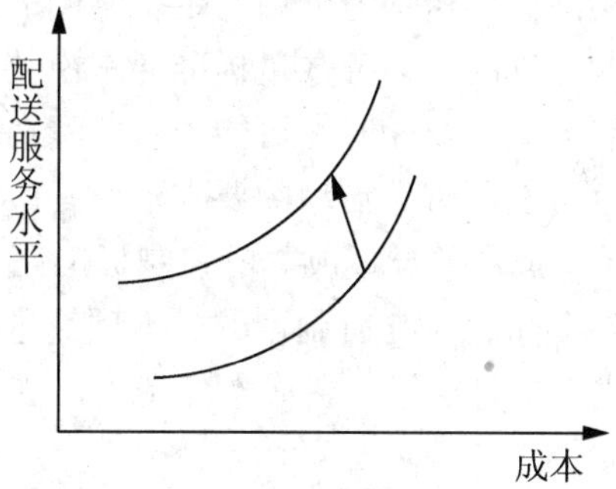

图 8.4 形式四

一般来说，提高物流服务，物流成本即上升，成本与服务之间受“收获递减法则”的支配。物流服务如处于低水平阶段，追加成本 X，物流服务即可上升为 Y；如处于高水平阶段，同样追加 X，则服务水平只能上升至 Y'，如图 8.5 所示。

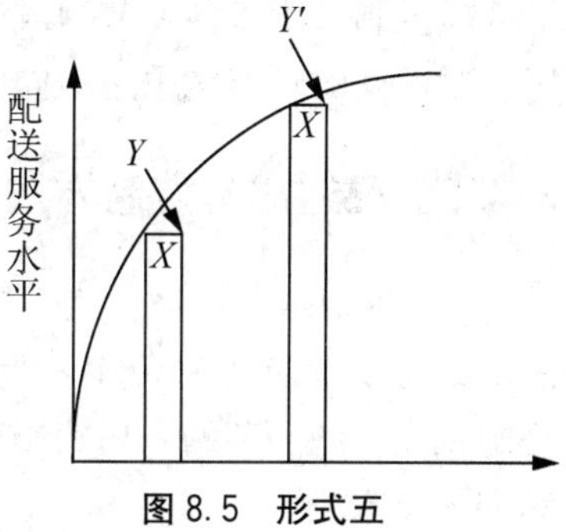

图 8.5 形式五

在处于高水平的物流服务时，成本增加而物流服务水平不能按比例地相应提高的企业与处于竞争状态的其他企业相比，在处于相当高的服务水平的情况下，想要超过竞争对手，提出并维持更高的服务标准就需要有更多的投入，所以一个企业在做出这种决定时必须慎重。

配送成本分析的方法多种多样，具体选用哪种方法，取决于企业成本分析的目的、费用和成本形成的特点、成本分析所依据的资料性质等。配送成本是由多环节的成本组成的，因此，对配送成本的分析也应当按照各环节成本进行分项分析，通过分析能够真正揭示配送费用预算和成本计划的完成情况，查明影响计划或预算完成的各种因素变化的影响程度，寻求降低成本、节约费用途径的方法。

现以配送环节的配送运输成木为例进行分析。配送运输成本报表是反映配送环节在一定时期(年、季、月)的成本的构成、成本的水平和成本计划执行情况的综合性指标报表。利用配送成本汇总表，可以分析、考核各项计划执行情况和各种消耗定额完成情况，研究降低成本的途径，从而不断改善经营管理，提高配送盈利水平。

任务4 配送成本控制

8.4.1 配送成本控制概述

1. 配送成本控制的概念

配送成本控制是指在配送经营过程中，按照规定的标准调节影响成本的各种因素，使配送各环节生产耗费控制在预定的范围内。

2. 配送成本控制的流程

(1) 制定控制标准。成本控制标准是控制成本费用的重要依据，物流配送成本标准的制定，应按实际的配送环节分项制定。不同的配送环节，其成本项目是不同的。制定配送作业的成本控制标准时，业务数量标准通常由技术部门研究确定。如费用标准由财务部门和有关责任部门研究确定，同时尽可能吸收负责执行标准的职工参加各项标准的制定，从而使所制定的标准符合实际配送活动的要求。

(2) 揭示成本差异。成本的控制标准制定后要与实际费用比较，及时揭示成本差异。差异的计算与分析也要与所制定的成本项目进行比较。

(3) 成本信息反馈。在成本控制中，成本差异的情况要及时反馈到有关部门，以便及时控制与纠正。

(4) 配送各环节成本控制的选择。配送各环节的成本控制应该在控制配送总成本的基础上分项控制。由于各环节的成本项目差异很大，所以在选用成本控制标准时应遵循合适的原则，对不同的环节应采用不同的成本控制标准。

8.4.2 配送成本控制方法

(1) 绝对成本控制。绝对成本控制是把成本支出控制在一个绝对金额以内的成本控制方法。绝对成本控制从节约各种费用支出、杜绝浪费的途径进行配送成本控制，要求把营运过程中发生的各环节的一切费用支出都列入成本控制范围。标准成本和预算控制是绝对成本控制的主要方法。

(2) 相对成本控制。相对成本控制是通过成本与产值、利润、质量和功能等因素的对比分析，寻求在一定制约因素下取得最优经济效益的一种控制方法。

相对成本控制扩大了配送成本控制领域，要求配送企业在降低配送成本的同时，充分注意与成本关系密切的因素，诸如配送产品结构、项目结构、配送服务水平等方面的工作。其目的在于提高控制成本支出的效益，即减少单位产品成本投入，提高整体经济效益。

(3) 实行责任中心管理。把配送中心作为一个责任中心来对待，并划分若干责任区域，指派下属经理——配送经理进行管理。

企业实施责任中心管理的关键是制定一个业绩计量标准，包括制定决策规则、标准和奖励制度。利用这个标准，可以表达各中心应该如何做，并对其业绩进行判断和评价，从而达到控制配送成本的目的。

配送中心既要提高服务水平，又要降低配送运营的总成本，这是一个难题，因此配送企业可以在整个物流企业的总成本目标和服务水平总体要求的指导下，对配送成本进行合理的控制。

8.4.3 配送成本控制策略

1. 混合策略

混合策略是指配送业务一部分由企业自身完成。这种策略的基本思想是尽管采用单一策略(即配送活动要么全部由企业自身完成，要么完全外包给第三方物流完成)易形成一定的规模经济，并使管理简化，但由于产品品种多变、规格不一、销量不等等情况，使得采用单一策略的配送方式超出一定程度不仅不能取得规模效益，反而还会造成规模不经济。而采用混合策略，合理安排由企业自身完成的配送和外包给第三方物流完成的配送，能使配送成本最低。

2. 差异化策略

差异化策略的指导思想是产品特征不同，客户服务水平也不同。当企业拥有多种产品线时，不能对所有产品都按同一标准的客户服务水平来配送，而应按产品的特点、销售水平来设置不同的库存、不同的运输方式以及不同的储存地点，且忽视产品的差异性会增加不必要的配送成本。

3. 合并策略

1) 配送方法上的合并

企业在安排车辆完成配送任务时，充分利用车辆的容积和载质量，做到满载满装，这是降低成本的重要途径。由于产品品种繁多，所以不仅包装形态、储运性能不一，而且在容量上相差甚远。实行合理的轻重配装、容积大小不同的货物搭配装车，不但可以在载重方面达到满载，而且也充分利用车辆的有效容积，取得最优效果。此时，最好是借助计算机计算货物配车的最优解。

2) 共同配送(也称集中协作配送)

它是几个企业联合集小量为大量共同利用同一配送设施的配送方式，其标准运作形式是在中心机构的统一指挥和调度下，各配送主体以经营活动(或以资产为纽带)联合行动，在较大的地域内协调运作，共同对某一个或某几个客户提供系列化的配送服务。

4. 延迟策略

传统的配送计划安排中，大多数库存是按照对未来市场需求的预测量设置的，这样就存在着预测风险。当预测量与实际需求量不符时，就出现库存过多或过少的情况，从而增加配送成本。延迟策略的基本思想就是对产品的外观、形状及其生产、组装、配送应尽可能推迟到接到客户订单后再确定。一旦接到订单就要快速反应，因此，采用延迟策略的一个基本前提是信息传递要非常快。一般来说，实施延迟策略的企业应具备以下几个基本条件：

(1) 生产技术非常成熟，模块化程度高，产品价值密度大，有特定的外形，产品特征易于表述、定制后可改变产品的容积或重量。

(2) 模块化产品设计，设备智能化程度高，定制工艺与基本工艺差别不大。

(3) 产品生命周期短，销售波动性大，价格竞争激烈，市场变化大，产品的提前期短。

实施延迟策略常采用两种方式，即生产延迟(或称形成延迟)和物流延迟(或称时间延迟)。而在配送中往往存在着加工活动，所以实施配送延迟策略既可采用形成延迟方式，也可采用时间延迟方式。当具体操作时，常常发生在诸如贴标签(形成延迟)、包装(形成延迟)、装配(形成延迟)和发送(时间延迟)等领域。

5. 标准化策略

标准化策略就是尽量减少因品种多变而导致的附加配送成本，尽可能多地采用标准零部件、模块化产品。如服装制造商按统一规格生产服装，直到客户购买时才按客户的身材调整尺寸大小。采用标准化策略要求厂家从产品设计开始就要站在消费者的立场去考虑怎样节省配送成本，而不要等到产品定型生产出来了才考虑采用什么技巧降低配送成本。

8.4.4 配送成本标准制定

1. 标准成本的制定

物流配送流通加工等环节的标准成本的制定，应按配送的实际环节进行制定，在进行标准成本制定过程中要充分考虑各环节的实际情况。流通加工各环节的标准成本、业务数量标准，通常由技术部门研究确定：费用标准由财务部门和有关责任部门研究确定，同时尽可能吸收负责执行标准的职工参加各项标准的制定，从而使所制定的标准符合实际配送活动的要求。

配送各环节标准成本可按直接材料、直接工资、制造费用等项目制定，用“标准消耗量×标准价格”的公式来确定。之所以要这样做，是因为有两个原因：一是数量和价格区分开来便于分析“量差”和“价差”对成本的影响，以便分清责任，例如，材料用量差异，通常是作业部门的责任；二是数量和价格分离开来便于修订标准成本，只要用标准消耗量乘以新的单位标准价格的简便方法即可求得。

标准成本可按直接材料、直接人工和制造费用3个成本项目分别制定。

2. 直接材料的标准成本的制定

对于配送成本构成中的直接材料标准成本的制定，一方面应从技术部门取得各作业过程的技术文件，提供各作业过程所需各种材料的消耗量(如配送流通加工成本中的加工材料的消耗量)，另外，应从供应部门取得每种材料的标准单价，主要包括运杂费和购价等。把各种材料的标准消耗量乘其标准单价，就可以求得配送各环节直接材料的标准成本。

直接材料标准成本计算公式为

$$直接材料标准成本=直接材料标准数量\times直接材料标准价格$$

3. 直接人工标准成本的制定

当计算各环节直接人工的标准成本时，对于标准工作时间，一般是通过“时间和动作研究”，按产品的加工工序、搬运装卸工序、拣选及配装工序等来制定。这个标准时间，除了包括直接作业时间外，还要考虑工人必要的间歇和停工时间。“标准价格”是确定作业工人工资标准成本的另一因素，它一般是采用预算工资率，即每一标准工时应分配的工资，乘以标准职工工时来确定。各工序消耗的标准时间由各作业部门和工程技术部门来提供，预算工作率一般由人力资源部门来提供。

直接人工标准成本计算公式为

直接人工标准成本＝直接人工标准数量×直接人工标准价格

4. 制造费用标准成本的制定

对于制造费用标准成本的制定，需考虑数量标准与费用率标准两个因素。制造费用的数量标准是指正常生产条件下生产单位产品所需的标准工作时间；制造费用的费用率标准是指每标准工时所负担的制造费用。制造费用分为固定性制造费用预算和变动性制造费用预算两部分。制造费用率标准成本的计算公式为

固定性制造费用标准分配率＝固定性制造费用预算÷标准总工时

变动性制造费用标准分配率＝变动性制造费用预算÷标准总工时

根据制造费用用量和费用分配率标准，制造费用标准成本计算公式为

固定性制造费用标准成本＝固定性制造费用分配率×标准工时

变动性制造费用标准成本＝变动性制造费用分配率×标准工时

8.4.5　配送成本优化方法

1. 最短路径法

最短路径法又称统筹法、关键路线法或计划评审法。

难点例解

如图 8.6 所示，要将货物从 A 地运到达 B 地，如何走使得总路线最短？最短路径是怎样的？

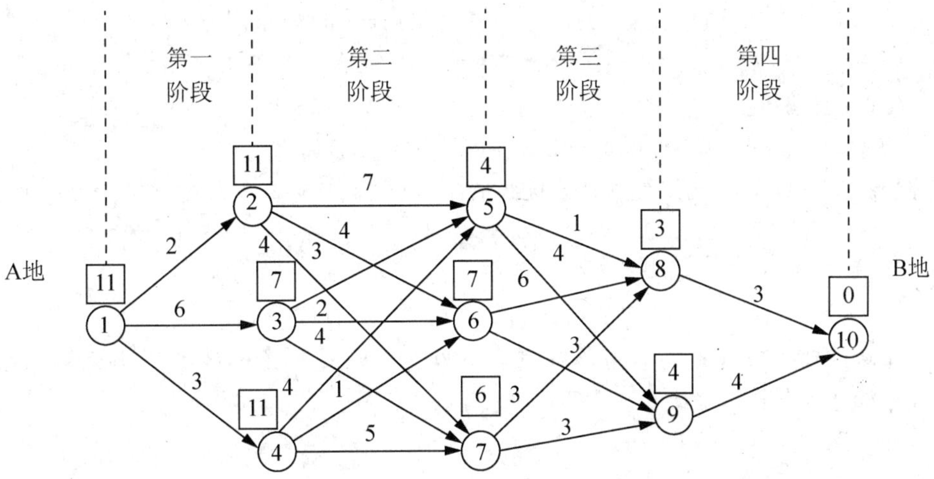

图 8.6　网络图

解析： 设 k 为阶段变量，s_k 为状态变量，x_k 为决策变量。

在第四阶段有：

(ds_k, x_k) —— 是当前状态到下一状态的距离；

$f_k(s_k)$ —— 是所处阶段的状态节点。

当前状态 s_k 是⑧、⑨，即为出发点；可选择的下一状态 x_k 有一个点，即⑩。

则：

(1) 在第四阶段

$$f_4(8)=d_4(8, 10)=3$$

(2) 在第三阶段

$$f_4(9)=d_4(9, 10)-3$$

$$f_3(s_3)=\min\{d_3(s_3, x_3)+f_4(s_4)\}$$

目前状态 s_3 是⑤、⑥、⑦；可选择下一状态 x_4 有两个点即⑧或⑨。于是可得如下结果：

$$f_3(5)=\min\begin{Bmatrix}d_3(5, 8)+f_4(8)\\ d_3(5, 9)+f_4(9)\end{Bmatrix}=\min\begin{Bmatrix}1+3\\ 4+4\end{Bmatrix}=4$$

$$f_3(6)=\min\begin{Bmatrix}d_3(6, 8)+f_4(8)\\ d_3(6, 9)+f_4(9)\end{Bmatrix}=\min\begin{Bmatrix}6+3\\ 3+4\end{Bmatrix}=4$$

$$f_3(5)=\min\begin{Bmatrix}d_3(5, 8)+f_4(8)\\ d_3(5, 9)+f_4(9)\end{Bmatrix}=\min\begin{Bmatrix}1+3\\ 4+4\end{Bmatrix}=4$$

(3) 在第二阶段

$$f_2(s_2)=\min\{d_2(s_2, x_2)+f_3(s_3)\}$$

$$f_2(2)=\min\begin{Bmatrix}d_2(2, 5)+f_3(5)\\ d_2(2, 6)+f_3(6)\\ d_2(2, 7)+f_3(7)\end{Bmatrix}=\min\begin{Bmatrix}7+4\\ 4+7\\ 6+6\end{Bmatrix}=11$$

$$f_2(3)=\min\begin{Bmatrix}d_2(3, 5)+f_3(5)\\ d_2(3, 6)+f_3(6)\\ d_2(3, 7)+f_3(7)\end{Bmatrix}=\min\begin{Bmatrix}3+4\\ 2+7\\ 4+6\end{Bmatrix}=7$$

$$f_2(4)=\min\begin{Bmatrix}d_2(4, 5)+f_3(5)\\ d_2(4, 6)+f_3(6)\\ d_2(4, 7)+f_3(7)\end{Bmatrix}=\min\begin{Bmatrix}4+4\\ 1+7\\ 5+6\end{Bmatrix}=7$$

(4) 在第一阶段

$$f_1(s_1)=\min\{d_1(s_1, x_1)+f_2(s_2)\}$$

目前状态 s_1 是①，即为出发点；可选择的下一状态 x_1 有三个点，即②、③、④。

$$f_1(1)=\min\begin{Bmatrix}d_1(1, 2)+f_2(2)\\ d_1(1, 3)+f_2(3)\\ d_1(1, 4)+f_2(4)\end{Bmatrix}=\min\begin{Bmatrix}2+11\\ 4+7\\ 3+8\end{Bmatrix}=11$$

通过计算，可知从A地到B地总路程最小为11。所走的最优路线采用顺序追逐法来确定，最后可得有3条最优路线：

第一条　①→③→⑤→⑧→⑩

第二条　①→④→⑤→⑧→⑩

第三条　①→④→⑥→⑨→⑩

2. 扫描法

扫描法在配送路线设计中很简单，即使问题规模很大，也可以通过手工计算得出结果。如果利用计算机程序计算，能够很快求出结果，所需的计算机内存也不大。对于各类问题，该方法的平均误差率预计约在10%。如果需要很快得出结果，且只要求结果是合理的(而不是最优的)，那么该误差水平还是可以接受的。实际上，调度员常常要在接到有关站点和各站点货运量最新数据后一小时内设计出路线。该方法的缺陷与路线构成方式有关。

扫描法的求解过程分为两步：第一步是分派车辆服务的站点；第二步是决定行车路线。因为整个过程分成两步，所以对诸如在途总运行时间和时间窗口等时间问题处理得不好。

扫描法基本原理与基本步骤如下：

(1) 在地图或方格图中确定所有站点(含仓库)的位置。

(2) 自仓库始沿任一方向向外划一条直线。沿顺时针或逆时针方向旋转该直线直到与某站点相交。同时考虑如果在某线路上增加该站点，是否会超过车辆的载货能力。如果没有，继续旋转直线，直到与下一个站点相交，此时再次计算累计货运量是否超过车辆的运载能力(先使用最大的车辆)；如果超过，就剔除最后的那个站点，并确定路线。随后，从不包含在上一条路线中的站点开始，继续旋转直线以寻找新路线。继续该过程直到所有的站点都被安排到路线中。

(3) 排定各路线上每个站点的顺序使行车路线最短。排序时可以使用“水滴”法或求解“流动推销员”问题的任何算法。

如果每个经停点的货量只占车辆运力的很小比重、所有车同样大、路上没有时间限制，则扫描法可以得到很好的解。

难点例解

某公司从其所属仓库用货车到各客户点提货，然后将客户的货物运回仓库，以便集成大批量进行远程运输，全天的提货量如图8.7(a)所示，这里给出了所有提货点和仓库。送货车每次可以运送10 000件货物，完成一次运行路线一般要一天时间。请确定：需要多少条路线？每条路线上有哪几个客户点？

解析：送货车辆服务有关客户点的顺序，按上面介绍的扫描法确定的路线图如图8.7(b)所示。

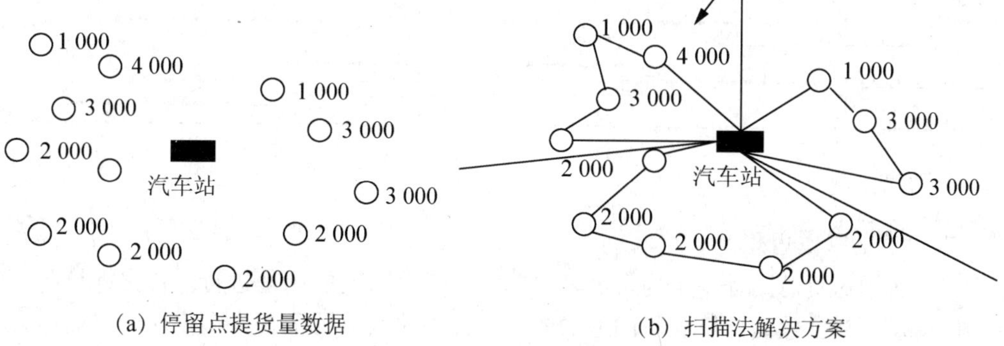

图8.7 扫描法确定路线图

当利用上述行车路线方法指定路线时，假设对每条路线都只派出一部车，如果路线较短，那么在剩余的时间里这部车的利用率就很低。在实际生活中如果完成一条路线后开始另一条路线，那么就可以派一辆车负责两条路线。因此，可以将所有运输路线首尾相连顺序排列，使车辆的空闲时间最短，就可以决定车辆数，并排出配车计划。

假设某车有以下 10 条路线的发车时间和到达时间，表 8－4 给出了详细的时间，如果为每条线路安排一辆车，则需要 10 辆车。但经观察发现，有些路线比较短，根本用不了一天，所以其实根本不用 10 辆车。那么，如何来制订合理的运输计划，使车辆最少？

表 8－4　配车计划表

路线	发车时间	返回时间
1	8:00AM	10:25AM
2	9:30AM	11:45AM
3	2:00PM	4:53PM
4	11:31AM	3:21PM
5	8:12AM	9:52AM
6	3:03PM	5:13PM
7	12:24PM	2:24PM
8	1:33PM	4:33PM
9	8:00AM	10:34AM
10	10:56AM	2:56PM

此时可以按下面的步骤来进行，这样就可以节约大量成本。

（1）将这些路线在一天内按时间进行排序：1、10、6 号线占了一天；9、4 号线占了一天；5、8 号线占了一天；2、7 号线占了一天：只有 3 号线占了半天。

（2）采用表 8－5 的样子画出来，这样就可以分配车了。从表 8－5 中可以看出，只要 5 辆就可以解决问题。最终就少用了 5 辆车，节约了一半的成本。

表 8－5　最优运输计划安排表

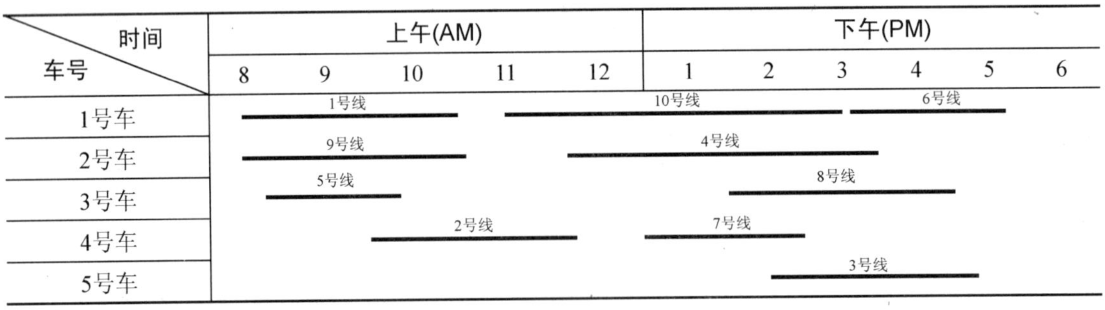

3. 节约法

1）节约法的基本思想

它根据巡回送货总路程小于为每个客户单独送货总路程的原理进行。首先计算各目的地相互间的最短距离，然后计算各目的地的节约里程，并按节约里程大小排序，进而组合成配送路线，最后进行调整得出最优调运方案。利用节约法得到的结果比其他方法的解更优。

2）节约法的计算

节约法是一种启发式方法，如图 8.8 所示。节约法由物流网点 B_0 向两个客户 B_1、B_2 送货，B_0 至各个客户的最短运输距离分别为 C_{01} 和 C_{02} 客户需求量各为 b_1、b_2，两个客户之间的最短运输距离为 C_{12}。

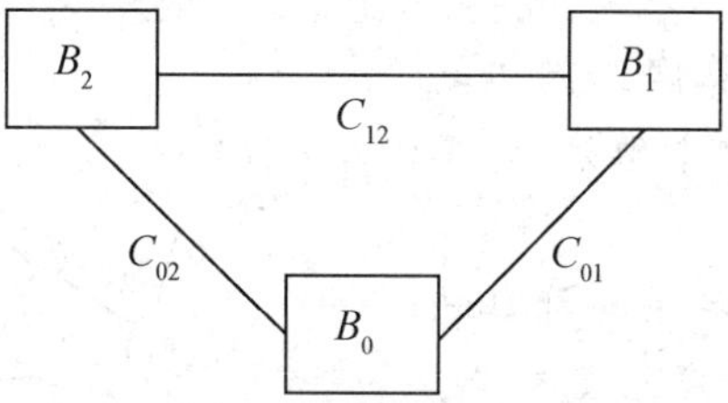

图 8.8 节约法示意图

当用两台汽车分别向两个客户各自送货时，运输总距离为

$$C_1 = 2(C_{01} + C_{02})$$

如果改用一台巡回送货(假定汽车能够负荷 b_1、b_2 时)，则总运输距离为

$$C_2 = C_{01} + C_{02} + C_{12}$$

后一种方案比前一种方案可节约运输里程为

$$\Delta C_1 2 = C_{01} + C_{02} - C_{12}$$

式中的 $\Delta C_{1}2$ 称作节约量。

显然，将节约量大的两个客户连接起来采用巡回方式送货，则可获得较大的节约。如果在供货范围内还存在着第 3，4，…，第 n 个客户，当汽车负荷允许的情况下，可将他们与已在巡回路线中的客户按节约量的大小(先大后小)依次连接巡回路线，直至汽车满载时为止，余下的客户另外派车，用同样的办法寻求巡回路线。在通常情况下，可供派出的车的数量和车的种类是有限的，当然总运输能力是能满足要求的。

如图 8.9(a)所示，P 点为配送中心所在地，A 和 B 为客户所在地，三者相互间的道路距离分别为 a、b、c。送货时最直接的想法是利用两辆车分别为 A、B 两个客户进行配送，如图 8.9(b)所示，车辆的实际运行距离为 $2a+2b$。然而，如果改用由一辆车巡回配送，如图 8.9(c)所示，则运行的实际距离为 $a+b+c$。当道路状况没有特殊规定时，可节约车辆。实际上，如果给数个客户进行配送时，应首先计算包括配送中心在内的相互之间的最短距离，然后计算各客户之间的可节约的运行距离，按照节约运距的大小顺序连接各配送地并设计出配送路线。

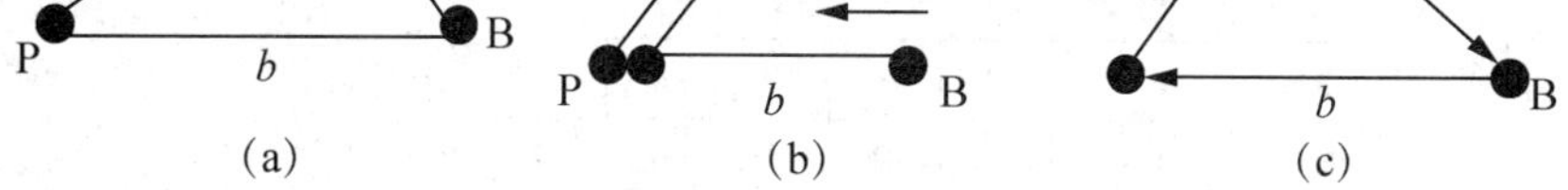

图 8.9 节约法原理图

难点例解

图 8.10 所示为某配送中心的配送网络，图中 P 点为配送中心，A～J 为配送客户，共 10

位客户，括号内为配送货物吨数，线路上的数字为道路距离，单位为千米。现配送中心有额定载重量分别为2吨和4吨两种厢式货车可供送货，试用节约法设计最佳送货路线。

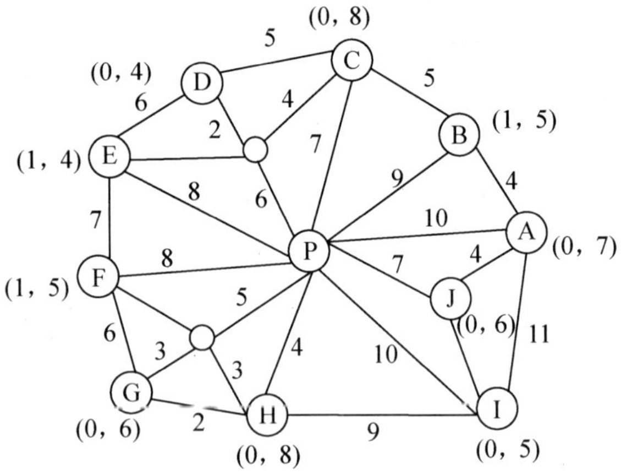

图 8.10　某配送中心的配送网络图

解析：第一步，首先计算网络结点之间的最短距离(可采用最短路求解法)，其结果见表8-7。

第二步，根据最短距离结果，计算出各客户之间的节约行程，其结果见表8-8。

计算举例，A—B的节约行程。

P—A距离：$a=10$

P—B距离：$b=9$

A—B距离：$c=4$

则A—B的节约行程为$a+b-c=15$。

表 8-7　最短路求解法

	P									
A	10	A								
B	9	4	B							
C	7	9	5	C						
D	8	14	10	5	D					
E	8	18	14	9	6	E				
F	8	18	17	15	13	7	F			
G	3	13	12	10	11	10	6	G		
H	4	14	16	11	12	12	8	2	H	
I	10	11	15	17	18	18	17	11	9	I
J	7	4	8	13	15	15	15	10	11	8

表 8-8　配送路线节约行程表

	A								
B	15	B							
C	8	11	C						
D	4	7	10	D					
E	0	3	3	10	E				
F	0	0	0	3	9	F			
G	0	0	0	0	1	5	G		
H	0	0	0	0	0	4	5	H	
I	9	4	0	0	0	1	2	5	I
J	13	8	1	0	0	0	0	0	9

第三步，对节约行程按大小顺序进行排列，其结果见表8-9。

表 8-9 节约行程排列表

序号	连接点	接点行程	序号	连接点	接点行程
1	A—B	15	13	F—G	5
2	A—J	13	13	G—H	5
3	B—C	11	13	H—I	5
4	C—D	10	16	A—D	4
5	D—E	10	16	B—I	4
6	A—I	9	16	F—H	4
7	E—F	9	19	B—E	3
8	I—J	9	19	D—F	3
9	A—C	8	21	G—I	2
10	B—J	8	22	C—j	1
11	B—D	7	22	E—G	1
12	C—E	6	22	F—I	1

第四步，按节约行程排列表，组合成配送路线图。

(1) 初始方案。如图 8.11 所示，从配送中心 P 分别向各个客户进行配送，共有 10 条配送路线，总行程为 148 千米，需 2 吨货车 10 辆(每一客户的货量均小于 2 吨)。

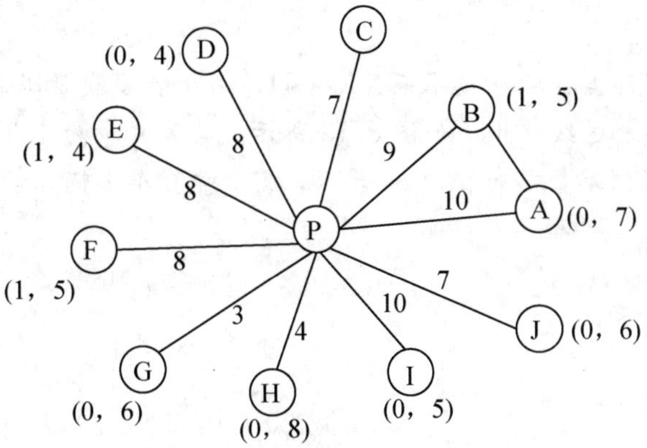

图 8.11 配送路线图初始方案

(2) 二次解。按照节约行程的大小顺序连接 A—B、A—J、B—C，同时取消 P—A、P—B 路线。

形成巡回路线 P—J—A—B—C—P 的配送线路 I，如图 8.12 所示。其装载货物 3.6 吨，运行距离为 27 千米，需 4 吨货车 1 辆。这时配送路线总运行距离为 109 千米，需 2 吨货车 6 辆，4 吨货车 1 辆。

(3) 三次解。按节约里程大小顺序，应该是 C—D 和 D—E，C—D 和 D—E 都有可能并到线路 I 中，但考虑到单车载重量和线路均衡(如规定每次运行距离为 30 千米以内)，配送线路 I 不再增加配送客户，为此连接 D—E，形成 P—D—E—P 初始配送线路 II，其装载重量为 1.8 吨，运行距离 22 千米，需 2 吨货车 1 辆。此时，共有配送线路 6 条，总行程 99 千米，需 2 吨货车 5 辆，4 吨货车 1 辆。

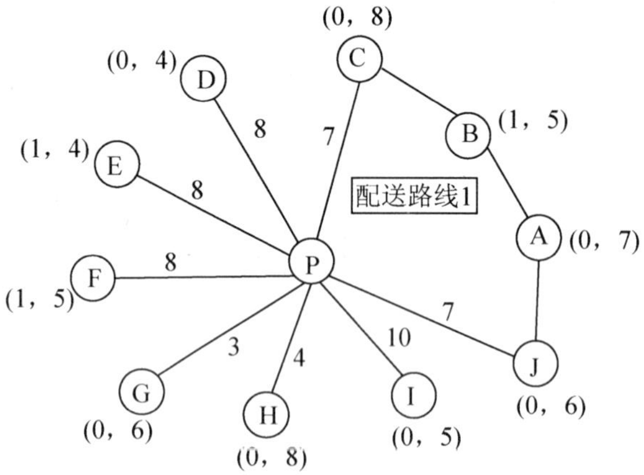

图 8.12 配送路线图二次解

(4) 四次解。按节约里程顺序接下来是 A—I，E—F，由于客户 A 已组合到配送线路Ⅰ中，且该线路不再扩充客户，故不连接 A—I。连接 E—F 并入配送线路Ⅱ中，并取消 P—D，P—E 线路，形成 P—D—E—F—P 配送线路Ⅱ，装载量为 3.3 吨，运行距离为 29 千米，需 4 吨货车 1 辆。此时配送线路共有 5 条，总运行距离为 90 千米，需 2 吨货车 3 辆，4 吨货车 2 辆。

(5) 五次解。按节约里程顺序接下来应该是 I—J、A—C、B—D、C—E，但这些连接已包含在配送线路Ⅰ或Ⅱ中，故不能再组合成新的线路。接下来是 F—G，可组合在配送线路Ⅱ中，形成 P—D—E—F—G—P 满车的配送线路Ⅱ，此时线路Ⅱ的装载量为 3.9 吨，运行距离为 30 千米，还是需要 4 吨货车 1 辆。这样共有 4 条线路，总行程为 85 千米，需 2 吨货车 2 辆，4 吨货车 2 辆。

(6) 最终解。按节约里程顺序接下来为 G—H，由于受装载量限制，不再组合到线路Ⅱ中，故连接 H—I 组成配送线路Ⅲ，如图 8.13 所示。其装载量为 1.3 吨，运行距离为 23 千米，此时共有 3 条配送线路，总行程为 80 千米，需 2 吨货车 1 辆，4 吨货车 2 辆，其配送线路如下。

线路一：P—J—A—B—C

线路二：P—D—E—F—G

线路三：P—H—I

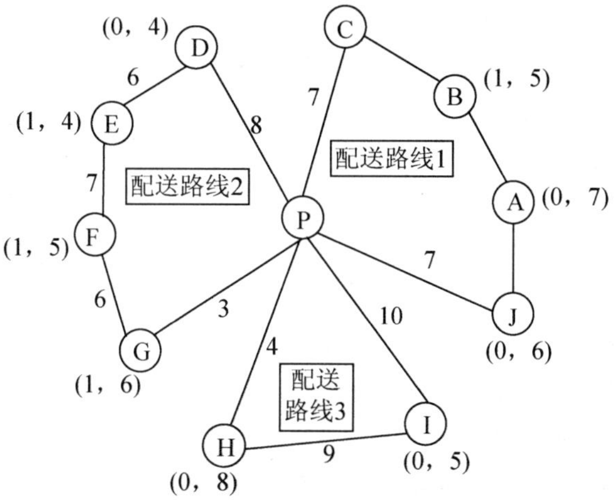

图 8.13 配送路线图优化方案

8.4.6 配送需求计划

1. 配送需求计划概述

配送需求计划(DRP)是MRP原理和技术在流通领域中的应用。该技术主要解决分销物资的供应问题和调度问题，其原理如图8.14所示。

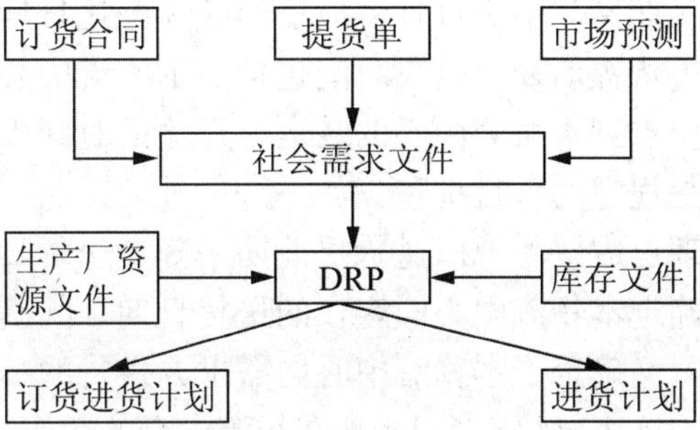

图8.14 DRP原理

当实施DRP时，要输入3个文件，然后根据这3个文件产生两个计划，即一个订货、进货计划，一个送货计划。

2. 配送需求计划的输入文件

(1) 社会需求主文件。社会需求主文件是指所有的客户订货单、提货单或供货合同，也包括下属各子公司、下属各地区物流中心的订货单。将这些需求按品种、需求日期(或周)进行统计，构成一个文件，制定出社会需求文件。若社会需求没有这些预先签订好的订单、供货合同等，则社会需求量就要靠预测来确定。

(2) 库存文件。库存文件是物流中心的仓库里所有库存物资量的列表。物流中心根据它确定什么物资可以从仓库里提货送货、送多少，什么物资需要订货、进货。

(3) 生产厂资源文件。这是物资生产厂的可供资源文件，该文件包括可供的物资品种，也包括生产厂的地理位置情况。生产厂资源文件主要是为DRP制订订货计划用的。

3. 配送需求计划的生成文件

(1) 送货计划。

① 直送。对于大批量需求的需求者实行直送。

② 配送。对于小批量的需求者，实行配送，即对成片小批量客户的依次循环送货。

(2) 订货、进货计划。

① 进货计划。这是对于生产厂家委托储运、委托经营的物资而言的，这些物资的所有权在生产厂家，物流中心只是代理经营服务，货物没有了，就直接到生产厂家去进货。

② 订货计划。这是针对物流中心自己买断经营的产品而言的，所有权属物流中心，货物没有了，需要重新订货。

4. 配送需求计划的应用

DRP在流通企业和生产企业供销部门的应用较为广泛。

(1) 就配送中心而言，要决定某种商品的需求量，首先需要查询该产品的预测需求量，然后去检查该商品的库存量，并计算库存能够维持多长时间。如果需要维持一个安全库存，就必须将它从计算维持时间的库存中扣除。

假设没有在途商品，这里计算的日期是仓库缺货的日期(如果考虑安全库存，则是低于安全库存的日期)。如果考虑在途商品，必须将在途商品加入库存，以决定库存能够维持的时间，这样库存商品与购进在途商品数量之和用完的日期，就是下次订货进货到达的最佳日期。

商品到达物流中心的日期又与中央订货供应点的装运配送日期可能不一致。这里必须考虑从中央供应点的订货、进货提前期。这段时间包括由本物流中心将订货信息传输到中央供应点的时间加上由中央供应点到本物流中心的装运、运输的时间以及本物流中心的验货、收货时间等。进货批量应当是规定的订货批量。

对本中心送货方的处理也应该考虑以送货提前期来确定送货日期，即由客户的需求日期倒退一个送货提前期，以确定本物流中心向客户的送货日期。既确定了本物流中心向供货方的订货、进货日期和数量，又确定了本物流中心向需求方送货的日期和数量，如此物流中心的工作计划就可以确定了。这个过程正是 DRP 在物流中心的运作过程。

(2) 就送货方而言，将客户需求日期和需求量提前一个送货周期，就得到了送货期和送货量，从而确定送货计划。

(3) 就供货方而言，当库存量下降到等于或小于安全库存量时，应该有一个订货批量的订货量参与本期的需求使用，并得到一个新的本期库存量。而根据供货方的订货提前期，由这一期开始，倒退一个提前期，才能确定从供货方的订进日期和订进数量，从而确定订货、进货计划。

项 目 小 结

配送成本核算的前提是配送成本核算对象的选择。成本费用承担实体、成本核算期和成本核算空间构成配送成本核算对象的 3 个基本要素。配送成本核算的主要类型有形态类物流成本核算、功能类物流成本核算、范围类物流成本核算和适用对象类物流成本核算。会计方法、统计方法、会计与统计相结合的方法、物流成本管理系统辅助决策是物流成本核算的主要方法。

配送成本管理子系统是利用计算机、数据库等技术将物流成本各功能要素的集合，它包括物流配送成本费用计算、配送成本支付形态管理、配送成本性态分析配送成本效益分析和配送信息管理。要实现配送成本的削减，就要从物流系统的角度来考虑，掌握好物流成本各项目之间的关系，按总成本最低的要求，使整个物流成本管理系统化，强调各要素之间的矛盾统一，把它们有机结合起来，使物流总成本最小。

复习思考题

一、简答题

1. 简述配送作业的流程。

2. 简述配送成本的构成。

3. 如何归集配送成本？

4. 为什么配送各环节成本没有统一标准的核算方法？

二、单选题

1. 配送过程依次为：集货、(　　)、配货、配送加工、配装、配送运输和送达服务。

A. 分拣　　B. 分拨　　C. 运输　　D. 库存

2. 配送成本＝配送运输成本＋分拣成本＋配装成本(　　)流通加工成本。

A. ＋　　B. －　　C. ×　　D. ÷

3. 运费＝基本运费＋附加费＝运费吨(　　)基本运费×（1＋基本费率）。

A. ＋　　B. －　　C. ×　　D. ÷

4. 分拣直接费用有工资、职工福利费、修理费、(　　)和其他。

A. 新购　　B. 重置　　C. 翻新　　D. 折旧

5. 计算各车当月实际耗用的燃料数，可按公式"当月实耗数＝月初车存数(　　)本月领用数－月末车存数"计算。

A. ＋　　B. －　　C. ×　　D. ÷

项 目 实 训

1. 案例分析

根据经典的零售学理论，一个人卖场的选址需要经过几个方面的测算。第一，商圈里的人口消费能力。需要对这些地区进行进一步的细化，计算这片区域内各个小区的详尽的人口规模和特征，计算不同区域内人口的数量和密度、年龄分布、文化水平、职业分布以及人均可支配收入等指标。例如，家乐福根据这些小区的远近程度和居民可支配的收入，划定重要的销售区域和普通的销售区域。第二，需要研究这片区域内的城市交通和周边商圈的竞争情况。例如，家乐福周围的公交线路不多，家乐福就干脆自己租用公交车辆在一些固定的小区穿行，方便这些距离较远的小区居民上门一次性购齐一周的生活用品。当然，未来潜在的销售区域会受到很多竞争对手的挤压，所以家乐福也会将未来所有的竞争对手计算进去。

问题：

(1) 配送中心选址需要注意什么问题？

(2) 对于配送合理化你有何好建议？

2. 技能训练

假设鲜花店仓库位置为图 8.15 中小黑方块，客户人次需要的鲜花数量代表单独一天的送货量。如果公司有 6 辆车，每部车可以送 20 个客户订购的鲜花，利用扫描法确定行车路线，从节约成本角度出发，将你的设计画在图中，试问需要几辆车？

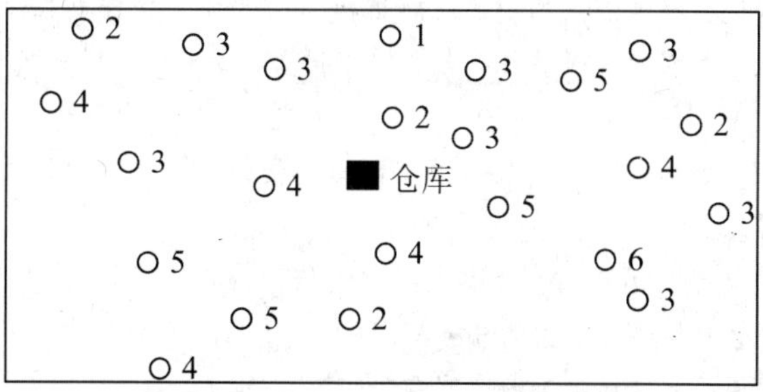

图 8.15　鲜花店位置及相应订货量

项目9　流通加工成本管理

学习目标

了解流通加工成本的概念；掌握流通加工成本的构成、流通加工成本的核算、流通加工成本分析方法。

能力目标

(1) 能够处理流通加工过程成本管理的问题。

(2) 能够根据流通加工成本核算要求进行对象确定和账户设置。

(3) 能够独立进行流通加工成本项目设置。

引导案例

1. 案例介绍

东风港是中国重要的进口散装化肥灌包港口和集散地之一，每年处理进口化肥灌包量均在100万吨以上。东风港涉及对化肥多品种、多形式的港口物流拓展，涵盖了散装灌包、进口保税、国际中转和水路铁路公路配送等多项服务。

东风港从国外进口化肥的装运采用散装方式，到达港口以后，通过门式起重机的抓斗，卸货到漏斗，通过漏斗输送到灌包房，灌包房设有散货灌包机(45～51吨/时)28套。利用灌包机将散装化肥灌成每包50千克装的袋装肥料再进行销售。

东风港的散粮钢板筒仓采用美国齐富技术(容量52 000立方米)和德国利浦技术(容量70 000立方米)建造，两大系统功能互享，最大程度上对粮谷的装卸、输送、计量、储存、灌包、装船、装车、倒仓、策阝通风、除尘、清仓和灭虫等进行科学有效的控制，将进出仓的合理损耗控制在严格的范围内。港运粮食码头对小麦、大麦、大豆、玉米等农产品多品种的分发操作积累了专业技术优势和仓储保管经验。

2. 案例分析

流通加工是为了维护商品的质量、提高物流效率，增加商品的附加价值、促进商品的销售，同时满足不同客户个性化、多样化需求。

3. 思考·讨论·训练

(1) 在库房中，商品保管包括哪几方面的任务?

(2) 结合本案例分析，你认为流通加工的环节有哪些?

任务1　认知流通加工成本

9.1.1　流通加工概述

1. 流通加工的概念

流通加工是在物品从生产领域向消费领域流动的过程中，为了促进销售、维护产品质量和提高物流效率，对物品进行加工，使物品发生物理、化学或形状的变化。流通加工是流通中的一种特殊形式，商品流通是以货币为媒介的商品交换，它的重要职能是将生产及消费(或再生产)联系起来，起“桥梁和纽带”作用，完成商品所有权利实物形态的转移。因此，流通与流通对象的关系，一般不是改变其形态而创造价值，而是保持流通对象的已有形态，完成空间的转移，实现“时间效用”及“场所效用”。

流通加工在流通中，但是，它却不是通过“保护”流通对象的原有形态而实现“桥梁和纽带”作用的，它是和生产一样，通过改变或完善流通对象的原有形态来实现这一作用的。

2. 流通加工的作用

(1) 流通加工提高原材料利用率。利用流通加工环节进行集中下料，是将生产厂家运来的简单规格产品，按使用部门的要求进行下料。例如，将钢板进行剪板、切裁，钢筋或圆钢裁制成毛坯，木材加工成各种长度及大小的板、方等。集中下料可以优材优用、小材大用、合理套裁，有很好的技术经济效果。例如，北京、济南、丹东等城市对平板玻璃进行流通加工(集中裁制、开片供应)，玻璃利用率从60%左右提高到85%～95%。

(2) 流通加工进行初级加工，方便客户。用量小或临时需要的使用单位，缺乏进行高效率初级加工的能力，依靠流通加工可使使用单位省去进行初级加工的投资、设备及人力，从而搞活供应，方便了客户。目前，发展较快的初级加工有将水泥加工成生混凝土、将原木或板方材加工成门窗、冷拉钢筋及冲制异型零件、钢板预处理、整形和打孔等。

(3) 流通加工提高加工效率及设备利用率。由于建立集中加工点，所以可以采用效率高、技术先进、加工量大的专门机具和设备。

(4) 流通加工有效地完善了流通。流通加工在实现“时间效用”和“场所效用”这两个重要功能方面，确实不能与运输和保管相比，因此，流通加工不是物流的主要功能要素。另外，流通加工的普遍性也不能与运输、保管相比，流通加工不是对所有物流活动都是必需的。但这绝不是说流通加工不重要，实际上它也是不可轻视的，它具有补充、完善、提高与增强的作用，能起到运输、保管等其他功能要素无法起到的作用。因此，流通加工的地位可以描述为提高物流水平，促进流通向现代化发展。

(5) 流通加工是物流的重要利润来源。流通加工是一种低投入、高产出的加工方式，往往以简单加工解决大问题。在实践中，有的流通加工通过改变商品包装，使商品档次升级而充分实现其价值；有的流通加工可将产品利用率大幅提高30%，甚至更多。实践证明，流通加工提供的利润并不亚于从运输和保管中挖掘的利润，因此，可以说流通加工是物流业的重要利润来源。

(6) 流通加工在国民经济中也是重要的加工形式。流通加工在整个国民经济的组织和运行方面是一种重要的加工形式，对推动国民经济的发展、完善国民经济的产业结构具有一定的意义。

9.1.2 流通加工成本的构成

流通加工成本是指一定时期内，企业为完成货物流通加工业务而发生的全部费用，即为进行流通加工所消耗的物化劳动和活劳动的货币表现。其包括支付外部流通加工费和自有设备流通加工费以及业务人员的工资福利、加工设备年折旧、燃料与动力消耗、设施设备维修保养费、业务费等。

(1) 流通加工设备费用。在流通加工过程中，由于流通加工设备的使用而发生实体损耗和价值转移。流通加工设备因流通加工形式不同而不同，如木材加工需要电锯、剪板加工需要剪板机等，购置这些设备所支出的费用，以流通加工费的形式转移到被加工的产品中去。

(2) 流通加工材料费用。流通加工材料费用是指在流通加工过程中，投入到加工过程中的一些材料消耗的费用。

(3) 流通加工劳务费用。它主要指从事流通加工业务的人员的费用，具体包括流通加工业务人员的工资、福利、奖金、津贴、补贴、住房公积金、职工劳动保护费、人员保险费、按规定提取的福利费、职工教育培训费和其他一切用于流通加工业务人员的费用等。

(4) 维护费。在流通加工过程中需要使用一定的设备，如电锯、剪板机等，维护费指与这些流通加工设备有关的折旧费、摊销费、维修保养费以及电力、燃料、油料等能源消耗费。

(5) 一般经费。一般经费指在流通加工过程中，除了上述人工费、材料费和维护费之外，所发生的与流通加工有关的其他费用支出，如流通加工作业应分摊的车间经费以及其他管理费用支出。

流通加工的对象是进入流通领域的商品，具有商品的属性。从这一意义上说，流通加工成本仅存在于销售物流阶段。

(6) 其他费用。除上述费用外，在流通加工中耗用的电力、燃料、油料以及管理费用等。

为简化核算，对流通加工成本设置直接材料、直接人工和制造费用 3 个成本项目。由于流通加工对象的所有权一般归生产企业而非物流企业，需要单独核算废品损失，故增加废品损失成本项目。

任务 2 流通加工成本核算

9.2.1 流通加工直接材料费用核算

1. 流通加工直接材料费用的内容

流通加工的直接材料费用是指在流通加工产品加工过程中直接消耗的材料、辅助材料、包装材料以及燃料和动力等费用。与工业企业相比，在流通加工过程中的直接材料费用，占流通加工成本的比值较大。

2. 流通加工直接材料费用的归集

(1) 材料消耗量的核算。归集直接材料费用，首先要正确计算。直接材料费用受材料消耗量和材料价格两个因素的影响，直接材料的计算就是要正确计算与确定材料的消耗数量和价格。

为了正确计算流通加工过程中材料消耗量，企业应当采用连续记录法，及时记录材料的消耗数量，记录生产过程中材料消耗量的原始凭证有“领料单”、“限额领料单”、“领料登记表”等。为了正确计算材料消耗量，期末对于生产过程中只领未用的材料，应当填制“退料单”，“退料单”也是记录材料消耗的原始凭证。只有严格材料发出的凭证和于续，才能正确计算和确定材料消耗的数量。

(2) 消耗材料价格的核算。在实际工作中，物流企业可以按照实际成本计价组织材料核算，也可按计划成本计价组织材料核算。无论采用哪种计价方式，加工过程中消耗的材料，都应当是材料的实际成本。

采用按实际成本计价组织材料核算时，由于同一材料的购入时间和地点不同，各批材料购进的实际单价可能不一致，所以物流企业必须采用一定的方法，正确计算消耗材料的实际价格。

采用按计划成本计价组织材料核算时，物流企业应当正确计算消耗材料应分摊的材料成本差异，将消耗材料的计划成本调整为实际成本。消耗材料的实际成本，等于计划成本加上应分摊的材料成本超支差异，或减去应分摊的材料成本节约差异。

(3) 直接材料费用的归集。在直接材料费用中，材料费用数额是根据全部领料凭证汇总编制“耗用材料汇总表”来确定的。

在归集直接材料费用时，凡能分清某一成本核算对象的费用，应单独列出，以便直接计入该加工对象的产品成本核算单中；属于几个加工成本对象共同耗用的直接材料费用，应当选择适当的方法，分配计入各加工成本核算对象的成本核算中。

3. 流通加工直接材料费用的分配

需要分配计入各加工成本核算对象的直接材料费用在选择分配方法时，要遵循合理、简便的原则。分配方法中重要的因素是分配标准，分配方法通常是以分配标准命名的。分配方法的简单原则主要指分配方法中的分配标准，其资料应当容易取得，便于计算。

在直接材料费用中，流通加工所消耗的材料和燃料费用的分配一般可以选用重量(体积、产品产量)分配法、定额耗用量比例分配法、系数分配法(标准产量分配法)；流通加工所消耗的动力费用的分配可以选用定额耗用量比例分配法、系数分配法(标准产量分配法)、生产工时分配法、机器工时分配法等。

9.2.2　流通加工直接人工费用核算

1. 流通加工直接人工费用的内容

流通加工成本中的直接人工费用是指直接进行加工生产的生产工人的工资总额和按工资总额提取的职工福利费。生产工人工资总额包括计时工资、计件工资、奖金、津贴和补贴、加班工资、非工作时间的工资等。

2. 流通加工直接人工费用的归集

计入产品成本中的直接人工费用的数额是根据当期“职工福利费汇总表”来确定的。

“工资结算汇总表”是进行工资结算和分配的原始依据。它是根据“工资结算单”按人员类别(工资用途)汇总编制的。“工资结算单”应当依据职工工作卡片、考勤记录、工作量记录等工资计算的原始记录编制。

“职工福利费汇总表”是依据“工资结算汇总表”确定的各类人员工资总额，按照规定的提取比例计算后编制的。

3. 流通加工直接人工费用的分配

采用计件工资形式支付的生产工人工资，一般可以直接计入所加工产品的成本，不需要在各种产品之间进行分配，采用计时工资形式支付的工资。如果生产工人只加工一种产品，也可以将工资费用直接计入该产品成本，不需要分配；如果加工多种产品，则需要选用合理方法，在各种产品之间进行分配。

按照工资总额一定比例提取的职工福利费，其归集方法与工资相同。直接人工费用的分配方法有生产工时分配法、系数分配法等。流通加工生产工时分配法中的生产加工工时可以是产品的实际加工工时，也可以是按照单位加工产品定额工时和实际加工生产量的定额总工时。流通加工生产工时分配法的计算公式为

某产品应分配费用＝该产品加工工时之和×费用分配率

某加工产品应分配费用＝该产品生产工时×费用分配率

9.2.3 流通加工制造费用核算

1. 流通加工制造费用的内容

流通加工制造费用是物流中心设置的生产加工单位为组织和管理生产加工所发生的各项间接费用。其主要包括流通加工生产单位管理人员的工资及提取的福利费，生产加工单位房屋、建筑物、机器设备等的折旧和修理费，生产单位固定资产租赁费、物料消耗、低值易耗品摊销、取暖费、水电费、办公费、差旅费、保险费、试验检验费、季节性停工和机器设备修理期间的停工损失以及其他制造费用。

在构成流通加工成本的直接材料费用、直接人工费用和制造费用等项目中，制造费用属于综合性费用，明细项目比较多。除机器设备等的折旧费和修理费外，制造费用的大部分为一般费用。尽管有些制造费用和加工产品产量的变动有关，但制造费用多为固定费用，不能按照业务量制定定额，只能按会计期间编制制造费用预算，控制制造费用总额。

2. 流通加工制造费用的归集

制造费用是通过设置制造费用明细账，按照费用发生的地点来归集的。制造费用明细账按照加工生产单位开设，并按费用明细账项目设专栏组织核算。由于物流中心流通加工环节的折旧费用、固定资产修理费用等占成本比例较大，其费用归集非常重要。折旧费用和固定资产修理费用等项目的归集方法如下：

(1) 折旧费用。折旧费用和修理费从其与加工生产工艺过程的关系看，属于基本费用。

为了简化核算，通常视同组织和管理加工生产所发生的间接费用。作为制造费用的项目，折旧费用是通过编制“折旧费用计算汇总表”计算出各生产单位本期折旧费用以后，计入制造费用的。

根据“折旧费用计算汇总表”得出的折旧额，算出流通加工部门折旧费用。

(2) 固定资产修理费用。固定资产修理费用一般可以直接计入当月该生产单位的制造费用。当修理费用发生不均衡，一次发生的费用数额较多时，也可以来用分期摊销或按计划预提计入制造费用的办法。

例如，某物流中心以银行存款支付固定资产修理费 4 000 元，其中第一加工车间 2 000 元，第二加工车间 1 500 元，供水车间 500 元。根据发生的修理费用计入当期各加工生产车间的制造费用。

(3) 租入固定资产改良支出。企业租入固定资产的改良支出摊销期一般在 1 年以上，发生时作为长期待摊费用处理，再按预定期限摊入制造费用。

例如，某物流中心流通加工部门以银行存款 48 000 元用于租入固定资产改良支出，计划在合同规定的租赁期两年内摊销，则每月摊销 2 000 元，计入制造费用。

3. 流通加工制造费用的分配

制造费用是各加工单位为组织和管理流通加工所发生的间接费用，其受益对象是流通加工单位当期所发生的全部产品。当加工单位只加工一种产品时，制造费用不需要在受益对象之间分配，直接转入流通加工成本；当加工多种产品时，则需要在全部受益对象之间分配，包括自制材料、工具以及生产单位负责进行的在建工程，都要负担制造费用。在选择制造费用分配方法时，同样注意分配标准的合理和简便。在实际工作中，制造费用分配方法有生产工时分配法、机器工时分配法和计划分配率分配法等。

(1) 生产工时分配法。生产工时分配法是以加工各种产品的生产工时为标准分配费用的方法。加工生产工时一般指加工产品实际总工时，也可以是按实际加工量和单位加工量的定额工时计算的定额总工时。生产工时分配法的计算公式为

$$某加工产品应分配费用=该产品的加工工时\times费用分配率$$

【例 9-1】 某物流中心第一流通加工部门本月制造费用明细账归集的制造费用总额为 18 000 元。本月实际加工工时为 20 000 小时，其中加工甲产品 12 000 小时，乙产品 10 000 小时，丙产品 8 000 小时，采用生产工时分配法编制制造费用分配表见表 9-1。

表 9-1 第一流通加工部门制造费用分配表 单位：元

产品名称	加工工时	分配率(元/工时)	分配金额
甲产品	12 000		7 200
乙产品	10 000		6 000
丙产品	8 000		4 800
合计	30 000	0.6	18 000

(2) 机器工时分配法。机器工时分配法是以各种加工产品(各受益对象)的机器工作时间为标准来分配制造费用的方法。当制造费用中机器设备的折旧费用和修理费用比较大时，采用机器工时分配法比较合理。

必须指出，不同机器设备在同一工作时间内的折旧费用和修理费用差别较大。也就是说，同一件产品(或不同产品)在不同的机器上加工一个单位所负担的费用应当有所差别。因此，当一个加工部门内存在使用和维修费用差别较大的不同类型的机器设备时，应将机器设备合理分类，确定各类机器设备的工时系数。各类机器设备的实际工作时间应当按照其工时系数换算成标准机器工时和标准机器工时作为分配制造费用的依据。

【例 9-2】 某物流中心第二流通加工部门本月制造费用总额为 33 000 元，各种产品机器加工工时为 54 000 小时，其中甲产品由 A 类设备加工 10 000 小时，B 类设备加工 8 000 小时；乙产品由 A 类设备加工 5 000 小时，B 类设备加工 15 000 小时，丙产品由 A 类设备加工 15 000 小时，B 类设备加上 6 000 小时。该加工部门 A 类设备为一般设备，B 类设备为高级精密大型设备。按照设备使用和维修费用发生情况确定的 A 类设备(标准设备类)系数为 1，B 类设备为 1.5，根据资料采用机器工时分配法编制制造费用分配表见表 9-2。

表 9-2 第二流通加工部门制造费用分配表 单位：元

产品名称	机器工作时间/小时				分配比率	分配金额
	A 类设备(标准)	B 类设备系数(1.5)		标准工时合计		
		加工时数	折合时数			
甲产品	10 000	8 000	12 000	22 000	0.5	11 000
乙产品	5 000	10 000	15 000	20 000		10 000
丙产品	15 000	6 000	9 000	24 000		12 000
合计	30 000	24 000	36 000	66 000		33 000

(3) 计划分配率分配法。计划分配率分配法是按照年初确定的计划制造费用分配率分配制造费用，实际发生的制造费用与按计划分配率分配的制造费用的差异年末进行调整。

计划分配率是根据各加工单位计划年度制造费用总额和计划年度定额总工时计算的，其计算公式为

计划制造费用分配率＝某加工单位年度制造费用预算总额÷该加工单位年度计划完成定额总工时

某加工产品当月应分配制造费用是根据该产品实际加工量按单位产品工时计算的定额总工时和计划分配率计算的，其计算公式为

某产品应分配费用＝该产品按实际加工量计算的定额总工时×计划制造费用分配率

【例 9-3】 某物流中心流通加工部门本年度制造费用预算总额为 150 000 元，该部门加工甲、乙、丙 3 种产品，本年计划加工量分别为 3 000 件、2 500 件和 1 600 件，单位产品定额加工工时分别为 50 小时、40 小时和 30 小时，年度计划完成的定额总工时为 300 000 小时。本年 9 月份加工甲产品 250 件、乙产品 200 件、丙产品 300 件。

按计划分配率分配制造费用的分配计算结果如下：

计划制造费用分配率＝150 000÷300 000＝0.5

9 月份应分配制造费用如下：

甲产品 250×50×0.5＝6 250(元)

乙产品 200×40×0.5＝4 000(元)

丙产品 300×30×0.5＝4 500(元)

计划分配率一经确定，年度内一般不再变更。因此，用这种方法核算简便产品成本所负担的制造费用也比较均衡。

9.2.4 流通加工成本核算应用举例

1. 物流中心背景资料

某物流中心设有第一、第二两个流通加工车间，对甲、乙两种产品进行流通加工，一车间加工甲产品，二车间加工乙产品，其工艺过程为单步骤流水线上生产，该物流中心另设有供水、机修两个辅助生产车间，为基本加工车间及其他各部门提供产品及劳务。该物流中心采用品种法核算流通加工成本。

2. 流通加工成本核算程序

该物流中心“基本生产成本”二级账下设甲产品流通加工成本核算单和乙产品流通加工成本核算单；“辅助生产成本”一级账下设供水车间明细账和机修车间明细账；“制造费用”总账下按加工一车间、加工二车间、供水车间和机修车间分别设置明细账。本月加工成本核算如下。

根据各项生产加工费用发生的原始凭证和其他有关资料，编制各项要素费用分配表，分配本月发生的加工生产费用。其分配结果见表9-3、表9-4。

表9-3 材料费用分配表　　单位：元

会计科目	明细科目	主要材料	辅助材料	燃料	合计
基本生产车间	甲产品		5 000		5 000
	乙产品		3 000		3 000
	小计		8 000		8 000
辅助生产车间	供水车间	30 000	1 000		31 000
	机修车间	25 000	2 000		27 000
	小计	55 000	3 000		58 000
制造费用	一车间	1 000	1 500		2 700
	二车间	2 500	2 500	200	5 100
	供水车间	500	1 000	100	1 500
	机修车间	400	500	300	900
	小计	4 400	5 500		10 200
管理费用	修理费	1 800	500		2 300

表9-4 工资及福利辅助费用分配表　　单位：元

分配对象		工资			福利费	
计科目	明细科目	分配标准/工时	分配率	分配金额	分配率	分配金额
基本生产车间	甲产品	60 000	0.386	23 160	0.054 03	3 242
	乙产品	40 000	0.386	15 440	0.054 03	2 161
	小计	100 000		38 600		5 403
辅助生产车间	供水车间	30 000	0.032	960	0.00448	134.4
	机修车间	25 000	0.046	1 150	0.00644	161.0
	小计	55 000		2 110		295.4

9.2.5 流通加工成本分析方法

对流通加工成本的分析，可通过编制“流通加工成本报表”进行分析。在对“流通加工成本报表”分析的过程中，当研究各项成本指标的数量变动和指标之间的数量关系，测定各种因素变动对成本指标的影响程度时，常用以下几种分析方法：

(1) 比较分析法。比较分析法是通过指标对比，从数量上确定差异的。其在于揭示客观上存在的差距，为进一步分析指出方向。

(2) 比率分析法。比率分析法是指通过计算和对比经济指标的比率，进行数量分析的一种方法。采用这一方法，先要把对比的数值变成相对数，求出比率，然后再进行分析。

(3) 连环替代法。连环替代法是用来计算几个相互联系的因素，以明确对综合经济指标变动影响程度的一种分析方法。

(4) 差额计算法。差额计算法是连环替代法的一种简化形式。运用这一方法时，首先要确定各因素实际数与计划数之间的差异，然后按照各因素的排列顺序，依次求出各因素变动的影响程度。

以上所述只是常用的几种数量分析方法。此外，还可以根据分析的目的和要求，采用分组法、指数法、图表法等其他数量分析方法。

任务 3　流通加工成本管理案例

9.3.1 E 公司流通加工管理案例

1. E 公司概况

E 公司是国外物流集团在中国设立的办事处。截至 2005 年 12 月底，该办事处资产总额 495 万元，负债总额 139 万元；2005 年实现物流业务收入 2 915 万元，实现净利润 144 万元。该办事处共有员工 8 人，设有销售部、海运部、空运部、财务部 4 个部门，其中销售部员工 1 人，主要负责询价、报价、开发新客户等物流营销工作；海运部和空运部共有员工 4 人，主要负责具体的物流管理和操作，包括组织发货、订仓、制定和完善物流流程等。该办事处无自己的仓库和运输装备及力量，主要是组织接货和发货，运输方式主要包括海运和空运。该办事处 2005 年 12 月底资产负债表和 2005 年利润表分别见表 9－5 和表 9－6。

表 9－5　资产负债表

单位：E 公司　　　　公司 2005 年 12 月 31 日　　　　单位：元

资产	年初数	年末数	负债及所有者权益	年初数	年末数
流动资产：			流动负债		
货币资金	238 895.02	162 550.08	应付账款	1 281 094.08	171 309.85
其他应收款	(954 933.02)	2 088 998.95	预收账款	219 615.65	218 404.07
应收账款	3 843 638.19	2 614 612.74	流动负债合计	1 500 709.73	389 713.92

续表

资产	年初数	年末数	负债及所有者权益	年初数	年末数
流动资产合计	3 127 600.19	4 866 161.77	长期负债：		
固定资产：			长期应付款	(524 112.54)	0
固定资产原价	206 537.10	240 667.10	长期负债合计	(524 112.54)	0
减：累计折旧	133 255.61	152 364.34	负债合计	976 597.19	1 389 713.92
固定资产净值	73 281.49	88 302.76	所有者权益：		
固定资产合计	73 281.49	88 302.76	未分配利润	2 224 284.49	3 564 750.61
			所有者权益合计	2 224 284.49	3 564 750.61
资产总计	3 200 881.68		负债及所有者权益总计	3 200 881.68	4 954 464.53

表9-6 利润表

项目	本年累计数
一、主营业务收入	29 145 234.88
减：主营业务成本	26 210 414.06
主营业务税金及附加	
二、主营业务利润	2 932 820.82
加：其他业务利润	
减：销售费用	932 885.12
管理费用	461 288.64
财务费用	97 400.79
三、营业利润	1 443 246.27
加：投资收益	
补贴收入	
营业外收入	
减：营业外支出	
四、利润总额	1 443 246.27
减：所得税	—
五、净利润	1 443 246.27

2. E公司成本核算和物流成本信息

E公司成本管理业务数据均列入物流成本主表，其界面如图9.1所示。界面列出了企业物流成本业务需求的主要数据，这些数据是按成本项目、物流范围和成本支付形态三维形式反映企业一定期间各项物流成本的信息。其主要是根据物流成本的三维构成，按一定的标准和顺序，把企业一定期间的项目物流成本、范围物流成本和支付形态物流成本在日常工作中形成的大量成本费用数据进行整理而成的。

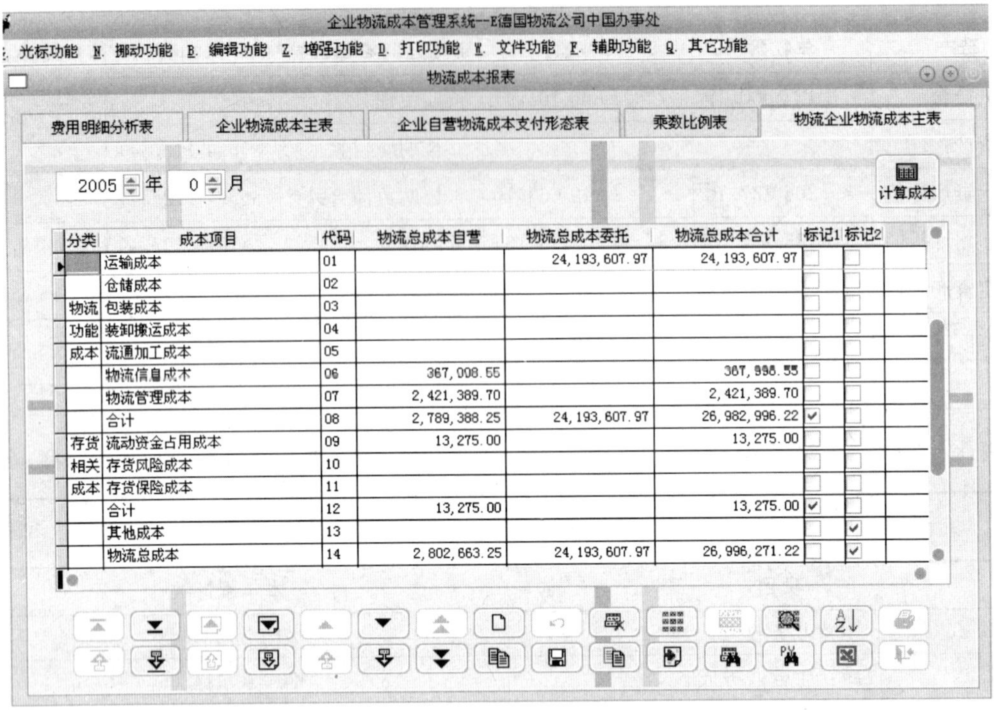

分类	成本项目	代码	物流总成本自营	物流总成本委托	物流总成本合计	标记1	标记2
	运输成本	01		24,193,607.97	24,193,607.97	☐	☐
	仓储成本	02				☐	☐
物流	包装成本	03				☐	☐
功能	装卸搬运成本	04				☐	☐
成本	流通加工成本	05				☐	☐
	物流信息成本	06	367,008.55		367,008.55	☐	☐
	物流管理成本	07	2,421,389.70		2,421,389.70	☐	☐
	合计	08	2,789,388.25	24,193,607.97	26,982,996.22	☑	☐
存货	流动资金占用成本	09	13,275.00		13,275.00	☐	☐
相关	存货风险成本	10				☐	☐
成本	存货保险成本	11				☐	☐
	合计	12	13,275.00		13,275.00	☑	☐
	其他成本	13				☐	☑
	物流总成本	14	2,802,663.25	24,193,607.97	26,996,271.22	☐	☑

图 9.1　物流成本主表界面

3. E 公司成本管理业务数据

本案例以该 E 办事处 2005 年有关成本费用资料为依据，核算 2005 年的物流成本。该企业的成本费用科目主要有主营业务成本、销售费用、管理费用和财务费用。

(1) 获取 2005 年相关成本费用发生额及明细资料并逐项分析哪些与物流成本相关。

(2) 物流成本资料分析及物流成本核算。根据会计明细账、记账凭证、原始凭证及其他相关资料，对与物流成本有关的费用逐项进行分析，并设物流成本辅助账户按 3 个维度核算物流成本。

① 对于主营业务成本——运费(空运)4 972 224.64 元和主营业务成本——运费(海运)19 221 383.33元，经查明细资料，为对外支付运费；对于主营业务成本——厂站费、代理费、报检检疫费、签单费等(空运)368 571.03 元和主营业务成本——港杂费、代理费、检验检疫费等(海运)1 648 235.06 元，经查明细资料，为物流业务过程中发生的杂费。

系统根据上述有关资料，自动核算相关物流成本，所得 E 公司空运成本信息如图 9.2 所示。

系统将上述相关物流成本信息计入有关物流成本辅助账户如图 9.3 所示。

物流功能成本——运输成本——物流企业成本——委托为 4972 224.64 元；

物流功能成本——物流管理成本——物流企业成本——一般经费为 368 571.03 元。

② 对于销售费用——人工费——工资、加班费、双薪 465 784.98 元，销售费用——人工费——职工医药费、福利费、培训费 13 645.55 元和销售费用——人工费——职工保险费、住房公积金 115 526.54 元，经查明细资料，为办事处全体人员人工费支出。办事处共有员 528 人，其中具体的物流管理和操作人员 4 人。物流成本核算按人员比例进行分配。

系统根据上述有关资料，自动核算相关物流成本，所得 E 公司人工成本信息如图 9.4 所示。

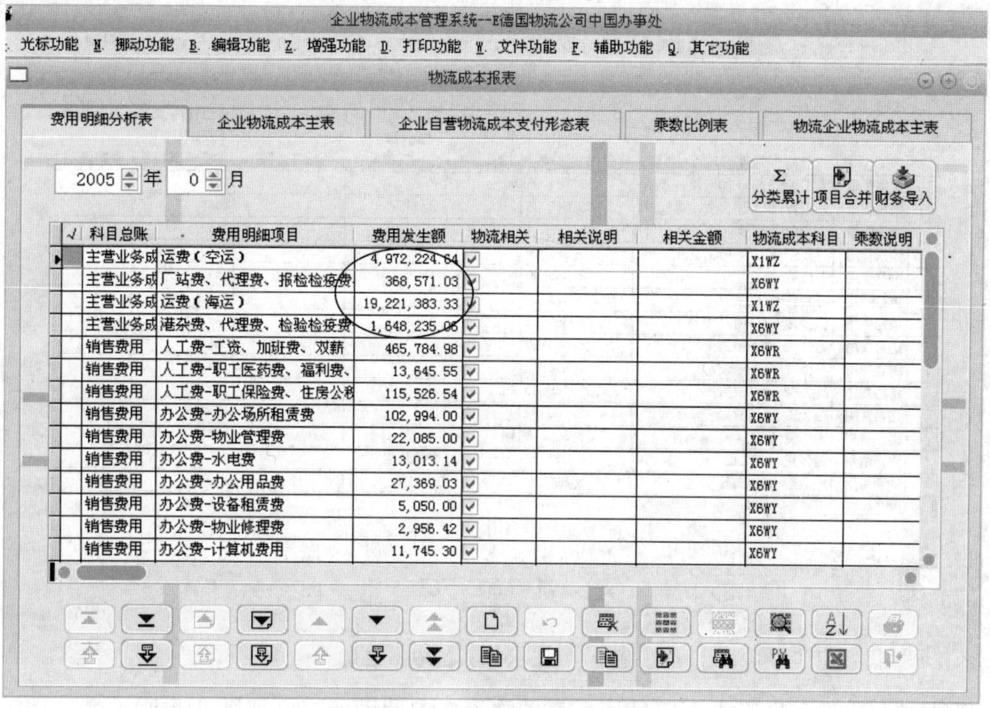

图 9.2　E 公司空运成本信息

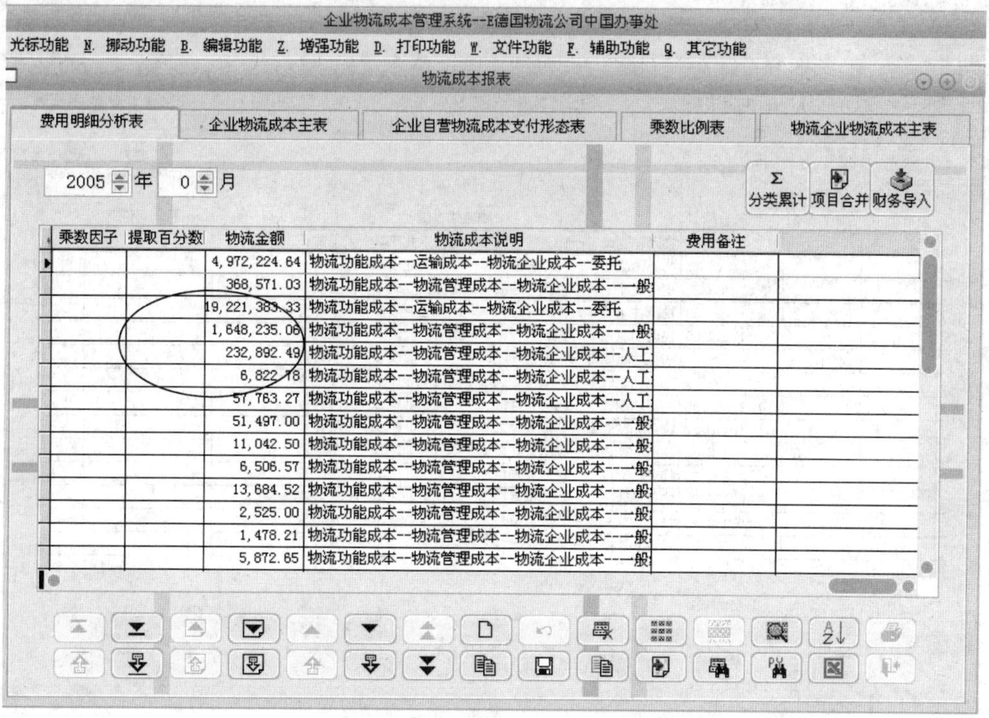

图 9.3　E 公司空运成本核算

科目总账	费用明细项目	费用发生额	物流相关	相关说明	相关金额	物流成本科目	乘数说明
销售费用	人工费-工资、加班费、双薪	465,784.98	✓			X6WR	
销售费用	人工费-职工医药费、福利费	13,645.55	✓			X6WR	
销售费用	人工费-职工保险费、住房公积	115,526.54	✓			X6WR	
销售费用	办公费-办公场所租赁费	102,994.00	✓			X6WY	
销售费用	办公费-物业管理费	22,085.00	✓			X6WY	
销售费用	办公费-水电费	13,013.14	✓			X6WY	
销售费用	办公费-办公用品费	27,369.03	✓			X6WY	
销售费用	办公费-设备租赁费	5,050.00	✓			X6WY	
销售费用	办公费-物业修理费	2,956.42	✓			X6WY	
销售费用	办公费-计算机费用	11,745.30	✓			X6WY	
销售费用	办公费-清理费	2,400.00	✓			X6WY	
销售费用	通信费-邮费	18,606.96	✓			X7WY	
销售费用	通信费-电话费	52,043.55	✓	物流信息管理	36,430.48	X7WY	
销售费用	通信费-本地邮递费	3,690.00	✓			X7WY	

图 9.4　E 公司人工成本信息

系统将上述相关物流成本信息计入有关物流成本辅助账户，如图 9.5 所示。

乘数因子	提取百分数	物流金额	物流成本说明	费用备注
		232,892.49	物流功能成本--物流管理成本--物流企业成本--人工费	
		6,822.78	物流功能成本--物流管理成本--物流企业成本--人工费	
		57,763.27	物流功能成本--物流管理成本--物流企业成本--人工费	
		51,497.00	物流功能成本--物流管理成本--物流企业成本---般经费	
		11,042.50	物流功能成本--物流管理成本--物流企业成本---般经费	
		6,506.57	物流功能成本--物流管理成本--物流企业成本---般经费	
		13,684.52	物流功能成本--物流管理成本--物流企业成本---般经费	
		2,525.00	物流功能成本--物流管理成本--物流企业成本---般经费	
		1,478.21	物流功能成本--物流管理成本--物流企业成本---般经费	
		5,872.65	物流功能成本--物流管理成本--物流企业成本---般经费	
		1,200.00	物流功能成本--物流管理成本--物流企业成本---般经费	
		18,606.96	物流功能成本--物流信息成本--物流企业成本---般经费	
		36,430.48	物流功能成本--物流信息成本--物流企业成本---般经费	
		3,690.00	物流功能成本--物流信息成本--物流企业成本---般经费	

图 9.5　E 公司人工成本核算

物流功能成本——物流管理成本——物流企业成本——人工费为 232 892.49 元。

③ 对于销售费用——办公费 187 612.89 元，经查明细资料，为办事处全体人员发生的办公费用。办事处共有员 528 人，其中具体的物流管理和操作人员 4 人。物流成本核算按人员比例进行分配。

④ 销售费用——差旅费——本地差旅费 7 434.50 元，经查明细资料，为办事处人员发生的差旅费支出，其中物流管理人员发生差旅费支出 2 860 元；销售费用——差旅费——汽车运营费 6 851.00 元，经查明细资料，为公司租赁车辆发生租赁费、燃料费等，本月租赁车辆行驶里程数为 2 400 千米，其中物流管理人员使用车辆行程里程数为 1 920 千米。

⑤ 对于管理费用——咨询费(外部)31 180.00 元和管理费用——咨询费(JAS 集团)107 060.48元，经查明细资料，主要为办事处为获得物流相关信息而支付的咨询费。

⑥ 对于管理费用——折旧费——计算机 19 831.26 元，经查明细资料，为办事处所有计算机(8 台)发生的折旧费，其中物流管理人员使用 4 台计算机。本月物流管理人员使用计算机进入集团物流软件系统终端获取物流信息与使用计算机进行日常物流管理作业的工作总时数均为 400 小时。

⑦ 对于管理费用——JAS 集团收取管理费 276 788.02 元，经查明细资料得知为 JAS 集团向办事处收取的管理费，其中因办事处使用集团物流信息软件系统支付管理费 166 072.81元。

⑧ E 办事处 2005 年因运作物流业务发生了一定的资金占用成本，主要包括向委托方支付的备用金和押金。经查明细资料，备用金和押金月均总余额为 25 万元。

系统根据上述有关资料，自动核算相关物流成本，所得 E 公司物流成本分摊如图 9.6 所示。

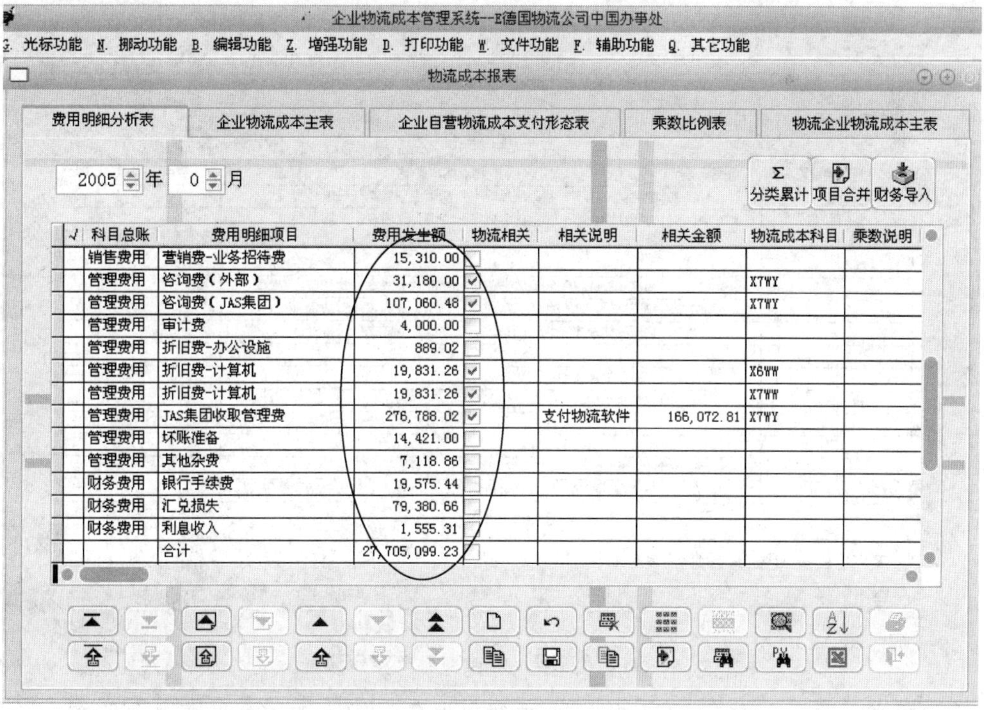

√	科目总账	费用明细项目	费用发生额	物流相关	相关说明	相关金额	物流成本科目	乘数说明
	销售费用	营销费-业务招待费	15,310.00					
	管理费用	咨询费(外部)	31,180.00	√			X7WY	
	管理费用	咨询费(JAS集团)	107,060.48	√			X7WY	
	管理费用	审计费	4,000.00					
	管理费用	折旧费-办公设施	889.02					
	管理费用	折旧费-计算机	19,831.26	√			X6WW	
	管理费用	折旧费-计算机	19,831.26	√			X7WW	
	管理费用	JAS集团收取管理费	276,788.02	√	支付物流软件	166,072.81	X7WY	
	管理费用	坏账准备	14,421.00					
	管理费用	其他杂费	7,118.86					
	财务费用	银行手续费	19,575.44					
	财务费用	汇兑损失	79,380.66					
	财务费用	利息收入	1,555.31					
		合计	27,705,099.23					

图 9.6 E 公司物流成本分摊

系统将上述相关物流成本信息计入有关物流成本辅助账户如图 9.7、图 9.8 所示。

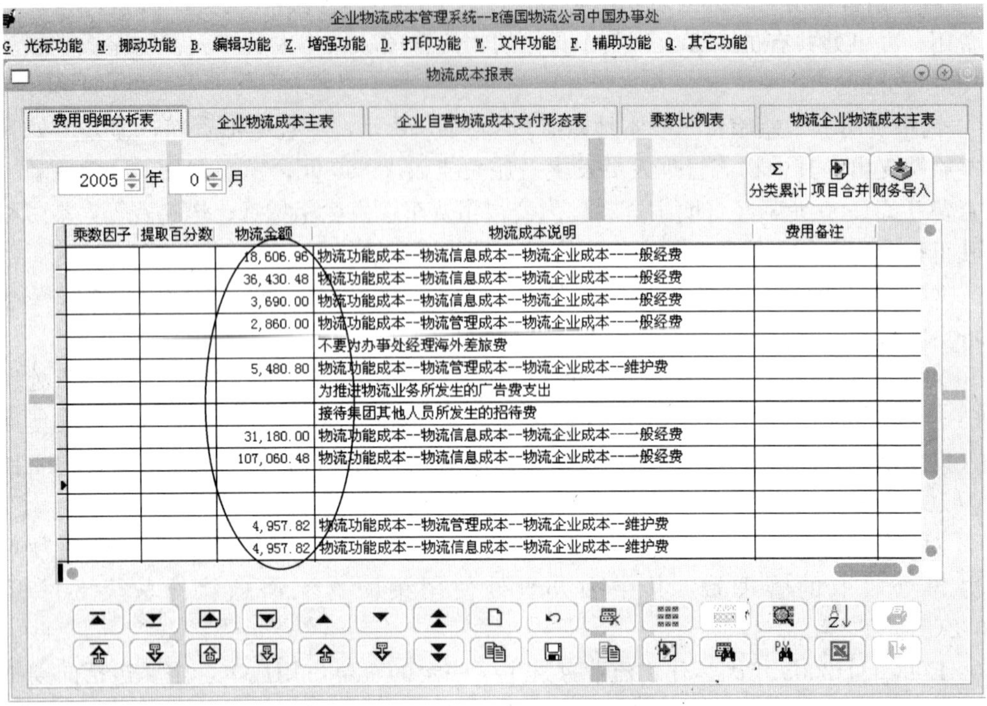

图 9.7　E 公司物流成本核算

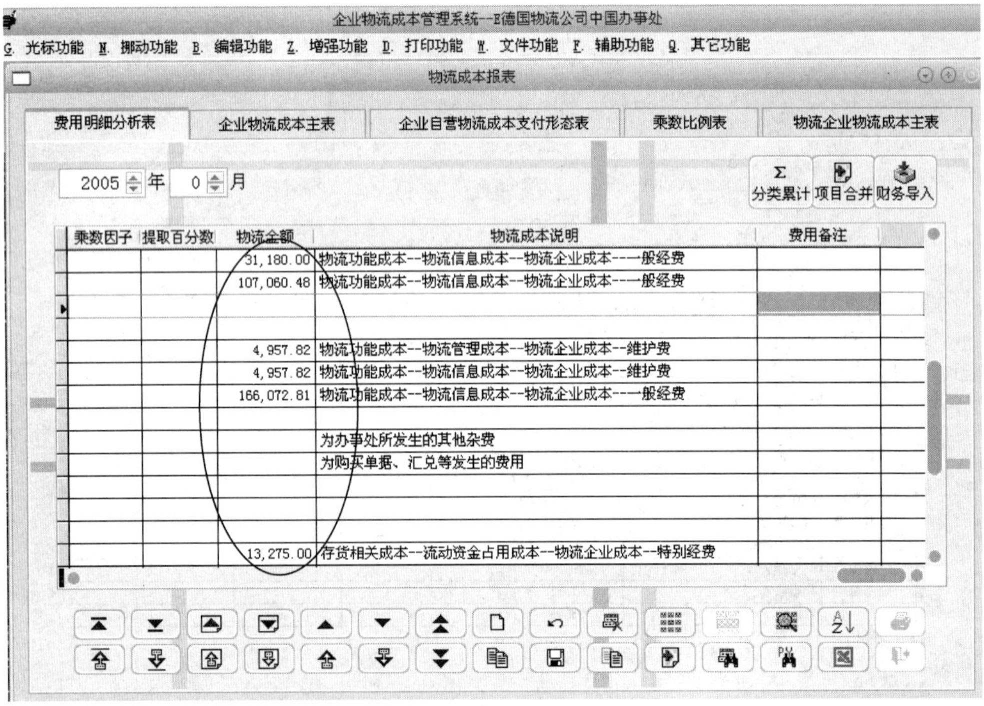

图 9.8　续 E 公司物流成本核算

物流功能成本——物流信息成本——物流企业成本——一般经费为 58 727.44；

物流功能成本——物流管理成本——物流企业成本——维护费为 5 480.8；

物流功能成本——物流管理成本——物流企业成本——一般经费为 31 180.00；
物流功能成本——物流信息成本——物流企业成本——一般经费为 107 060.48；
物流功能成本——物流管理成本——物流企业成本——维护费为 4 957.82；
物流功能成本——物流信息成本——物流企业成本——维护费为 4 957.82；
物流功能成本——物流信息成本——物流企业成本——一般经费为 166 072.81；
物流功能成本——流动资金占用成本——物流企业成本——特别经费为 13 275.00。

9.3.2　E 公司物流成本支付形态分析

E 公司物流成本支付形态如图 9.9 所示。

分类	成本项目	代码	内部支付材料费	内部支付人工费	内部支付维护费	内部支付一般经费	内部支付特别经费	内部支付合计
	运输成本	01						
	仓储成本	02						
物流	包装成本	03						
功能	装卸搬运成本	04						
成本	流通加工成本	05						
	物流信息成本	06			4,957.82	363,040.73		367,998.55
	物流管理成本	07		297,478.54	10,438.62	2,113,472.54		2,421,389.70
	合计	08		297,478.54	15,396.44	2,476,513.27		2,789,388.25
存货	流动资金占用成本	09					13,275.00	13,275.00
相关	存货风险成本	10						
成本	存货保险成本	11						
	合计	12					13,275.00	13,275.00
	其他成本	13						
	物流总成本	14		297,478.54	15,396.44	2,476,513.27	13,275.00	2,802,663.25

图 9.9　E 公司物流成本支付形态

1. E 公司物流成本支付形态结构

(1) E 公司 2005 年度物流成本总体构成中自营和委托物流成本所占比重分别为 72.73% 和 27.27%，说明 E 公司已将一部分物流业务进行了外包，且占有相当比重，应对委托物流成本与完成同等物流业务量的预计自营物流成本进行比较，以确定外包物流业务是否合算。对所占比重较大的自营物流成本也应进一步分析其具体的支付形态，从而确定物流成本降低的趋向。

(2) 与 2004 年度相比，E 公司 2005 年自营物流成本支出比重下降 6.44 个百分点，委托物流成本支出比重上升 6.44 个百分点，说明公司 2005 年物流外包业务程度加大，这种运作策略是否合理，还应做进一步分析。

(3) 2005 年 E 公司各物流支付形态成本在物流总成本中所占的比重大致相当，说明 E 公司物流成本支付形态结构相对合理。

2. E公司物流成本支付形态结构的具体分析

(1) 根据图9.9所示的资料，对E公司物流成本比率分析如下：

① E公司2005年自营物流成本中，维护费和人工费支出比重最大，分别为42.5%和32.5%，其次为一般经费和特别经费，其支出比重分别为13.75%和7.5%。

企业可根据实际情况，选择对其中一部分或全部支付形态成本做进一步分析。在本书中，我们选择对维护费、人工费和特别经费做进一步分析。

② 与2004年度相比，E公司2005年除了维护费支出比重有所下降外，其他支付形态比重变化不大，说明自营物流成本各支付形态结构相对稳定。

③ E公司2005年人工费支出比重略有上升，一般经费支出比重略有下降，2005年E公司的支付形态比重差异不大，说明E公司2005年支付形态结构相对合理。

(2) 委托物流成本支付形态结构分析。根据图9.9的资料可知，E公司2005年委托物流成本在自营物流成本中所占比重基本相当，说明这种支出结构相对稳定和合理。

3. E公司物流成本支付形态结构的进一步分析

根据前面的分析结果，物流成本支付形态结构的进一步分析，主要是对维护费、人工费和特别经费做进一步分析。

(1) E公司2005年维护费总额中，仓储成本和运输成本所占比重最大，分别为47.06%和23.53%，其次依次为物流信息成本、装卸搬运成本、流通加工成本和包装成本。因维护费的具体构成内容又包括维修费、折旧费、租赁费等内容，所以有必要对支出比重较大的仓储及运输成本按维护费的支出细目逐一进行分析，各项支出是否合理。

(2) E公司2005年各项目成本占维护费的比重中，仓储成本比重下降了8.5个百分点，应进一步分析企业是否对仓库进行了大修；物流信息成本比重上升了6.23个百分点，应进一步分析企业2005年是否投入了新的物流信息软件及设施；其他项目成本占维护费的比重差异不大，支出结构相对稳定。

(3) E公司2005年维护费中各项目成本所占比重差异不大，说明这种支出结构相对合理。

4. E公司人工费成本项目结构的分析

根据图9.9所示的资料，分析如下：

(1) E公司2005年人工费支出总额中，运输成本和装卸搬运成本所占比重最大，均为23.08%。另外，包装成本、仓储成本、物流信息成本所占比重均在10%以上。就整个支出结构而言，各成本项目支出较为均衡，当然，在不同项目成本中，人工费对应的人数相差较大，人均人工费支出也有较大差异，各项支出是否合理，还应结合以前年度和其他企业的支出情况做进一步分析。

(2) 与2004年相比，E公司2005年人工费支出中，运输成本比重上升了6.41个百分比，仓储成本比重下降了5.13个百分点，其他项目成本比重变化不大。初步分析，E公司2005年可能增加了司机人数或提高了司机人工费支出，同时减少了仓库保管人员或降低了仓储人员人工费支出。这种调整是否合理，应做进一步分析。

本节及相关案例的列举均是以生产或流通企业作为背景，而物流企业由于不涉及物流范围成本，所以在对物流企业有关成本结构进行分析和评价时，仅需要按照成本项目和支付形态两个维度展开进行，选择其中一个维度作为分析起点，逐一展开分析至另一个维度细目即可。

9.3.3　E公司物流成本比率分析

1. E公司物流成本分析

E公司2005年物流总成本分析从以下3个方面进行：一是委托物流成本增长是否伴随着委托物流业务量的增长；二是同等委托业务量由企业自行完成支付的成本和由其他第三方完成支付的费用孰高孰低；三是不同第三方物流机构受托完成物流业务，其费用支出是否有较大差异，企业是否选择了收费较低的物流机构。

企业在委托物流成本增幅较大时，一般可以从上述3个方面做分析，从而明确从哪些方面进一步降低委托物流成本。

2. E公司物流支付形态成本增减变动的具体分析

E公司物流成本比率如图9.10所示。

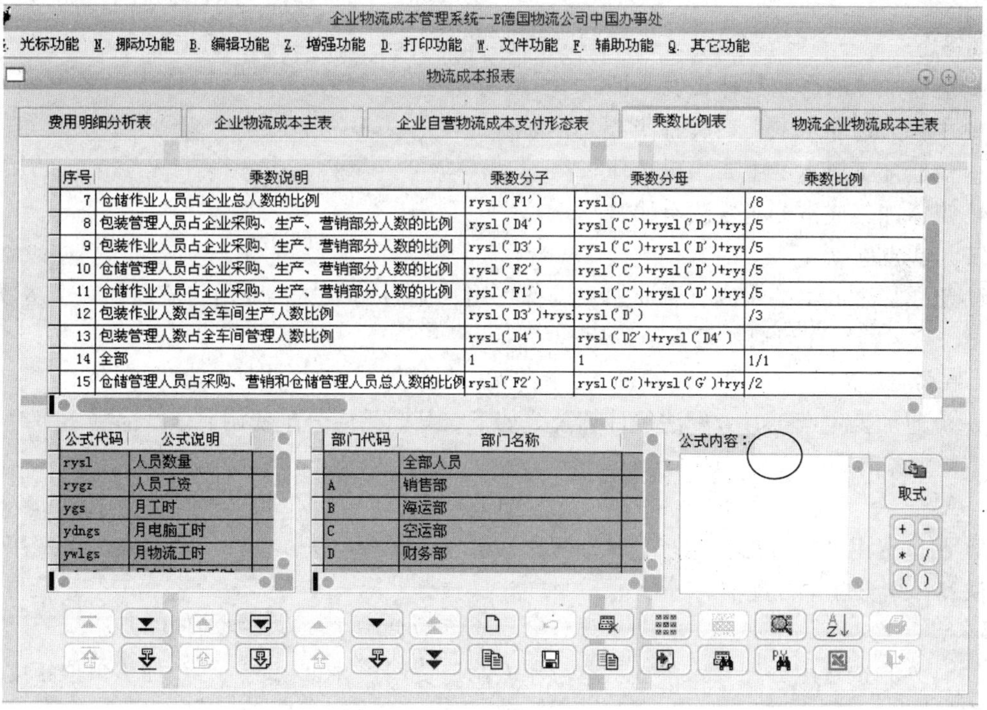

图9.10　E公司物流成本比率

3. E公司物流成本趋势分析

物流成本趋势分析是按照物流成本核算对象的3个维度，逐一对每个维度的具体项目选取连续数期的数据进行比较，以观察其发展变化趋势，为企业未来物流成本管理决策和制订物流成本计划提供依据。对物流成本核算对象的3个维度逐一进行趋势分析可知，E公司物流成本总利润上升了0.2个百分点。

项目小结

流通加工合理化就是要实现流通加工的最优配置，不仅做到避免各种不合理，使流通加工有存在的价值，而且做到最优的选择。本项目从流通加工成本构成与流通加工成本的核算角度介绍了物流成本管理信息系统的应用、物流成本的构成和主要数据及物流成本管理系统功能和作用。

物流成本趋势分析是按照物流成本核算对象的3个维度，逐一对每个维度的具体项目选取连续数期的数据进行比较，以观察其发展变化趋势，辅助企业把握各项费用开支，为企业未来物流成本管理决策和制定物流成本计划提供依据，达到控制企业物流成本的目的。

复习思考题

一、简答题

1. 流通加工的作用是什么?
2. 主要流通加工的类型有哪些?
3. 流通加工成本的主要构成是什么?
4. 流通加工成本分析方法有哪些?

二、单选题

1. 流通加工成本的构成有流通加工设备费用、流通加工材料费用、流通加工劳务费用、(　　)、一般经费和流通加工其他费用。

A. 维护费　　B. 运输费　　C. 库存费　　D. 采购费

2. 流通加工生产工时分配法的计算公式如下；某产品应分配费用＝该产品加工工时之和(　　)费用分配率。

A. ＋　　B. －　　C. ×　　D. ÷

3. 制造费用分配方法有生产工时分配法、机器工时分配法、(　　)、直接人工费用比例分配法和计划分配率分配法。

A. 乘数法　　B. ABC法　　C. 系数分配法　　D. 会计法

4. 计划制造费用分配率＝某加工单位年度制造费用预算总额(　　)该加工单位年度计划完成定额总工时。

A. ＋　　B. －　　C. ×　　D. ÷

5. 流通加工成本分析方法有(　　)、比率分析法、连环替代法和差额计算法。

A. 比较分析法　　B. 相对分析法　　C. 叠加分析法　　D. 滚动法

项 目 实 训

1. 案例分析

对于连锁餐饮业来说，靠物流手段节省成本并不容易。然而，作为肯德基、必胜客等业内巨头的指定物流提供商，百胜物流公司抓住运输环节大做文章，通过合理地运输安排，降低配送频率，实施歇业时间送货等优化管理方法，有效地实现了物流成本的"缩水"，给业内管理者指出了一条细致而周密的降低物流成本之路。

对于连锁餐饮业来说，由于原料价格相差不大，物流成本始终是企业成本竞争的焦点。据有关资料显示，在一家连锁餐饮企业的总体配送成本中，运输成本占到60%左右，而运输成本中的55%到60%又是可以控制的。因此，降低物流成本应当紧紧围绕运输这个核心环节。以下介绍的是百胜物流降低运输成本的途径。

合理安排运输排程

运输排程的意义在于，尽量使车辆满载，只要货量许可，就应该做相应的调整，以减少总行驶里程。

由于连锁餐饮业餐厅的进货时间是事先约定好的，这就需要配送中心就餐厅的需要，制作一个类似列车时刻表的主班表，此表是针对连锁餐饮业餐厅的进货时间和路线详细规划制定的。餐厅的销售存在着季节性波动，因此主班表至少有旺季、淡季两套方案。有必要的话，应该在每次营业季节转换时重新审核运输排程表。安排主班表的基本思路是，首先计算每家餐厅的平均订货量，设计出若干条送货路线，覆盖所有的连锁餐厅，最终达到总行驶里程最短、所需司机人数和车辆数最少的目的。

规划主班表远不止人们想象的那样简单。运输排程的构想最初起源于运筹学中的路线原理，从起点A到终点O有多条路径可供选择，每条路径的长度各不相同，要求找到最短的路线。实际问题要比这个模型复杂得多，首先，需要了解最短路线的点数，从图上的几个点增加到成百甚至上千个，路径的数量也相应增多到成千上万条。其次，每个点都有一定数量的货物流需要配送或提取，因此要寻找的不是一条串联所有点的最短路线，而是每条串联几个点的若干条路线的最优组合。最后，还需要考虑许多限制条件，比如车辆装载能力、车辆数目、每个点在相应的时间开放窗口等，问题的复杂度随着约束数目的增加呈几何级数增长。要解决这些问题，需要用线性规划、整数规划等数学工具，目前市场上有一些软件公司能够以这些数学解题方法作为引擎，结合连锁餐饮业的物流配送需求，做出优化运输路线安排的软件。

在主班表确定以后，就要进入每日运输排程，也就是每天审视各条路线的实际货量，根据实际货量对配送路线进行调整，通过对所有路线逐一进行安排，可以去除几条送货路线，至少也能减少某些路线的行驶里程，最终达到增加车辆利用率、增加司机工作效率和降低总行驶里程的目的。

减少不必要的配送

对于产品保鲜要求很高的连锁餐饮业来说，尽力与餐厅沟通，减少不必要的配送频率，可以有效地降低物流配送成本。

如果连锁餐饮餐厅要将其每周配送频率增加1次，会对物流运作的哪些领域产生影响?

在运输方面，餐厅所在路线的总货量不会发生变化，但配送频率上升，结果会导致运输里程上升，相应的油耗、过路桥费、维护保养费和司机人工时都要上升。在客户服务方面，餐厅下订单的次数增加，相应的单据处理作业也要增加，餐厅来电打扰的次数相应上升，办公用品（纸、笔、电脑耗材等）的消耗也会增加。在仓储方面，所要花费的拣货、装货的人工会增加。如果涉及短保质期物料的进货频率增加，那么连仓储收货的人工都会增加。在库存管理上，如果涉及短保质期物料进货频率增加，由于进货批量减少，进货运费很可能会上升，处理的厂商订单及后续的单据作业数量也会上升。

由此可见，配送频率增加会影响配送中心的几乎所有职能，最大的影响在于运输里程上升所造成的运费上升。因此，减少不必要的配送，对于连锁餐饮企业显得尤其关键。

提高车辆的利用率

车辆时间利用率也是值得关注的，提高卡车的时间利用率可以从增大卡车尺寸、改变作业班次、二次出车和增加每周运行天数四个方面着手。

由于大型卡车可以每次装载更多的货物，一次出车可以配送更多的餐厅，由此延长了卡车的在途时间，从而增加了其有效作业的时间。这样做还能减少干路运输里程和总运输里程。虽然大型卡车单次的过路桥费、油耗和维修保养费高于小型卡车，但其总体上的使用费用绝对低于小型卡车。

运输成本是最大项的物流成本，所有别的职能都应该配合运输作业的需求。所谓改变作业班次就是指改变仓库和别的职能的作业时间，适应实际的运输需求，提高运输资产的利用率。否则朝九晚五的作业时间表只会限制发车和收货时间，从而限制卡车的使用。

如果配送中心实行 24 小时作业，卡车就可以利用晚间二次出车配送，大大提高车辆的时间利用率。在实际物流作业中，一般会将餐厅分成可以在上午、下午、上半夜、下半夜 4 个时间段收货，据此制定仓储作业的配套时间表，从而将卡车利用率最大化。

尝试歇业时间送货

目前城市的交通限制越来越严，卡车只能在夜间时段进入市区。由于连锁餐厅运作一般到夜间 24 点结束，如果赶在餐厅下班前送货，车辆的利用率势必非常有限。随之而来的解决办法就是利用餐厅的歇业时间送货。

歇业时间送货避开了城市交通高峰时间，既没有顾客的打扰，也没有餐厅运营的打扰。由于餐厅一般处在繁华路段，夜间停车也不用像白天那样有许多顾忌，可以有充裕的时间进行配送。由于送货窗口拓宽到了下半夜，使卡车可以二次出车，提高了车辆利用率。

在餐厅歇业时段送货的最大顾虑在于安全。餐厅没有员工留守，司机必须拥有餐厅钥匙，掌握防盗锁的密码，餐厅安全相对多了一层隐患。卡车送货到餐厅，餐厅没有人员当场验收货物，一旦发生差错很难分清到底是谁的责任，双方只有按诚信的原则妥善处理纠纷。歇业时间送货要求配送中心和餐厅之间有很高的互信度，如此才能将系统成本降低。所以，这种方式并非在所有地方都可行。

问题：

(1) 试述运输成本的分类与构成。

(2) 结合实际讲讲如何提高车辆的利用率?

(3) 你认为百盛物流降低成本的方法存在哪些局限性

2. 技能训练

俗话说："货卖一张皮。"商品的包装要与其价值和质量一致，货价相当。我国东北出口的优质人参，开始采用木箱或纸盒包装，每箱 20～25 千克，低劣的包装使外商怀疑其是否是真正的人参。后来改用小包装，不同等级的人参包装不同；上品的内用木盒，外套印花铁盒，每盒 1～5 支，精致美观；一般的采用透明塑料盒包装。由于采用了等级包装，所以东北人参的身价倍增。在流通加工中，往往少不了包装环节，包装可以使物品增值。请你为你所熟悉的物品设计一款包装，能起到如下效果：视觉吸引、提升价值、理念传达、品牌识别、便于使用。

项目10　物流成本预测与决策

学习目标

了解物流成本预测及决策的意义、物流成本预测的内容；掌握定性预测分析及定量预测分析的方法；掌握物流成本控制的方法；能运用成本预测及决策的理论和方法，解决实际工作中遇到的物流成本预测和决策的问题。

能力目标

(1) 能够运用预测方法对物流成本进行预测。

(2) 能够灵活应用定性分析与定量分析方法。

(3) 能够根据市场变化信心做简单决策。

引导案例

1. 案例介绍

只有建立高效、迅速的现代物流系统，才能建立企业核心的竞争力。海尔需要这样的一套信息系统，使其能够在物流方面一只手抓住客户的需求，另一只手抓住可以满足客户需求的全球供应链。海尔实施信息化管理的目的主要有以下两个方面：

(1) 现代物流区别于传统物流的主要特征是速度，而海尔物流信息化建设需要以订单信息流为中心，使供应链上的信息同步传递，能够实现以速度取胜。

(2) 海尔物流需要以信息技术为基础，能够向客户提供竞争对手所不能给予的增值服务，使海尔顺利从企业物流向物流企业转变。

海尔采用了EOS、EDI、GPS、GIS等技术，组建自己的物流管理系统(LMIS)。LMIS实施后，打破了原有的“信息孤岛”，使信息同步而集成，提高了信息的实时性与准确性，加快了对供应链的响应速度。如原来订单由客户下达传递到供应商需要10天以上的时间，而且准确率低，实施EOS后订单不但1天内完成“客户—商流—工厂计划—仓库—采购—供应商”的过程，而且准确率极高。

2. 案例分析

信息化建设是企业面对信息经济发展的必然选择。面对信息化浪潮，不同的企业理解认知不同，相应做出的选择也不同，进而也迎来了不同的应用效果。信息化建设，对企业来讲不仅仅是应用一两个软件那么简单，它是企业的一项战略。

3. 思考·讨论·训练

你认为信息化对企业意味着什么？

任务1 物流成本预测

10.1.1 物流成本预测概述

1. 物流成本预测的概念

物流预测就是根据过去和现在的已知因素，运用人们的知识、经验和科学方法预先估计，并推测事物未来发展趋势的活动过程。

物流成本预测是指依据掌握的物流活动信息、历史成本资料以及成本与各种技术经济因素的相互依存关系，采用科学的方法，对物流企业未来成本水平及其变化趋势做出的科学推测。成本预测是物流企业工作的重要组成部分，是成本管理的重要环节。

在社会主义市场经济中，竞争越演越烈，技术更新不断加速，企业要想在竞争中求生存谋发展，不能只停留在事后的成本核算和分析之上，即不能只是反映实际消耗和分析成本升降的原因，而更应当着眼于未来，合理地计划出未来一定时期的成本水平和目标利润。能否实现预期的目标利润，关键是在于成本的科学预测。因此，必须对物流成本高低的各种因素进行科学分析，准确预测，为确定目标成本、进行成本决策提供依据。

2. 物流成本预测的意义

（1）成本预测是进行物流成本决策和编制物流成本计划的依据。物流企业的任何重要生产经营活动，都需要做出预测。成本预测对物流企业来说，主要是指在进行物流服务之前对成本的科学估算。如提供不同的服务水平所需成本水平、对客户提供个性化服务是否有利可图、提供服务方案的安排等，若无事前的成本预测，很难做出正确的决策及其控制。通过成本预测，对未来物流活动可能出现的有利和不利因素，进行全面的分析，以避免成本决策的片面性和局限性，把将未来不确定性的程度降低到最低。

（2）成本预测正确编制物流活动成本计划的前提。预测是对未来事件的描述，预测是决策的基础，它直接服务于决策，是科学决策的前提条件。计划是对未来的具体部署，预测的下一步就应该是计划和执行，如果不打算执行，那么也就没有必要进行预测。要制定正确的物流成本计划，离不开通过正确成本预测所提供的数据资料。因此，成本预测是物流企业编制成本计划过程中不可缺少的科学分析阶段，是物流成本计划的基础工作。

（3）成本预测能为物流企业挖掘降低成本的潜力、获得更多的第三利润。通过成本预测，可以预测哪些物流项目成本最低、经济效益最高，以便企业领导选择成本最低、效益最高的物流途径，从而为物流成本控制确立方向，决定应从哪些环节入手，从而选择最优的物流服务方案，提高经济效益。

10.1.2 物流成本预测的内容

物流成本预测涉及新建设施、购买设备及运输、配送、包装、仓储和流通加工等各个方面的成本。一般而言，物流成本预测包括以下内容：

(1) 新建和扩建物流设施的成本预测。即预测工程完工投产后的成本水平。这类项目投资大、回收期长、不确定性强、风险大、不仅要结合宏观产业结构、市场趋向、货币时间价值等方面进行预测，而且还要对投产后财务成本水平进行预测，为日后项目实施时的成本管理奠定基础。

(2) 确定技术措施方案的成本预测。即企业在组织物流活动中采取设备更新、技术改造等措施，为选择最佳方案而进行的成本预测。在这些活动中，由于花费人力、物力、财力较大，一般而言都存在多个备选方案，而最佳方案能给企业带来最大的收益，降低的成本最多，只有进行成本预测才能使物流企业的决策层做出有效的决策。

(3) 新产品的成本预测。即预测企业从未生产过的新产品经过试制投产后可能达到的成本水平，如对新产品的试制，老产品的改造，新技术、新生产工艺的采用等活动进行预测。这样可以把浪费消除在产品投产之前，从而保证所设计的新产品或改造的老产品，既具有较高的技术水平，又具有较高的经济效益。

(4) 在新的条件下对原有产品的成本预测。即根据计划年度的产销情况和计划采取的增产节约措施，预测原有产品成本比上年可能降低的程度和应当达到的水平。通过分析前一阶段成本计划的执行情况，预测下一阶段产品成本计划可能完成的程度。

10.1.3 物流成本预测的步骤

(1) 确定预测目标。进行成本预测，首先要有一个明确的目标。成本预测的目标又取决于企业对未来的生产经营活动所欲达到的总目标。只有有了一个明确的目标，才能对工作起推动作用，没有目标的预测，其效果往往不佳。成本预测目标确定之后，便可明确成本预测的具体内容。

(2) 收集预测资料。在进行成本预测前，必须尽可能全面地占有相关的资料。相关的资料一部分是来源于企业外部，如产品的市场占有率、国内外竞争价格等资料，这部分资料必须通过详细扎实的社会调查才能取得；而还有一部分资料是来源于企业内部，如历年的成本水平、产品的材料和工时消耗定额、目标利润等资料，这部分资料必须靠企业平时的内部积累和收集。在收集资料的过程中，应随时分析资料的完整性和可靠性，补充必要资料，剔除虚假因素和偶然因素，保证预测结果的精确度和可靠性。

(3) 提出假设，建立预测模型。在进行预测时，必须对已收集到的有关资料，运用一定的数学方法进行科学的加工处理，建立科学的预测模型，借以揭示有关变量之间的规律性联系，使预测规范化和科学化。它是对客观经济现象发生的变化进行数学逻辑思维、推理和模拟。

(4) 选择预测方法。这里应当注意预测方法的选择与配合问题。不应把某个预测方法当作是对某一个预测问题的最终解决，因为每一种预测方法可能适用于某几种预测问题，同时某一个预测问题又可能适用几种预测方法。一方面，通过数字计算用数学语言对影响成本各因素的影响程度进行定量描绘；另一方面，对不能通过数字计算进行定量分析的那些对成本影响的各种因素，应进行定性预测。

(5) 分析预测误差，检验假设。由于数据资料都是对过去事态的反映，加上考虑时可能有所偏差，不一定完全符合将来的实际情况，所以每项预测结果有必要与实际结果进行比较，以发现和确定误差大小。所有预测报告都应当定期地、不断地用最新的数据资料去复核，检验所做假设是否可靠，从而使成本预测的结果更加可靠和接近实际。

(6) 修正预测结果。由于假设的存在，数学模型往往舍去厂一些影响因素或事件，所以要及时对结果进行修正。如果预测与实际误差较大，对成本管理工作起不到推动作用，则应重新建立数学模型进行测算，以保证预测目标顺利实现。

10.1.4 物流成本预测的基本方法

1. 定性预测分析法

定性预测主要是建立在预测者具有丰富实际经验和广泛科学知识的基础上，依靠主观判断和综合分析能力，来推断事物的性质和发展趋势的分析方法，也称直观判断预测法或简称直观法。这类预测法适用于缺乏历史资料，或影响因素比较复杂，或对主要影响因素难以定量分析的情况。这类方法的特点是直观简单、费用较低，但需要预测者具有丰富的经验。

1) 专家意见法(德尔菲法)

专家意见法又称德尔菲法，它是通过向企业外部若干选定的专家(一般不少于 5 人)邮寄背景材料和预测意见表，请这些专家背对背地对需要预测的问题提出意见，并按规定时间将预测表返回；经过汇总归纳后，再回寄给各专家，专家们也可索要补充背景材料，以便进一步修正预测；如此反复数次，直至专家们的意见大致趋于一致时，即可以此结果作为预测结论。这种方法较多地运用于发展新产品和市场动态变化的预测。

专家意见法可以消除预测过程中相互间心理上的影响，避免某些权威人士的意见左右一切，使每个专家都能够独立发表意见，畅所欲言。但此法得出的预测值也是靠主观判断，专家如选择得不合适，预测也很难准确。另外，往返数次也比较费时间。因此，它一般用于中长期问题的预测。

2) 集合意见法

集合意见法是将与预测内容有关的人员集中起来进行讨论，每个人提出自己的预测意见，由决策者集中起来，并根据每个人的身份、工作性质、发表意见的权威性等因素，对各种意见进行分析整理，最后汇总为一个集体的预测意见作为结论。这种方法的好处是相互启发、互为补充、简便易行、没有复杂的运算。对成立不久、缺乏历史资料的企业来讲，此法值得采纳。

3) 头脑风暴法

头脑风暴法的基本点定义为“开动脑筋、互相启发、集思广益”。由于头脑风暴法尊重集体智慧，所以在企业界受到普遍重视。

这种方法的实施要点包括：实施方法，采用会议形式；参加人员，5～12 人，会议参加人的地位最好是同等的，以免一部分人被另一部分人的权威所慑服；会议时间，60～120 分钟；会议进行形式，由会议主持者说明要解决的主题，然后所有到会人员充分发表自己的看法，有时会议主题事先通知，有时则不通知，因为事先通知使人有所准备，但又容易约束人的思想；创造气氛，可以考虑利用圆桌，使人感到人人处于平等的地位，甚至在桌上放名牌，给人以庄重的感觉等；为了使这种方法成功，应遵循几条规定——不允许对别人的设想进行讨论，不允许私下交换意见，每个人发表意见时，其他人应全神贯注，不允许提出集体或权威的看法，以免阻碍个人的思考。

2. 定量预测分析法

定量预测法是用数学的方法，对过去的历史资料进行科学的处理与加工，借以揭示有关因素和变量之间的数量关系，以此作为预测的依据。定量预测法可分为两类：一类是以某一指标过去的变化趋势预测未来，把未来看作是过去的延伸；另一类是利用指标间的数量关系，以一个指标的变动为基础，来推断另一个指标的变动程度。定量预测方法中运用比较广泛的有高低点法、回归分析法、本量利分析法和时间序列法等。

1）高低点法

(1) 含义。高低点法就是以历史成本资料中产量最高和最低两个时期的产品总成本数据为依据，计算出 a 和 b，利用 $y=a+bx$(式中：y 表示成本总额；a 表示固定成本总额；b 表示单位变动成本；x 表示业务量)，推算出计划产量下的总成本水平和单位成本的预测方法。

(2) 高低点法的具体操作。

① 将最高产量下的总成本和最低产量下的总成本进行比较，确定系数 b。

b=(最高点的成本－最低点的成本)÷(量高点产量－最低点产量)

② 将最高点成本(或最低点成本)、最高点产量(或最低点产量)、已求得的 b 代入 $y=a+bx$，求出 a。

a=最高点成本－b×最高点产量　或　a=最低点成本－b×最低点产量

③ 将计划产量及 a、b 代入 $y=a+bx$，计算机计划年度的产品总成本。

(3) 高低点法的具体运用。

【例 10－1】 某制造企业近几年有关产量和成本总额资料见表 10－1。

表 10－1 2001—2006 年历史成本及产量资料　　单位：元

时间/年	2001	2002	2003	2004	2005	2006
产量/件	20	40	60	100	120	80
成本总额/元	240	280	340	380	460	340

要求：假如 2007 年的计划产量为 140 件，利用高低点法预测 2007 年的成本总额。

首先，确定单位变动成本。

b =(最高点的成本－最低点的成本÷(最高点产量－最低点产量)

=(460－240)÷(120－20)=2.2(元/件)

其次，确定固定成本。将最低点或最高点的产量代入 $a=y-bx$ 中，即得如下结果：

a=460－2.2×120=196(元)　或　=240－2.2×20=196(元)

最后，预测 2007 年的成本。假如 2007 年的计划产量为 140 件，则 2007 年的总成本预测如下：

y=196+2.2×140=504(元)

(4) 需要注意的问题。应予注意的是最高点与最低点的选择，既可以成本为依据，也可以产量为依据。当产量的最高点与成本的最高点不在同一月份，产量的最低点与成本的最低点也不在同一月份时，或者以产量为依据确定最高点和最低点，或者以成本为依据确定最高点和最低点。确定最高点和最低点后，产量与成本必须是同一月份的数据。因此，在有些情况下，所用的高点成本(或产量)不一定是最高成本(或产量)，同样，所用的低点成本(或产量)也不一定是最低成本(或产量)。

高低点法是只有当成本变化趋势比较稳定的情况下才比较适用。如果成本波动较大，会造成较大的误差。必须指出，采用高低点法所选用的成本数据要能代表业务活动的正常情况；不能含有不正常状态下的成本。此外，通过高低点法分解而求得的成本公式，只适用于相关范围内的情况，超出相关范围即不适用。

2）回归分析法

（1）含义。回归分析法也称最小二乘法或回归直线法。它是运用数理统计中的最小二乘法对一系统数据进行加工处理，计算出回归方程式 $y=a+bx$ 中的选定常数 a 和 b，推算出计划产量下的总成本和单位成本的预测方法。

（2）回归分析法的具体操作。

① 以合计数 $\sum$ 的形式来表达 $y=a+bx$ 中的每一项，得 $\sum y=na+b\sum x$ 。

② 将上式中的每一项乘以 x，得 $\sum xy=a\sum x+b\sum x^2$ 。

③ 将上述两式联立得下式，将数据代入求得 a 和 b。

$$\begin{cases}\sum y=na+b\sum x\\ \sum xy=a\sum x+b\sum x^2\end{cases}$$

④ 将计划产量及 a、b 代入 $y=a+bx$ 计算出计划年度的产品总成本。

（3）回归分析法的具体运用。

【例 10－2】 某制造企业近几年有关产量和成本总额资料见表 10－1。

要求：假如 2007 年的计划产量为 140 件，利用回归分析法预测 2007 年的间接人工成本。根据以上资料，并将前面表 10－1 中的历史数据按照需要加工成表 10－2。

表 10－2 回归分析数据资料

年份	x	y	xy	x^2
2001	20	240	4 800	400
2002	40	280	11 200	1 600
2003	60	340	20 400	3 600
2004	100	380	38 000	10 000
2005	120	460	55 200	14 400
2006	80	340	27 200	6 400
合计	420	2 040	156 800	36 400

首先，将有关数据代人联立公式得

$$\begin{cases}2\ 040=6a+420b\\ 156\ 800=420a+36\ 400b\end{cases}$$

解方程得 $a=200$，$b=2$。所建立的预测模型为 $y=200+2x$。

然后，预测 2007 年的成本。假如 2007 年的计划产量为 140 件，则 2007 年的总成本预测为：$y=200+2\times140=480$(元)。

（4）需要注意的问题。必须指出，采用回归直线法分解混合成本，混合成本总额与产量之间必须具有线性联系，如果没有这种线性联系，分解出来的结果也就失去意义。相关程度分析以相关系数 R 来表示，相关系数 R 的取值范围在 0 与 ±1 之间。当 $R=1$ 时，说明混合成本总额与产量之间完全相关；当 $R=0$ 时，说明两者之间没有关系。在成本管理中，一般当 $R\geqslant 0.8$，就表明混合成本总额与产量之间有密切联系，这样就可运用回归直线法进行分解。

根据上例资料，相关系数 R 的计算如下：

$$R=\frac{n\sum xy-\sum x\sum y}{\sqrt{[n\sum x^2-(\sum x)^2][n\sum y^2-(\sum y)^2]}}=0.97$$

由于相关系数 R 接近于1，相关程度较高，所以可使用回归直线法。

3）本量利分析法

(1) 含义。本量利分析法即CVP预测法，是依据成本(C)、预计产销量(V)和目标利润(P)之间关系原理，计算目标成本的方法。本量利分析通过提示固定成本、销售量、单价、销售收入和利润等变量之间的内在规律性联系，为成本预测、决策提供必要的财务信息。这些变量之间的关系，其计算公式为

目标利润＝销售收入－变动成本－固定成本

＝(销售单价－单位变动成本)×销售量－固定成本

目标销售量＝(目标利润＋固定成本)÷(销售单价－单位变动成本)

(2) 本量利分析法的具体运用。

【例10-3】 配送中心的某产品固定成本为50 000元，销售单价为40元，单位变动成本32元，目标利润为40 000元。

要求：计算目标总成本。

目标销售量＝(40 000＋50 000)÷(40－32)＝11 250(件)

目标总成本＝11 250×40＋50 000＝500 000(元)

(3) 需要注意的问题。本量利分析法是以下列假定为基本条件的：

① 假定全部各项成本完全可以按其性态划分为变动成本与固定成本。

② 假定在多品种企业中，以价值形式表现的产销总量发生变化时，原来的各种产品的产销额在全部产品产销总额中所占的比重并不发生变化。

③ 假定在一定期间和一定业务量范围内，成本与销售收入均与产量成线性关系。

④ 假定产品成本均按变动生产成本核算，而将所有的期间成本均作为固定成本处理。

4）时间序列法

(1) 简单平均法。简单平均法是通过计算以往若干时期成本的简单平均数，作为对未来的成本预测数，其计算公式为

预计成本值＝各期成本值之和÷期数

【例10-4】 某企业2001年到2006年的各年成本数资料如见10-3。

表10-3 2001—2006年各年成本及产量资料 单位：万元

年份	2001	2002	2003	2004	2005	2006
成本数	400	360	380	420	430	410

要求：根据上述资料，运用简单平均法预测2007年的成本数。

2007年的成本数＝(400＋360＋380＋420＋430＋410)÷6＝400(万元)

采用简单平均法进行成本预测的优点是计算简便，但由于该种方法使历史资料的差异平

均化，而未考虑其变动趋势，因而可能会使预测结果产生较大的误差，所以一般适用于成本比较稳定产品成本的预测，

(2) 移动平均法。移动平均法是通过计算以往若干时期成本的移动平均数，作为对未来成本的预测数。它是将过去的资料移动平均，并且假定预测期的有关指标与它相近历史时期的数值接近，以此为基础，运用一定的数学方法来预测未来成本水平的一种方法。

【例 10－5】 仍用例 10－4 的资料，假定该企业确定的移动平均期数为 3，用移动平均法预测 2007 年的成本数见表 10－4 移动平均法计算上也较为简便，一般适用对成本略有波动的产品进行预测时使用。

表 10－4 产品成本移动平均值

年份	成本	移动平均	变动趋势
2001	400	—	
2002	360	—	
2003	380	—	
2004	420	380＝［(400＋360＋380)÷3］	
2005	430	386.67＝［(360＋380＋420)÷3］	＋6.67
2006	410	410＝［(380＋420＋430)÷3］	＋23.33
2007		420＝［(420＋430＋410)÷3］	＋10

(3) 加权移动平均法。这是一种在平均移动法的基础上，对所用资料分别确定不同的权数进行加权以后，算出加权平均数，作为预计成本数的预测方法。这一方法在权数上通常按照这样的原则确定：近期资料的权数大一些，远期资料的权数小一些。因为在一般情况下，预测数受近期实际成本的影响程度较大。

【例 10－6】 仍用例 10－4 的资料，假设移动期数仍为 3，权数按资料距预测期的远近分别确定为 1、2、3，则成本数见表 10－5。

表 10－5 加权移动平均数据

年份	成本	移动平均	变动趋势
2001	400	—	—
2002	360	—	—
2003	380	—	—
2004	420	376.67＝［(400×1＋360×2＋380×3)÷6］	
2005	430	396.67＝［(360×1＋380×2＋420×3)÷61	＋20
2006	410	418.33＝［(380×1＋420×2＋430×3)÷6］	＋21.66
2007		418.33＝［(420×1＋430×2＋410×3)÷6］	＋0

加权移动平均法既考虑了近期成本的发展趋势，又对其采用不同的权数进行加权，因而消除了差异的平均化，从而可使预测数与实际情况更为接近。但计算上较为复杂，一般适用于对成本有波动的产品进行预测。

(4) 指数平滑法。指数平滑法就是把过去成本指标变化的趋势作为预测未来成本水平的依据，具体地说，就是在预测计划期的成本时，根据本期成本的预测值和实际值对计划期成

本影响程度的大小，引入平滑系数(或称加权因子)进行加权，以测算计划期成本水平的一种办法。其计算公式为

$$M_t = \alpha X_{t-1} + (1-\alpha) M_{t-1}$$

M_t 为计划期成本预测值；M_{t-1} 为本期成本预测值；X_{t-1} 为本期成本实际值；α 为平滑系数或加权因子，取值范围为 $0 < \alpha < 1$ 。α 越小，则下期的预测数就越接近于本期的预测数；反之，α 越大，则下期的预测数就越接近于本期的实际数。

【例 10-7】 某企业 2006 年的成本预测值为 3 000 元系数为 0.4。

要求：用指数平滑法预测 2007 年的总成本。

$M_t = 0.4 \times 36\ 000 + (1-0.4) \times 30\ 000 = 32\ 400$(元)

在进行成本预测中，许多人都感到采用定量预测方法所得到的结果往往与实际情况相距甚远，缺乏可靠性。究其原因，在于成本预测模型是依据成本统计资料对成本变动的历史发展趋势和规律所作的描述，没有充分考虑在生产经营条件发生变化的情况下，各因素对成本的影响作用。对未来影响因素的变动及其作用，仍然要依靠成本管理人员的实践经验和职业判断能力。即使在定量预测方法和计算手段渐趋成熟和先进的条件下，定性预测方法及其与定量预测方法的结合应用，也是提高成本预测可靠性的重要方面。

任务 2　物流成本决策

10.2.1　物流成本决策概述

1. 物流成本决策的概念

物流成本决策是对两种或两种以上物流备选方案，利用有关决策的理论和方法进行比较分析，权衡利弊，从中选择最优方案的一项活动。决策正确与否，直接影响着企业未来的经营前途和经济效益的水平。著名的经济学家郝伯西蒙揭示管理的本质时指出："决策是管理的心脏，管理是由一系列决策组成的，管理就是决策。"成本决策是在成本预测的基础上，根据内部潜力，制定优化成本的多种可行性方案，运用决策理论和方法，对多种方案进行比较，从中选择最优方案，决定应达到的目标及其执行的过程。

2. 物流成本决策的意义

(1) 物流成本决策是成本管理的一项基本职能。物流成本管理是由一系列成本会计行为组成的有机整体。物流成本预测的结果，只是提供了多种可能性，它有待于成本决策之后才能加以确定并付诸实施。成本计划是具体的行动指南，它建立在成本决策的基础上，有利于保持计划的整体一致性，保证成本管理与其他生产经营管理方面的协调统一性。成本决策也与成本控制相关联。成本决策所确定的目标成本，是成本控制的总目标。总控制目标的存在，有利于增强控制过程的灵活性，调节因成本计划编制的局限性所带来的影响。成本决策是成本管理的关键环节。加强成本决策，对于加强成本计划、成本控制、成本分析和考核，都会产生直接或间接的影响。

(2) 物流成本决策是经营环境和经济效益的客观要求。由于市场竞争和价值规律的作用，

使得过去单一的计划管理和行政手段已远远不能满足市场经济的变化趋势，物流成本决策呈现出更为特殊的重要性。企业与外界的联系日趋复杂，企业内部的生产规模和生产过程在不断扩大并日趋复杂，影响决策的因素也日趋增加，决策的影响也越大。企业必须不断扩大市场和降低成本，在市场竞争中以提高经济效益求生存，加强自身的竞争能力和适应能力，这一切都依赖于科学的成本决策。决策的产生和完善，标志着物流企业经营管理由过去经验式的定性管理发展到科学的定量管理。

10.2.2 物流决策成本

物流决策成本是指与物流决策有关的一些成本概念。这些成本概念同企业传统的成本数据，既有区别，又有联系。它们一般无需记录在凭证和账本上，而只是在物流决策过程中为了分析评价不同备选方案需要加以考虑的因素，主要包括沉没成本、重置成本、差别成本、机会成本和付现成本等。

(1) 沉没成本。沉没成本主要用于物流项目的投资决策，与其对应的成本概念是新增成本。沉没成本是指企业已发生或承诺、无法回收的物流成本支出，例如，因失误造成的不可收回的投资。沉没成本是一种历史成本，对现有物流决策而言是不可控成本，不会影响当前行为或未来的物流决策。因此，沉没成本是物流决策非相关成本，在物流项目决策时无需考虑，相对地，新增成本是物流决策相关成本，在物流项目决策时必须考虑。

难点例解

有一物流项目 A，上马物流项目需要添置设备 B，购置成本 20 000 元，而决策者目前已经拥有闲置的设备 C，其账面成本为 30 000 元，并在主要性能上与设备 B 相同，但要完全满足项目 A 的需要，还必须对其进行改造，改造成本为 5 000 元。

这样就出现了两个方案，购置方案和改造方案。对购置方案而言，设备成本为 20 000 元，而对改造方案则为 35 000 元(30 000＋5 000)，如果以两方案的设备成本进行比较，那么购置方案的设备成本更低，减少了 15 000 元(35 000－200 000)，这样一比较，好像应该选择购置方案了。那么，是否意味着真的应当做出如此的决策吗?

解析：答案是否定的。因为在购置方案中，物流设备成本 20 000 元在决策时尚未实际发生，如果决策采用该方案时，新增成本也为 20 000 元；而在改造方案中，由于闲置的物流设备的账面成本在决策前已经实际支出，无沦决策结果如何，都无法收回该账面成本(假设该设备无转让价值)，所以账面成本 30 000 元即为沉没成本，而改造成本 5 000 元才是新增成本。

通过这样的分析，购置方案在新增成本上要比改造方案高 15000 元(20 000－5 000)，所以在不考虑其他因素的条件下，应当选择改造方案，而不是购置方案。

(2) 重置成本。重置成本是指目前从市场上购买同一项原有资产所需支付的成本，也称为现时成本。在定价决策中，往往要把重置成本作为重点考虑的对象。例如，某物流公司某一库存商品的单位成本为 25 元，重置成本为 27 元，共 1 000 件，现有客户准备以单价 26 元购买全部该种库存商品。如果只按库存成本考虑，每件可获利 1 元，共获利 1 000 元；如果该公司销售的目的是重新购进，按重置成本核算，该公司将亏损 1 000 元。由此可见，企业在进行价格决策时应考虑重置成本而不是历史成本。

(3) 差别成本。又称差量成本，是指在不同可供选择的方案中所估算出来的成本总额之间的差异。通常是在对物流企业的产品包装、技术装备、加工工艺、销售等方面拟予变动而需要在几个方案中优选一个方案时，为决策所需的数据而估算的，用以判断各个方案的优劣。也有人将此类成本称为增量成本，指由于生产能力利用程度不同而增加或减少产量时所产生的成本差额，用以作为接受客户订货时的价格参考。一般情况下，在生产能力范围内，增加出售一件产品，如果其售价超过其变动成本，即使售价低于生产成本，但由于其仍能分担一部分固定费用，所以仍会给企业增加利润。

(4) 机会成本。机会成本就是把一种资源投入某一特定用途之后，所放弃的在其他用途中所能得到的最大利益。例如，假设某物流企业仓库只能加工甲或乙或丙一种产品，预计甲产品利润为5 000元，而乙产品利润为4 000元，丙产品利润为3 000元。最终决定加工乙产品，则加工甲产品的机会成本为4 000元，因为这是放弃加工乙产品的牺牲代价；如果决定加工乙产品，则机会成本为5 000元，这是未加工甲产品的损失代价；如果加工丙产品，则机会成本为5 000元，这也是未加工甲产品的损失代价。

(5) 付现成本。付现成本是指在未来某项物流决策方案中，需要以现金支付的成本。例如，企业5年前购买了一台叉车，现已陈旧，拟购置一台价值为30 000元的更新式叉车取代。卖方提出可以旧机器作价1 500元交换，其余的28 500元(30 000－1 500)以现金支付。因此，这28 500元就是付现成本。当物流企业财务状况吃紧，现金储备不足时，付现成本大小便成为方案选优的重要标准。有时管理者宁可选择付现成本较低的方案，替代那些收益最大、总成本最低的方案。又如，如果物流企业需要购进某设备有两个方案：方案一是一次性动用现金10万元付款购买；方案二是用旧设备作价5万元贴换，但仍需6万元现金支付。那么，方案一的付现成本为10万元，方案二的付现成本为6万元。虽然方案一的总成本为10万元，方案二的总成本为11万元，但由于物流企业现金储备不足，所以仍需选择方案二，因为其付现成本较低。

10.2.3 物流成本决策的基本程序

(1) 确定决策目标。确定决策目标是决策的前提。决策目标是根据所要解决的问题来确定。因此，必须把需要解决问题的性质以及产生的原因分析清楚，目标才能确定。只有明确成本决策目的，才能有针对性地做好生产经营过程各环节的成本决策工作，

(2) 拟订备选方案。在目标确定之后，就要探索和拟订一定数量有质量的备选方案，备选方案的好坏在很大程度上影响着决策的质量。每个方案都必须经过加工、整理、计算使之更为直观化，以供决策者分析讨沦直至选出最优成本方案。

(3) 评价与选择决策方案。要选择满意方案，首先要对各备选方案进行比较评价，即采用一定方式、方法，对已经拟订的可行方案进行效益、危害、敏感度和风险度等评估，以进一步判断方案利弊及可行性。方案评估的任务主要由参谋咨询系统来承担。选择决策方案就是进行决断，即由决断系统根据参谋咨询系统的评估结果，从各种可行方案中选择一个满意力案的过程。这是决策的关键步骤。

(4) 实施决策方案并进行追踪决策。选择好决策方案之后，就要实施决策方案。实施决策方案，一方面要对决策方案真正落实；另一方面还要在实施中发现是否有与原来目标偏离的情况，如有，则进行适当的调整或进行追踪决策。

任务3　物流成本控制的方法

10.3.1　物流成本控制的概述

1. 物流成本控制概念

物流成本控制是指在物流管理过程中，按事先制定的成本控制标准，对影响成本的各种因素进行约束和调节，使各种费用开支控制在预算范围内，及时发现偏差，找出原因，采取有效措施，以实现企业的最终目标。

成本控制有狭义和广义之分。狭义的成本控制是指物流活动过程中的成本控制，也被称为“日常成本控制”，它是整个物流成本管理系统的核心；广义的成本控制，除了狭义的物流活动过程中的成本控制之外，还包括事前、事后成本控制。

2. 物流成本控制的原则

(1) 责、权、利相结合原则。在成本控制中，一是要做到责、权相符，避免有责无权、有权无责、权大责小责大权小等现象；二是要做到奖惩结合，超支者罚，节约者奖。只有责、权、利关系明确，才能调动职工在成本控制中的积极性和主动性。

(2) 实用性原则。实用性原则很大程度上决定了应在重要领域中选择关键因素以控制成本，纠正偏差，具有实用性。

(3) 例外管理原则。在日常成本管理中，为了提高成本控制的工作效率，成本控制主体对于发生在控制标准范围内的可控成本，不必逐项过问，而是集中精力控制那些不正常的、不符合常规的关键性差异。

10.3.2　物流成本控制的程序

(1) 制定控制标准。对物流过程中料、工、费制定数量界限即目标成本。

(2) 执行控制标准。在物流管理中，按照制定的控制标准控制各物流环节的消耗与支出。

(3) 揭示成本差异。通过揭示成本差异，分析超支或节约原因，区分哪些是可控费用，哪些是不可控费用，进一步修改成本控制标准。对于例外情况应及时上报，并作进一步分析，找出出现差异的原因和责任者，从而进行处理。

(4) 进行成本反馈。在成本控制中，成本差异的情况要及时反馈到有关部门并及时进行处理。

以上几个阶段相互联系、循环往复，构成成本控制的循环，在成本控制的各阶段都是如此。

10.3.3　常见的物流成本控制方法

成本控制的方法很多，主要解决怎样控制成本的问题。在成本控制工作中运用较多的是标准成本法。下面除介绍标准成本法在成本控制工作中的运用之外，还重点介绍直接材料成本差异和直接人工成本差异的分析。

1. 用标准成本法进行分析

标准成本法是通过将实际成本与事先制定的标准成本相比较，揭示成本差异，追踪差异产生的原因从而采取有效措施，以实现标准成本的一种成本控制方法。

1）标准成本法的特点

标准成本法的特点是融成本计划、成本核算、成本控制和成本分析于一体，突出了成本控制的核心地位，本质上它是一种成本管理方法。在此方法下计算出来的产品成本，不是在不断的控制循环中，成本控制的标准与手段也将不断提高

采用标准成本法，需将实际发生的成本与标准成本对比，进行差异分析。

2）标准成本的种类

标准成本是通过精确的调整、分析与技术测定而制定的，用来衡量实际成本工作效率的一种目标成本。标准成本按其制定的基础不同分为以下几种：

(1) 理想的标准成本。它是以现有生产技术和经营管理处于最佳状态为基础所确定的标准成本，这种标准很难成为现实，因为它排除了工作中的一切失误、浪费和耽搁(例如设备故障、工作停顿等)，标准的要求太高，实际工作中不能作为考核的依据。

(2) 基本的标准成本。它是以某一年的成本为基础制定出来的标准成本。这种标准成本一经制定，多年保持不变，使各期成本有一个共同的比较基础。但随着时间的椎移，它不能反映现在应达到的标准，而成为一种过去的标准，所以在实际工作中很少采用。

(3) 正常的标准成本。正常的标准成本是根据已经达到的生产技术水平，以有效地利用生产经营条件为基础，根据产品的各项标准消耗量(如材料、工时等)及标准费用率计算出来的标准成本。在制定这种标准时剔除了一些不可避免的不利因素，如机器故障、工作停顿等。要达到这种标准并非易事，但绝非高不可攀，经过努力是可以达到的，因而在实际工作中得到广泛的应用。

3）标准成本的制定

产品的标准成本是由产品的直接材料、直接人工和制造费用组成的。制定标准成本时，根据事先收集的历史成本及相关资料，按成本项目分别确定单位产品的数量标准(耗用量标准)和价格标准(标准单价)，两者相乘计算出相应的成本标准，经汇总后确定单位产品标准成本。

无论是哪一个成本项目，在制定其标准成本时，都需要分别确定其数量标准和价格标准，两者相乘后得出成本标准。数量标准包括直接材料、直接人工和制造费用的耗用量标准；价格标准包括材料价格标准、工资率标准和制造费用分配率标准。

(1) 直接材料的标准成本。直接材料的标准成本是用统计方法、工业工程法或其他技术分析方法确定的。它是在现有技术条件下提供某种服务所需耗费的材料费用，其中包括必不可少的消耗以及各种难以避免的损失。

直接耗材的价格标准是预计下一年度实际需要支付的进料单位成本，包括发票价格、运费、检验和正常损耗等成本，是取得耗材的完全成本。

① 直接材料的用量标准。直接材料的用量标准，由运输、仓管部门和使用原材料的员工根据使用过程中实际损耗制定。

② 材料的标准单价。材料的标准单价包括材料的买价和运杂费、检验费、正常损耗等。通常由成本会计人员会同采购人员根据预计的市场价格及其变动趋势、各生产商报价和批量

采购的优惠等相关因素共同制定。其计算公式为

直接材料标准成本＝单位产品的用料标准×材料的标准单价

【例 10－8】 直接耗材标准成本的实例见表 10－6。

表 10－6 直接耗材标准成本

标准	耗材甲	耗材乙
价格标准：		
发票单价	1.00 元	4.00 元
装卸检验费	0.07 元	0.28 元
每千克标准价格	1.07 元	4.28 元
用量标准：		
图纸用量	3.0 千克	2.0 千克
允许损耗量	0.3 千克	2.0 千克
单产标准用量	3.3 千克	
成本标准：（数量×单价）		
耗材甲(3.3×1.07)	3.53 元	
耗材乙(2.0×4.28)		8.56 元
单位产品标准成本	12.09 元	

（2）直接人工的标准成本。制定直接人工的标准成本，就是要确定单位产品的标准工时和每一工时直接人工的价格标准(即标准工资率)。直接人工的标准成本核算公式为

单位产品直接人工的标准成本＝单位产品的标准工时×标准工资率

① 标准工时。标准工时是指在现有物流运作技术条件下，提供某种服务所需要的时间，包括直接服务操作必不可少的时间以及必要的间歇和停止，如工间休息、调整设备时间、不可避免的不不良服务耗用工时等。标准工时应以作业研究和工时研究为基础，参考有关统计资料判来确定。

② 标准工资率。它是指标准工资率。它可能是预定的工资率，也可能是正常的工资率。其计算公式为

标准工资率＝预计直接人工工资总额÷标准工时总额

如果采用计件工资制，标准工资率是预定的每项服务支付的工资除以标准工时或者是预定的小时工资。

如果采用月工资制，需要根据月工资总额和可用工时总量来计算标准工资率，见表 10－7。

表 10－7 直接人工标准成本

小时工资率	第一工序	第二工序
基本生产工人人数/人	20	50
每人每月工时/25.5 天×8 小时/天	204	204
出勤率	98%	98%
每人平均可用工时/小时	200	200
每月总工时/小时	4 000	10 000
每月工资总额/元	3 600	12 600
每小时工资/元	0.90	1.26

续表

小时工资率	第一工序	第二工序
单位产品工时： 理想作业时间/小时 调整设备时间/小时 工间休息/小时 其他/小时 单位产品工时合计/小时	 1.5 0.3 0.1 0.1 2.0	 0.8 — 0.1 0.1 1.0
直接人工标准成本/元	1.80	1.26
合计	3.06	

(3) 服务费用标准成本。变动服务费用的数量标准通常采用单位服务直接人工工时标准，它在直接人工标准成本制定时已经确定。

变动服务费用的价格标准是每一工时变动服务费用的标准分配率，它根据变动服务费用预算和直接人工总工时计算求得(表10-8)。

表10-8　变动服务费用标准成本

部门 变动服务费用预算/元	第一流通加工组	第二流通加工组
运　输 电　力 消耗材料 间接人工 燃　料 其　他 合　计	800 400 4 000 2 000 400 200 7 800	2 100 2 400 1 800 3 900 1 400 408 12 000
服务量标准/人工工时 变动服务费用标准分配率 直接人工用量标准/人工工时 变动服务费用标准成本	6 000 1.30% 2.0 2.60%	10 000 1.20% 1.0 1.20%
单位变动服务费用标准成本/元	3.80	

4) 标准成本的差异计算与分析

标准成本差异是指产品的实际成本与产品的标准成本之间的差额。当实际成本超过标准成本时，是不利差异或称逆差，用"+"表示；当实际成本小于标准成本时，是有利差异或称顺差，用"-"表示。对于逆差，应及时找出原因，提出进一步改进措施，以便尽早消除；对于顺差，也应及时总结经验，巩固成绩。

由于实际成本是根据实际用量和实际价格计算的，而标准成本是根据标准用量和标准价格计算的，所以成本差异可以概括为"实际用量×实际价格"和"标准用量×标准价格"之差。

标准成本差异=实际成本-标准成本=实际价格×实际数量-标准价格×标准数量=实际价格×实际数量-标准价格×实际数量+标准价格×实际数量×(实际数量-标准数量)=价格差异+数量差异

有关数据之间的关系如图10.1所示。

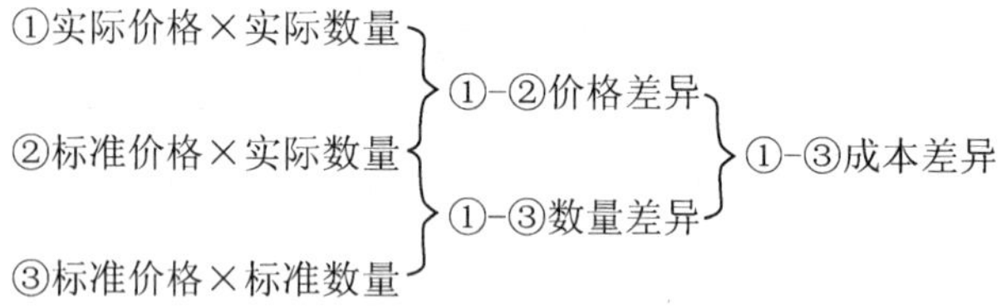

图 10.1　成本差异数据之间关系

2. 直接材料成本差异的分析

构成直接材料差异的因素有两个，即价格差异和用量差异。相关计算公式如下：

材料价格差异＝实际数量×(实际数量－标准价格)

材料用量差异＝标准价格×(实际数量－标准数量)

直接材料成本差异＝材料价格差异＋材料用量差异

【例 10-9】 某企业本月流通加工产品 2 000 件，实际耗用甲材料 102 000 千克，其标准用量是 50 千克/件，该材料的实际价格为 9.50 元/千克，标准价格为 10 元/千克。其标准成本差异的计算如下：

标准用量＝2000×50＝100 000(千克)

材料价格差异＝－102 000×(9.50－10)＝－51 000(元)　(有利差异)

材料用量差异＝10×(102 000－100 000)＝20 000(元)　(不利差异)

直接材料成本差异＝－51 000＋2 000＝－31 000(元)　(有利差异)

造成材料价格差异的责任一般应由采购部门负责，其原因主要有几个方面：未按经济批量订货、远途采购、采用不适当的运输方式、未能及时订货造成紧急订货的额外采购成本、材料市场价格有变动等。但由于市场价格变动导致的差异，则不应由采购部门负责。

造成材料数量差异的责任一般应由仓储部门负责，具体原因有很多，如操作不当造成废品、材料质量差造成废料、机器设备效率增进和减退造成用料减少和增加或操作技术改进而节省材料等。

3. 直接人工成本差异的分析

构成直接人工成本差异的因素有价格差异(通常为工资率差异)和效率差异(通常为工时差异)。相关计算公式如下：

工资率差异＝(实际工资率－标准工资率)×实际工时

人工效率差异＝标准工资率×(实际工时－标准工时)

直接人工成本差异＝工资率差异＋人工效率差异

【例 10-10】 某物流公司仓库本月流通加工产品 2 000 件，实际使用工时 19 000 小时，支付工资 152 000 元。直接人工的标准成本是 70 元/件(每件标准工时是 10 小时，标准工资率为 7 元/小时)。其标准成本差异的计算如下：

标准工时＝2 000×10＝20 000(小时)

实际工资率＝152 000＋19 000＝8(元)

工资率差异＝(8－7)×19 000＝19 000(元)　(不利差异)

人工效率差异＝7×(19 000－20 000)＝－7 000(元)　(有利差异)

直接人工成本差异＝19 000＋(－7 000)＝121 300(元)　(不利差异)

工资率差异形成的原因主要有工人调度不当、工资率调整、奖励制度未达到预期的效果等。工资率差异的责任一般就由安排工人工作的主管人员负责，但差异的具体原因也会涉及生产部门或其他部门。

人工效率差异的形成原因包括工人劳动积极性低、工人经验不足、设备故障多、材料供应中断、工作准备时间长、工艺过程变更和作业计划安排不合理等。效率责任的差异一般应由仓管部门负责，但是由于工艺过程的变更、材料质量的不稳定等造成延长工时，则应由其他有关部门负责。

项 目 小 结

成本预测是指依据掌握的经济信息、历史成本资料以及成本与各种技术经济因素的相互依存关系，采用科学的方法，对企业未来成本水平及其变化趋势做出的科学推测。成本预测是企业重要组成部分，是成本管理的重要环节。成本预测一般涉及新建和扩建企业的成本预测、确定技术措施方案的成本预测、新产品的成本预测、在新的条件下对原有产品的成本预测。成本预测的方法分为定性预测分析法和定量预测分析法。成本预测是为了更好的利用有限的经费控制成本。

复习思考题

一、简答题

1. 什么是成本预测？
2. 什么是定性预测、定量预测？
3. 什么是物流成本决策？什么是决策成本？两者有何区别？
4. 常见的物流成本控制的方法有哪些？

二、单选题

1. 以下不属于定性预测分析法的有(　　)。

A. 专家意见法　　B. 集合意见法　　C. 头脑风暴法　　D. 本量利分析法

2. 进行定量预测时，当成本变化趋势比较稳定的情况下适合使用(　　)。

A. 本量利分析法　　B. 高低点法　　C. 简单分析法　　D. 回归分析法

3，假设某企业只能生产甲或乙或丙一种产品，预计甲产品利润为 3 000 元，而乙产品利润为 4 000 元，丙产品利润为 2 000 元。最终决定生产甲产品，则生产甲产品的机会成本为(　　)。

A. 3 000 元　　B. 4 000 元　　C. 2 000 元　　D. 以上均不对

4. 在定性预测分析法中有一种方法的基本点可以归为" 开动脑筋、互相启发、集思广益"，这种方法是(　　)。

A. 专家意见法　　B. 集合意见法　　C. 头脑风暴法　　D. 本量利分析法

5. 从市场上购买同一项原有资产所需支付的成本称为(　　)。

A. 机会成本　　B. 沉没成本　　C. 差量成本　　D. 重置成本

项目实训

1. 案例分析

早在20世纪20年代，美国以玻璃纤维为主的建筑材料制造业蓬勃发展，但大多规模不大。直到1932年一位从事建筑材料制造的年轻研究员戴尔·克雷斯特突发奇想，如果把各行各业中的建筑材料研究人员并合在一起，专门从事建筑材料的研制、制造和营销链，从规模中获取更大的效益岂不更佳？这就是今天以生产和营销玻璃纤维等建筑材料为主业的美国欧文斯库宁建筑材料集团的由来。自从1938年公司在美国中部的伊利诺伊州正式成立和初见成效以来，欧文斯库宁建筑材料集团以独资和合资等形式，在全球六大洲30多个国家经营建筑材料生产流水线、仓库、研究所。

压力之下的成本管理

2000年，由于面临来自全球同类产品激烈竞争和不断上升的供应链成本的巨大压力，所以美国欧文斯库宁建筑材料集团决定深化改革，精简公司机构，制订年内指标，大幅度降低供应链成本，把公司改造成竞争力强、效益高的跨国企业。

建筑材料在市场销售过程中，供应链管理所产生的成本达到55%，在有些国家的建筑材料市场销售价格中的供应链成本甚至超过60%。由此可见，供应链成本是建筑材料市场的“瓶颈”，只要大幅度降低供应链成本，建筑材料的市场销路将更加宽广。而对于像欧文斯库宁如此庞大的跨国建筑材料制造营销集团来讲，加强供应链管理和降低供应链成本谈何容易？仅2002年，欧文斯库宁跨国集团全球销售的玻璃纤维板、输水管、涂料、防水材料等建筑用品达到总销售额49亿美元，其用途已经延伸到汽车和船舶制造的建筑材料，生产流水线遍布全球25个国家和地区，全球各地的欧文斯库宁建筑材料配送中心达到167家。欧文斯库宁跨国集团在制定2004年目标时非常明确：必须从材料输送渠道，或者说从供应链的管理中要效益，全年降低供应链成本2.5亿美元。欧文斯库宁跨国集团供应链主管在宣布这个决定的时候指出，集团高层已经把降低经营管理成本视作企业生死存亡之路。

欧文斯库宁跨国集团的高层官员认为，以降低成本为中心任务的2004年供应链管理改革的具体措施不外乎是降低库存量，进一步完善临时供应质量、降低物流成本等。2004年欧文斯库宁的供应链成本节约指标是：建筑材料销售过程中发生的交通运输费从原来的占销售总额的7.3%降低到6.5%。欧文斯库宁跨国集团的产品输出大多是用汽车运输，而原材料输入大多是使用火车运输。由于不少建筑材料生产流水线分布在欧洲和亚洲等地区，所以欧文斯库宁跨国集团还有不少建筑材料是通过远洋运输完成的。即使如此，根据集团总部的降低供应链成本的统一要求，所有的建筑材料产品和原材料的运输必须统一调度，集中配送、订购和发放。预计到2004年年底，欧文斯库宁跨国集团仅仅从产品和原材料的供应链中可以节约1.65美元。

集成供应链战略是提高生产力的关键

欧文斯库宁跨国集团的执行官们明白，仅仅依靠制定新的物流计划，减 运输费用，处心积虑削减供应链成本，尽管搞得轰轰烈烈，结果往往收效不大。而是要采用集成供应链战略，即把预测、需求规划、原材料供应、加工制造和运输全面有机地结合起来。例如，欧文斯库宁跨国集团下属公司确实长期存在自我配套的机制，无论规模大小，都有各自一套的商务、销售、供应链管理和附带设施。日常经营管理人浮于事、机构重叠、互相推诿、各自为政、缺乏整体观念、成本居高不下、预测机制难以到位、规划不准、客户服务质量低下。结果是企业效率无法提高。直到20世纪90年代中叶，欧文斯库宁集团下决心取消500家下属公司各自的软件系统，用单一化的集团电子信息软件平台予以替代，原来企业内部各自为政的现象迅速改变。到2000年，欧文斯库宁决定把企业内部原来的17个财务管理电子信息系统全部取消，代之而起的是集团内部统一的电子商务系统。

欧文斯库宁集团的电子信息网站在整合建筑材料供应链的成本控制方面发挥了巨大的作用，他们原来的正规连锁店耗资很大，成本高，相比之下用电子信息网络连接起来的专卖店就要灵活得多，成本也低得多。建筑材料商品在采购上和配送等方面分为首批采购和日常采购，避免因死库存的产生增加成本，同时也加强了专卖店订单的智能化管理。在配发货方面分为代销产品、配货产品和订货产品三块分而治之，做到密切吻合专卖店的要求，从约定数量、订货单管理和控制库存风险各个方面保证质量。在欧文斯库宁集团建筑材料厂商直供方面采用由厂商直接供货和结算由总部统一负责的途径，提高了工作效率和速度的同时降低了成本费用，减少资金占用，降低供应链成本。事实证明，电子信息网站的确是欧文斯库宁集团全球建筑材料制造商获得成功的新法宝。

欧文斯库宁集团就是把电子信息技术不断更新，赶上供应链发展的步伐，通过电子信息技术与供应方、承运人、客户达到网络数据信息共享。每天产生的数据信息不断地通过交换器输送到规划预测网络网站，让企业内部各个部门、客户和托运人分享。由于信息技术的支持，作为制造商的欧文斯库宁集团的经营管理部门可以通过网站，与客户商谈定购、发货、货运、仓储和结账等业务，承运人可以通过网站确认运价、对账。通过网络对话，欧文斯库宁集团可以随时与客户做好每一笔交易，物流服务的范围更加广阔，而向纵深发展速度最快的是欧文斯库宁集团的供应链管理，供应链的实施和超越远洋运输范畴的相关物流活动，通过电子信息技术的支持，欧文斯库宁集团把建筑材料供应链结成一张覆盖全区域乃至全球的网络。

问题：

(1) 欧文斯库宁建筑材料集团是怎样进行成本管理的?

(2) 从案例中你得到什么启示?

2. 技能训练

假定某男式衬衣制造商在德克萨斯州的休斯敦设厂生产衬衣，生产成本为每件 8 美元(含原材料成本)。芝加哥是其主要市场，年需求为 10 万件。衬衣在休斯敦定价为 15 美元，从休斯敦到之加哥的运输、仓储费用为 5 美元/担。每件包装后的衬衣重 1 磅。

该公司还有另一种备选方案，可以在泰国生产衬衣，每件成本 4 美元(含原材料成本)。每件衬衣的原材料重约 1 磅，从休斯敦到泰国，运输费用为 2 美元/担。衬衣完工后，将直接运往芝加哥，运输、仓储成本为 6 美元/担。估计每件衬衣的进口税为 0.50 美元。问：

(1) 从物流生产成本的角度看，是否应在泰国生产衬衣?

(2) 在进行最后决策之前，除经济因素外，还需要考虑哪些其他因素?

参 考 文 献

[1] 易华．物流成本管理[M]. 北京：清华大学出版社，2005.

[2] Baritz，Zissman. *Researching Customer Service*[J]. The Right Way：610－612.

[3] Ronald P. Willett，P. Ronald Stephenson. *Determinants of Buyer Response to Physical Distdbution Service*[J]. Journal of Marketing Research，August 1969：279-283.

[4] 傅桂林，袁水林．物流成本管理[M]. 北京：中国物资出版社，2007.

[5] 赵忠玲，冯夕文．物流成本管理[M]. 北京：经济科学出版社，2007.

[6] 李伊松，易华．物流成本管理[M]. 北京：机械工业出版社，2005.

[7] 李建丽．物流成本管理[M]. 北京：人民交通出版社，2007.

[8] Ronald H. Ballou，Yogesh K. Agareal. *A Performance Comparison of Several Popular Algorithms for Vehicle Routing and Scheduling*[J]. Journal of BusinessLogistics 9，No. 1，1988：51－65.

[9] 鲍新中．物流成本管理与控制[M]. 北京：电子工业出版社，2006.

[10] 余燕琴．物流成本管理[M]. 武汉：武汉大学出版社，2008.

[11] 张国庆．企业物流成本管理[M]. 合肥：合肥工业大学出版社，2008.

[12] 包红霞．物流成本管理[M]. 北京：科学出版社，2007.